길가메시 서사시

길가메시(Gilgamesh)
(BC 2800?~2600?)

현대지성 클래식 **40**

길가메시 서사시

THE EPIC OF
GILGAMESH

작자 미상
앤드류 조지 편역 | 공경희 옮김

현대
지성

The Epic of Gilgamesh

1부. 심연을 본 사람: 바빌로니아 길가메시 서사시 표준 판본

4부. 다양한 바빌로니아 파편들

이 책을 읽기 전에 l

1. 이 책은 아카드어 바빌로니아 길가메시 표준판본 및 수메르어 길가메시 시들을 집대성하여, 거의 모든 관련 연구를 가장 완벽한 형태로 소개한 현존하는 최고의 길가메시 서사시 텍스트인 *THE EPIC OF GILGAMESH: The Babylonian Epic Poem and Other Texts in Akkadian and Sumerian*(2nd Edition, Penguin Books, 2020)을 우리말로 옮긴 것이다.

2. 『길가메시 서사시』는 서로 다른 서너 시기에 서너 가지 언어로, 점토판의 형태로 현재도 활발하게 출토되고 있다. 이 책은 총 4부로 다양한 원전 텍스트를 구분하여 서사시의 다양성을 충분히 소개하고 있고, 현재까지의 학계 최신 연구 성과도 반영했다.

3. 1부 텍스트는 기원전 10세기에 바빌로니아와 아시리아의 표준어였던 아카드어로 되어 있고, 몇 군데의 공백(점토판의 훼손된 부분)은 더 오래된 자료를 참조하여 채워졌다. 이것을 고전적인 길가메시 서사시로 본다. 바빌로니아와 아시리아인에게는 〈심연을 본 사람〉(He who saw the Deep)이라는 제목으로 알려져 있다.

이 책은 이 텍스트를 표준본으로 삼는다. 표준 판본은 현존하는 총 73매의 필사본으로 정리된 상황이다. 바빌로니아 전통에 따라 섹션(section, 쪽)으로 나누는데 섹션이란 '점토판 하나'에 관습적으로 담기는 텍스트를 의미하고, 이 섹션 모음을 바빌로니아 관례에 따라 '태블릿'(tablet, 판)으로 부른다. 서사시는 그런 11세트의 태블릿 I~XI에 서술되어 있다. 아카드는 현대의 바그다드 인근 도시로, 아카드어는 주변 지역의 지명과 궁정에서 많이 사용했다. 아카드어는 셈어족에 속하며 히브리어 및 아랍어와도 관련이 있다.

2부는 수메르어 시 다섯 편으로, 앤드류 조지는 이 책에서 세계 최초로 수메르어로 된 서사시 5편을 모두 영어로 번역해 한곳에 모아 출간했다. 수메르어는 친족 언어를 찾기 힘든 인류 최초의 언어이다. 1부와는 달리, 공통된 주제가 없는 개별적인 이야기로 되어 있다. 기원전 18세기에 바빌로니아 필경 견습생들이 만든 필사본으로 알려졌지만, 그보다 이전 작품인 것이 확실하다. 4천 년 전 수메르 부흥기의 궁정 생활을 엿볼 수 있다.

3부는 아카드어로 구성되었고, 1부보다 더 오래된 자료의 번역본이다. 〈모든 왕을 능가하는〉(Surpassing all other kings)이란 제목이 붙은 시가 실제로 쓰인 시대와 그와 가까운 시대에 남았던 시를 뼈대로 해서 구성됐다.

4부는 3부에 없는 기원전 20세기의 아카드어 파편들이 실렸고, 고대 서쪽 지역(레반트와 아나톨리아)에서 나온 여러 개의 시 조각들이 포함되어 있다.

4. 저자는 수메르어와 아카드어 원어를 문자적 번역에 기초해 영어로 번역하고 상세한 해설을 달았다. 한글판 옮긴이는 운문(韻文)으로 구성된 원글의 취지를 존중하여 한글 번역도 되도록 원서의 어순을 따랐다.

5. 본문 각주는 특별한 언급이 없는 한 모두 옮긴이가 달았으며, 해제의 각주는 저자의 것이다.

6. 난외주에는 저자가 참조한 점토판 버전이 약어로 표시되어 있다.

"길가메시 태블릿 새 파편들이 계속 나타난다!"

이 책이 처음 출간된 후 20년이 흐르는 동안 책 전체를 다시 손봐야 할 정도로 새 파편들이 많이 나왔다. 이 개정판에는 새로 나온 파편을 포함하고, 곳곳의 번역을 바꾸었을 뿐만 아니라, 5장이 아닌 4장으로 재배열했다.

1장은 새 자료들 덕분에 표준본 점토판 I, III, IV, V, VI, VII, VIII, X의 번역이 더욱 정확하고 풍성해졌다. 자신의 독일어 번역판에 몇 가지 내용을 추가한 하이델베르크 대학교의 스테판 M. 마울과 뮌헨 대학교의 엔리케 히메네스, 두 동료 덕분에 관련 지식 대부분을 얻을 수 있었다. 표준본의 새 파편들을 다른 점토판 및 파편과 나란히 읽으니, 단어 하나하나부터 텍스트 전체 구절까지 더 많이 알게 됐다.

특히 새 파편들 덕분에 프롤로그에 여백으로 남아 있던 부분을 더욱 잘 파악할 수 있었다. 주인공의 큰 체구에 대해 더 알게 되었고, 엔키두와 샴하트가 동침한 기간이 1주일이 아니라 2주일인 점도 밝혀졌다. 길가메시가 삼나무 숲 여정에서 꾼 악몽들을 더욱 자세하게 설명할 수 있었고, 삼나무 숲 묘사도 풍성해졌다. 또 길가메시와 엔키두가 닥칠 싸움에 대해 고민하면서 나눈 대화의 순서가 정확해졌다. 영웅들이 훔바바를 공격한 상황, 훔바바가 목숨을 구걸한 것, 그들이 숲을 모독했던 것이 세세히 드러났다. 또 길가메시가 석조 인간들을 파괴한 대목에서의 공백도 채워졌다.

2부에 나온 다섯 편의 수메르어 길가메시 시는 초판에서는 뒷부분에 실렸지만, 재판에서는 앞부분으로 옮겼다. 보존 상태가 양호하고 가독성이 좋으니 더 눈에 띄는 자리를 차지할 만하다고 판단했다. 나도 새로 발견된 파편들을 참조해 번역을 약간 수정하고 내용을 업데이트했다. 수메르 시에 대한 새 지식을 공유해준 분들께 감사드린다. 특히 튀빙겐 대학교의 콘라드 폴크, 바르-일란 대학교의 제이콥 클라인, 필라델피아에 있는 대학교 박물관의 제레미아 페터슨에게 감사하다.

새로 알려진 기원전 20세기의 점토판들과 파편들 몇 가지를 살펴보면, 1부에 실린 대부분 내용이 고(古)바빌로니아 시대에 이미 정착되었음을 보여준다. 시의 초기 파편들은 후대 표준본과 같은 언어로 길가메시 이야기를 들려주며, 그래서 수 세기의 시차가 있지만 시의 여러 구절이 공통적이고 순서는 대개 비슷함을 알 수 있다. 그러니 초기 파편들을 표준본 순서대로 배열해, 고바빌로니아 조상이 남긴 유산의 골격을 제시해도 된다고 생각했다. 이 새로운 재구성은 3부에 담았다. 여기 들어가지 않은 다른 초기 파편들은 4부에 실었다.

2019년 2월, 런던에서

앤드류 조지

어릴 때 낸시 샌다스(Nancy Sandars)의 번역서 『길가메시 서사시』
(*The Epic of Gilgamesh*, 1960)를 읽으면서 마법 같은 길가메시와 처음 만
났다. "펭귄 클래식" 시리즈에 그 책이 있었다. 이후 대학교에서 바빌
론 문학의 거두 W. G. 램버트의 지도하에 이 서사시의 설형문자 텍스
트를 공부하는 행복한 기회를 얻었다. 점토판 원본에서 길가메시 텍
스트를 복구해, 바빌로니아 서사시의 세 번째 학술 판본을 준비해가
는 작업이 지난 십여 년간 내 연구의 주요 목표였다. 이 기간에 운 좋
게도 현대의 길가메시 연구자들의 조언과 격려를 받을 수 있었다.

　그 가운데 특히 데이비드 호킨스를 언급하고 싶다. 오리엔트 및 아
프리카 분과 동료 학자인 그는, 104쪽에 실린 히타이트 파편의 번역
작업에도 기여했다. 또 코펜하겐 대학교의 아게 베스텐홀츠는 서사
시를 덴마크어로 독립적으로 번역하면서, 우타나피쉬티(Uta-napishti,
바빌로니아의 '노아'로 불리는 현자—옮긴이)를 찾아가는 길고 고된 여정
에 나와 동행했다. 제네바 대학교의 안투안 카비뇨, 바그다드 대학교
의 파룩 N. H. 알-라위에게서 수메르어 시 〈길가메시의 죽음〉이라는
미출간 원고를 사용하는 은혜도 입었다. 토론토 대학교의 더글라스
프레인은 수메르어판 길가메시 관련 연구 내용을 공유해주었다. 유

니버시티 칼리지 런던의 마크 겔러와 펜실베이니아 대학교의 스티브 틴니는 애매한 수메르어 몇 군데를 해석하는 일을 도와주었다.

현대의 길가메시 번역자는 선배 편집자들과 번역자들의 덕을 톡톡히 본다. 지난 150년간 고대 자료들의 복구에 헌신한 학자들이 많지만, 바빌로니아 서사시의 많은 부분을 처음으로 해독한 조지 스미스를 기리지 않을 수 없다. 그가 남긴 선구적인 1875, 1876년판 번역문 덕분에 세상은 길가메시 설형문자 텍스트 선집을 처음으로 볼 수 있었다. 폴 하웁트는 1891년에 처음으로 서사시의 설형문자 텍스트를 수집했고, 피터 젠슨은 1900년에 자역해서 최초의 포괄적인 현대 판본을 내놓았다. 캠벨 톰슨은 1930년에 하웁트와 젠슨의 작업을 최신 정보로 다듬었고, 새뮤얼 노아 크레이머는 1930년대와 40년대에 처음으로 길가메시의 수메르어 시들을 모아 맞추었다. 길가메시 텍스트를 더 잘 알게 해준 현대 아시리아 학자 중 영국 박물관의 어빙 핀켈과 퀼른 대학교의 에그베르트 폰 베이허, 특히 버밍엄 대학교의 W. G. 램버트의 성취는 가히 발군이다.

새로운 길가메시 구절들은 계속 나온다. 과거 판본과 이 책이 다른 점은 1999년 6월에야 조명된 '태블릿 XI'(151쪽)을 이용할 수 있었던 부분이다. 이 점토판을 발견한 하이델베르크 대학교의 스테판 M. 마울, 베를린 근동 박물관 그리고 인용을 허락한 독일 동양협회에 감사드린다.

1999년 6월, 런던에서

앤드류 조지

번역과 본문 형식에 대하여 ㅣ

아카드어 시는 그 엄격한 형식으로 유명하다. 이 책에 사용된 번역 방식은 다른 번역(특히 비아시리아 학자의 번역)과 달리, 시를 한 행 한 행 문자적으로 옮겨 원문의 형식을 있는 그대로 드러냈다. 아카드어 시는 기본적으로 시적인 문장이거나 운문이고, 통상 그 자체로 의미를 이룬다.

각 행에는 휴지부가 있다. 설형문자 점토판에는 한 절(節)의 시작과 끝이 같은 행에 있기에 한 절은 쉽게 구분된다(시리아와 고대 서쪽 지방은 다르다). 더 오래된 시는 1절이 2~3행으로도 적혀 있다. 기원전 10세기에는 기본적으로 1절은 1행이고, 가끔 2절이 점토판에 1행으로 적히기도 한다. 종종 유난히 긴 행도 있어서, 이런 부분은 번역에서 2행으로 배치했다(따라서 행 숫자와 텍스트 숫자가 일치하지 않는 곳이 몇 군데 있다).

이 번역본에서 표준 판본의 태블릿마다 삽입된 줄거리, 행의 숫자, 주석은 텍스트와는 무관하며, 구두점 같은 부분은 현대에 추가된 내용이다.특히 이 책에서는 원문 텍스트의 손상된 부분을 그대로 노출하였는데, 텍스트의 손상된 부분에 대해 알아둘 점은 다음 페이지에 일괄 정리했다.

단어	설명
[길가메시]	대괄호 안의 어휘는 점토판이 깨진 구절에서 복원했음을 의미한다. 미미하게 손상된 부분은 맥락상에서, 더 길게 깨진 부분은 대구 문장에서 복구되는 경우가 많다.
길가메시	이탤릭체는 부정확한 해독 부분이고, 현존하는 텍스트에서 부정확하게 번역했음을 뜻한다.
[*길가메시*]	대괄호 안의 이탤릭체는 불확실한 복구 혹은 대강의 추측으로 복구한 부분을 말한다. 즉, 번역자가 문맥 안에서 채운 부분이다.
…	말줄임표는 훼손으로 글자가 사라지거나, 흔적은 있지만 해독이 불가능한 부분이다. 각 말줄임표 하나는 한 연의 4분의 1까지에 해당한다.
…………	1행 전체가 없거나 해독 불능인 경우, 말줄임표 4개로 누락을 표시했다.
* * *	1행 이상의 누락이 있는데 주석을 붙이지 않은 부분은 별표 세 개로 표시했다.
*훔바바	표준판에 삽입된 옛 자료에서 일부 명사 앞에는 *표시가 되어 있다. 해당 이름이 후대의 형태(즉, 후와와)로 변환되었음을 나타내는 부호다.

길가메시에서 절은 고대 원고에서 확연히 구분되는 유일한 시적 요소다. 하지만 더 복잡한 구문이 있을 수 있다. 흔히 2절이 대구로 쓰이거나, 의미나 서사의 전개로 쌍을 이루어 2행으로 구절을 구성한다. 2행 구절 뒤에는 더 긴 휴지부가 나오고, 이것은 현대 표기법에서 마침표인 셈이다(설형문자 표기에는 마침표가 없다).

일부 바빌로니아 시가에서는 2행 연구(連句)가 철저히 지켜진다. 일반적으로 앞선 길가메시 시들, 특히 펜실베이니아와 예일 태블릿에 나오는 옛 판본이 그렇다. 후대인 표준판본은 2행 구성이 철저하지 않고, 3행 연구도 나타난다. 더 이전 텍스트의 경우 2행 연구가 합해져 4행이 1연을 이루거나 4행 연구가 된다.

2행으로 나눈 일부 번역본과 달리, 이 번역본은 긴 시적 요소를 강조하려 한다. 그러기 위해 2행 중 두 번째 행은 들여쓰기로 표기하고, 1연은 관습에 따라 사이에 여백을 두었다. 1연이 두 개의 2행 연구로 이루어진 부분은 시의 형식에 따라 4행으로 나누었다. 2행 연구 체계가 일관적이지 않은 표준 판본에서 1연을 임의로 나누고 구두점을 불확실하게 썼다. 표준 판본에서는 1연은 통상 4행으로 구성되지만 가끔 2, 3, 5, 6행인 경우도 있으리라 나는 추측한다. 다른 번역자들의 견해는 또한 제각기 다를 것이다.

THE EPIC OF

GILGAMESH

고대 근동지역 지도

터키

하투샤

앙카라

카네쉬

N

투즈 골루

실리시아

타우루스 산맥

후지리나

알레포

에블라

에마르

우가리트

오론테스강

시리아

키프로스

레바논

베이루트

다마스쿠스

하조르

이스라엘

메기도

암만

예루살렘

요르단

카이로

이집트

사우디

길가메시 도시국가 우루크의 왕

엔키두 길가메시의 친구이자 동반자

훔바바 삼나무 숲의 수호자

우타나피쉬티 대홍수에서 살아남은 생존자

샴하트 우루크의 매춘부

이쉬타르 우루크의 주(主) 여신

닌순 여신, 길가메시의 어머니

시두리 하급 신인 지혜의 여신

우르-샤나비 우타나피쉬티의 사공

1부

심연을 본 사람

: 바빌로니아 길가메시 서사시 표준 판본

THE EPIC OF

GILGAMESH

태블릿 I.

엔키두의 등장

프롤로그와 찬가. 길가메시 왕의 압제가 심하자, 백성들은 신들에게 하소연한다. 신들은 길가메시의 초인적인 힘을 누르기 위해 맞수인 야생 인간 엔키두를 창조하고, 야생동물들이 엔키두를 기른다. 덫 사냥꾼은 엔키두를 발견하자, 동물 무리에서 빼내려고 매춘부를 동원한다. 한 주간 정을 나눈 후 매춘부는 엔키두에게 우루크로 데려다주겠다고 제안하고, 그곳에서 길가메시는 꿈에서 그를 본다.

심연을, 나라의 근간을 본 사람,
    [그는 합당한 방도를 알았고,] 매사에 현명했지!
[길가메시, 그는] 심연을, 나라의 근간을 보았지
    그는 [합당한 방도를] 알았고, 매사에 현명했지!

[그는] 만방에서 [권]좌를 탐색했네   I-5
    그리고 모든 지혜를 [알았지]
그는 비밀스러운 것을 보았고, 감추어진 것을 발견했네
    그는 대홍수 이전 이야기를 안고 돌아왔네.

그는 먼 길을 오며 지쳤지만, 평안을 찾았고

I-10   모든 노고를 석판에 [새겼지]

그는 양우리–우루크(Uruk-the-Sheepfold)의

성소인 신성한 에안나의 성벽을 세웠지.

*탈*실오라기 같은 벽을 보라

누구도 흉내 내지 못할 총안(銃眼)을 보라!

I-15   지난 시대의 계단을 올라,

이쉬타르 여신의 권좌요

어느 후대 왕도 흉내 못 낼 에안나로 다가가라!

우루크 성벽을 올라 이리저리 거닐어라!

토대를 살펴보고 조적 작업을 점검하라!

I-20   벽돌은 가마에서 구워지지 않았던가?

일곱 현인이 그 토대에 깃들이지 않았던가?

[1제곱마일인] 도시, [1제곱마일인] 대추야자 숲, 1제곱마일인

점토 채취장, 0.5제곱마일인 이쉬타르의 신전,

[3제곱마일] 그리고 0.5제곱마일이 우루크의 공간.

삼나무 석판 궤짝[*을 찾으라*],

I-25   청동 걸쇠[를 빼라]!

비밀의 뚜껑[을 들라]!

청금석 판을 [꺼내] 들고

길가메시의 노고를, 그가 겪은 갖은 일들을 낭독하라.

모든 왕을 능가하는, 영웅다운 키의,

용맹스러운 우루크의 후예, 맹렬한 야생 황소! I-30

앞에서는 선봉장이었고

뒤에서는 동지들이 신뢰하는 자!

휘하 전사들을 엄호하는 든든한 방패,

석축(石築)을 때리는 격류!

거룩한 야생 암소, 닌순 여신의 젖을 빤 I-35

루갈반다의 야생 황소, 천하장사 기운을 지닌 길가메시!

장신으로, 당당하고 기개 있는 길가메시,

산속에 길을 내고

고지대 비탈에 샘을 파고

광활한 바다를 건너 해 뜨는 곳으로 갔네. I-40

생명을 찾아 세상을 탐험하다가

강력한 힘을 뚫고 '머나먼 자' 우타나피쉬티에게 닿았네

대홍수로 파괴된 신전들을 복구하고

사람들을 위해 세상 의례들을 마련했지.

그 누가 왕의 지위에 대적하고 I-45

길가메시처럼 "짐이 왕이다" 선포할 수 있을까?

태어난 날부터 그의 이름은 길가메시,

삼분의 일은 신이요, 삼분의 일은 인간이었네.

그의 형상을 그린 것은 신들의 여신이었고

몸을 완성한 이는 누딤무드 신이었지.

[강력한] 신체, 당당한 [*아름다움,*] I-50

체구가 [크고], [키가] 11큐빗[1]

가슴의 너비는 [4]큐빗,
　발은 3큐빗, 다리는 반 로드[2]
I-55=57　보폭은 6큐빗이었네
　뺨에 긴 곱슬대는 *털* 3큐빗.

　뺨에 난 수염은 [반짝이는] 청금석처럼 검고
I-60　머리털은 [보리처럼] 무성하게 자랐네
　키가 크자 용모가 출중했고
　세속의 잣대로는 최고 미남이었네.

　양우리-우루크에서 그는 야생 황소처럼 호령하며
　머리를 꼿꼿이 들고 [*이리저리*] 돌아다니네
I-65　그가 무기를 휘두르면 대적할 자 없어
　그의 *경합에* 동행들은 발이 묶이네.

　그는 경고 없이 우루크의 청년들을 공격하고
　길가메시는 어느 아들도 아비에게 온전히 보내지 않네
　낮이고 밤이고 그의 폭정이 점점 거세지네
I-70　길가메시, [*우글대는 이들의 지도자!*]

　양우리-우루크의 목자는 바로 그,

---

1. 중지 끝에서 팔꿈치까지 길이(약 0.45미터). 고대 이집트, 바빌로니아 등지에서 통용
　　되던 척도—옮긴이. 특별한 언급이 없는 한 본문 각주는 모두 옮긴이가 달았다.
2. 1로드는 약 5.03미터

[그러나 길가메시는] 어느 [딸도] 어미에게 [온전히] 보내지 않네
[그는 그들의 목자이고,] 그들은 [그] 소 떼라네
[그들의] 하소연이 [저 위의 하늘에 전달되네.]

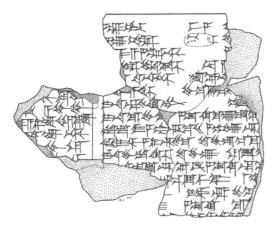

[1] 야생 황소처럼 호령하며, 머리를 꼿꼿이 들고

"[힘세고, 걸출하고] 수완 좋고 [강력하지만]   I-75
[길가메시는] [어느] 아가씨도 [신랑]에게 온전히 돌려보내지
    않네."
전사의 딸, 청년의 신부,
그들의 하소연에 이쉬타르 여신이 귀 기울이네.

하늘의 신들, 주도적인 주인들은
[아누 신에게 외쳤네]…   I-80
"당신이 양우리-우루크에서 키운 무자비한 야생 황소,
그가 무기를 휘두르면 대적할 자가 없나이다.

그의 경합에 동행들은 발이 묶이고

그는 경고 없이 [우루크의 청년들을] 공격합니다

I-85   길가메시는 어느 아들도 아비에게 온전히 보내지 않고

낮이고 [밤이고 그의 폭정은 점점] 거세집니다

그러나 그는 양우리-우루크의 목자,

길가메시, 우글대는 [*이들의 지도자.*]

그가 그들의 목자이고 그들은 [그 소 떼입니다]

I-90   힘세고, 걸출하고, 수완 좋고 [*강력하지만,*]

길가메시는 어느 아가씨도 신[*랑*]에게 온전히 돌려보내지 않습
니다."

전사의 딸, 청년의 신부

[아누] 신은 그들의 하소연에 귀 기울였네

그들은 위대한 이 아루루를 불렀네

I-95   "아루루, 당신께서 [인류를] 창조하셨나이다

이제 아누가 생각하신 것을 빚으소서!

그가 폭풍 같은 심장에 *필적하게* 하며

그들이 서로 다투게 하소서, 그리하여 우루크가 잠잠해지도록!"

아루루 여신은 이런 말을 들었네

I-100   아누가 생각한 것을 그녀 안에서 빚었지.

아루루 여신, 그녀는 손을 씻고

진흙 한 웅큼을 떼어 야생에 던졌네

그녀는 야생에서 엔키두를, 영웅을,

니누르타가 힘껏 치댄, 침묵의 자녀를 창조했네.

그의 온몸은 털투성이,   I-105
    수염은 여인네의 머리처럼 삼단 같은 털
그의 머리칼은 보리처럼 무성히 자라고
    그는 아무 종족도, 심지어 나라도 모르네.

동물들의 신처럼 털로 덮인 채
    영양 떼와 함께 풀을 뜯네   I-110
샘가에서 무리에 *가담해 어울리고*
    물속에서 짐승들과 함께 마음으로 *기뻐하네.*

어떤 사냥꾼, 덫 사냥꾼이
    샘가에서 그를 만났네
어느 날, 두 번째 그다음 세 번째 날,   I-115
    그는 샘가에서 그를 만났네
사냥꾼이 그를 보자, 그의 표정은 굳어졌으나
    무리와 함께인 그는, 은신처로 돌아갔네.

[사냥꾼은] 고심하며 우울하고 말이 없었네
    마음은 [*낙심하고*], 낯빛은 침울하네
마음이 서글펐고   I-120
    얼굴은 먼 [곳에서 온 이와] 비슷했네.

사냥꾼은 말하려고 [입을] 열어, [부친에게] 밝히기를
    "아버님, [*샘가에*] 한 사내가 있었습니다
육지에서 가장 강력하며, 힘센 기운을 [가진 사내입니다]
    [그의 힘은] 하늘에서 떨어진 [바위만치] 강합니다.   I-125

그는 언덕 위를 [온종일 누비고,]
　　[늘] 무리와 함께 [풀을 뜯고]
그의 발자취는 [늘] 샘가에서 [발견됩니다]
　　[저는 두려워서] 감히 그에게 접근하지 못합니다.

I-130　제가 [직접] 판 구멍들에 [그가 들어가면]
　　제가 놓은 덫들을 [들어내고]
야생의 동물들이 [제 수중에 들어오면 그가 풀어줍니다]
　　제가 야생에서 하는 일을 [그가 막습니다].”

[그의 부친이 입을 열어] 사냥꾼에게 밝히 말하기를
I-135　“[가거라, 아들아,] 우루크 [가운데서 나온 자손] 길가메시에게로!
　　그의 안전(案前)으로 [나가거라]
　　그의 힘은 [하늘에서 떨어진 바위만큼] 강하리니.

[길에 들어서서,] [우루크를 향해] 고개를 들라
　　인간의 힘에 [의지하지 말라]!
I-140　[아들아, 가서] [매춘부 샴하트를] 데려오라
　　천하장사라도 [그녀의 매력이 통하리니!]

[무리가] 내려와 샘[으로] 오면,
　　[그녀가 몸에 걸친] 의복을 [벗어서] 유혹하리
[그는] 그녀를 보고 다가가리라
I-145　무리는 그를 버리리, [비록 그가 자란 곳이] 무리 속일지라도.”

부친의 조언에 [유의해서]
　　사냥꾼은 나가서 [여행길에 올랐네]

그는 길을 떠나, 우루크를 향해 [고개를] 들었네
  길가메시 왕 앞에서 [그는 *이런 말을 했네.*]

"[샘가에 오는] 한 사내가 있었습니다   I-150
  육지에서 가장 강력하며, 힘센 기운을 [가진 사내입니다]
[힘이] 하늘에서 떨어진 바위만큼 강합니다.

그는 언덕 위를 온 [*종일*] 누비고,
  늘 무리와 함께 [*풀을 뜯고,*]
늘 발자취가 샘[가]에서 [*발견됩니다*]   I-155
  저는 두려우며 감히 [그에게] 접근하지 못합니다.

제가 [직접] 판 구멍들에 그가 들어가,
  [제가 놓은] 덫들을 들어내고
야생의 짐승들이 제 수중에 들어오면 그가 풀어줍니다
  제가 야생에서 하는 일을 그가 막아섭니다."   I-160

길가메시가 그에게, 사냥꾼에게 말했네
  "가라, 사냥꾼이여, 매춘부 샴하트를 데리고 가라!

무리가 샘가에 내려오면,
  그녀는 의복을 벗어서 매력을 드러내리
그는 그녀를 보고 다가가리라   I-165
  무리는 그를 버리리, 비록 그가 무리 안에서 자랐더라도."

사냥꾼은 물러나서, 매춘부 샴하트를 데려갔고
  그들은 길을 떠났네, 여행을 시작했네

셋째 날 그들은 목적지에 닿았네
I-170   사냥꾼과 매춘부는 거기 앉아 *기다렸네.*

하루 그리고 이튿날 그들은 샘가에서 기다렸네
    그때 무리가 물을 마시러 내려왔지
사냥감이 나오자, 물속에서 그들은 마음으로 *기뻐했고*
    고지대에서 태어난 엔키두 역시 그러했네.

I-175   그는 영양 떼와 풀을 뜯고,
    샘가에서 무리에 *가담해 어울리고*
물속에서 짐승들과 함께 마음으로 *기뻐하네*
    그러다 샴하트가 그를, 자연의 아이를 보았네
야생 속에서 온 야만인을.

I-180   "이 자가 그 사람이다, 샴하트! 네 가슴을 풀어라
    네 음부를 드러내, 그가 네 매력에 취하게 하라!
움츠리지 말고 그의 체취를 맡으라
    그가 너를 보고 다가가리라.

네 옷을 펼쳐서 그가 누울 수 있게 하라
I-185   그에게 여인의 일을 해주어라!
그의 열정이 너를 쓰다듬고 껴안게 하라
    무리는 그를 버리리, 비록 그가 무리 안에서 자랐더라도."

샴하트는 둔부를 가린 옷을 풀어
    음부를 드러냈고, 그는 그녀의 매력에 취했네
I-190   그녀는 움츠리지 않고 그의 체취를 맡았네

그녀가 옷을 펼치자 그가 그녀 위에 누웠네.

그녀는 그를 위해 여인의 일을 해주었네
  그의 열정이 그녀를 쓰다듬고 껴안았네
엿새 낮과 이레 밤 동안
  엔키두는 발기해서 샴하트와 짝지었네.

그녀와 쾌락을 원 없이 즐기고   I-195
  그는 시선을 무리에게 돌렸네
영양 떼는 엔키두를 보더니, 뛰기 시작했네
  들판의 동물들은 그의 면전에서 달아났네.

엔키두가 몸을 워낙 질펀하게 해서
  무리가 달려가는데도 그의 다리는 가만히 서 있었네.   I-200
엔키두는 기운이 빠졌고 전처럼 달릴 수 없었지
  그러나 이제 그는 이성과 넓은 이해력을 가졌네.

그가 달려와서 매춘부의 발밑에 앉아,
  매춘부를 응시하며 그녀의 얼굴을 뜯어보았네
그러다 매춘부의 말에 정신을 쏟았네   I-205
  [매춘부는] 그에게, 엔키두에게 말했네.

"당신은 미남자에요, 엔키두. 당신은 신과 똑 닮았어요!
  어찌하여 야수 떼와 들판을 쏘다니시나요?
가세요, 제가 양우리-우루크로 모셔다드릴게요
  신성한 신전, 아누와 아쉬타르의 집으로.   I-210

기운이 천하장사인 길가메시가 있고
　　백성 위에 야생 황소처럼 군림하는 곳으로.”
그녀는 그에게 그렇게 말했고, 그녀의 말이 주효해서
　　그는 친구를 찾아야 한다는 것을 본능으로 알았네.

I-215　엔키두가 그녀에게, 매춘부에게 말했네
　　“가자, 샴하트, 나를
신성한 신전, 아누와 아쉬타르의 집으로 데려가다오
　　기운이 천하장사인 길가메시가 있고
백성 위에 야생 황소처럼 군림하는 곳으로.

I-220　그에게 도전하리라. [*내 기운은*] 강력하므로
　　우루크에서 ‘내가 가장 강하다!’라고 말하면서 *나를* [*뽐내리라*]
[*거기서*] 세상 돌아가는 이치를 바꾸리
　　야생에서 태어난 [자는] 강력하며, 기운을 가졌으니.”

　　샴하트

[*사람들에게*] 당신의 얼굴을 보여주세요
I-225　…… 그것이 있음을 저는 잘 압니다
엔키두, 양우리-우루크로 가세요
　　젊은 남자들이 허리띠를 두른 곳으로!

[*우루크에서는*] 매일 축제가 열리고,
　　북소리가 고동치지요
I-230　또 매력 넘치고 쾌락이 가득한
　　너무도 아리따운 매춘부들이 있습니다.

노인들도 침대에서 흥분한답니다!
  오 엔키두여, [당신은 너무도] 인생사를 모릅니다
제가 길가메시에게, 행복하고 태평한 분에게 보여드릴 테니
  그를 보셔요, 그의 자태를 잘 보셔요!   I-235

그는 남자다운 용모, 기품 있는 태도,
  온몸에 매력이 넘쳐나지요
그는 당신보다 훨씬 힘이 세고
  낮이고 밤이고 잠들지 않아요.

오 엔키두여, 사악한 생각이랑 버리세요!   I-240
  샤마쉬 신이 사랑하는 이가 길가메시랍니다
아누, 엔릴, 에아 신이 그에게 지혜를 더하고 있고요.

당신이 고지대에서 나오기 전부터
  길가메시는 우루크에서 당신을 꿈에서 보고 있었답니다
길가메시는 깨어서 모친에게 꿈 이야기를 했지요   I-245
  "아 어머니, 간밤에 이런 꿈을 꾸었나이다.

하늘의 별들이 제 위로 나타났고,
  하늘에서 돌처럼 뭔가가 제 앞에 뚝 떨어져서,
제가 그것을 집었지만, 감당하기에 너무 무거워
  그것을 굴리려 했으나 꼼짝할 수 없더이다.   I-250

우루크 땅이 그것 주변에 서 있었고,
  그 주변에 [백성이 모여 있었나이다]
그 앞으로 인파가 [몰려들었고],

[남자들이] 그것을 에워쌌나이다.

I-255   품속 [아기처럼] 사람들은 그 발에 입 맞추고
       [저는 그것을 사랑하여] 아내처럼 쓰다듬고 안아주었나이다
    [제가 그것을 들어 올려] 당신의 발에 내려놓으니
       [그러자 당신은, 아 어머니, 당신은] 그것을 제 맞수로 만드셨
       나이다.”

[길가메시의 모친은] 영민하고 현명해
    매사에 통달했기에, 아들에게 이르기를
I-260   [야생-암소] 닌순은 영민하고 현명해
    매사에 통달했기에, 길가메시에게 이르기를

“하늘의 별들이 네 위에 [나타났고,]
    하늘에서 돌[처럼] 뭔가가 네 앞에 뚝 떨어져서
네가 그것을 집었지만, 감당하기에 너무 무겁기에
    그것을 굴리려 했으나 꼼짝할 수가 없었다.

I-265   네가 그것을 들어 올려, 내 발에 내려놓으니
    나, 닌순은 그것을 네 맞수로 만들었느니라
너는 아내처럼 그것을 사랑하여, 쓰다듬고 안아주었다
    강력한 동지가 네게 와서 친구의 구원자가 되리라.

그는 땅에서 가장 강력한 힘을 가졌나니
I-270   그의 힘은 하늘에서 떨어진 돌처럼 강하니라
너는 그를 아내처럼 사랑하고, 쓰다듬고 안아주리라
    그는 강력하고 자주 너를 구제하리.”

두 번째 꿈을 꾼 후,

   그는 일어나서 여신인 모친 앞으로 갔지요

길가메시는 그녀에게, 모친에게 말했어요   I-275

   "오 어머니, 제가 다시 꿈을 꾸었는데

우루크 시의 [길에],

   도끼가 놓여 있고 주변에 군중이 모였는데

[우루크] 땅이 그것 주변에 서 있었고

   [백성이] 그 주변에 모여 있더이다.   I-280

그것 앞에 군중이 *몰려들었고*,

   [남자들이] 그것을 에워쌌나이다

제가 그것을 들어 올려 당신의 발에 내려놓으니

   [저는 그것을 사랑하여] 아내처럼 쓰다듬고 안아주었나이다

[그러자 당신은, 아 어머니,] 당신은 그것을 제 맞수로 만드셨나이다."   I-285

길가메시의 모친은 영민하고 현명해

   매사에 통달했기에, 아들에게 이르기를

야생-암소 닌순은 영민하고 현명해

   매사에 통달했기에, 길가메시에게 이르기를

"내 아들아, 네가 본 도끼는 친구니라

   너는 아내처럼 그것을 사랑하여, 쓰다듬고 안아주리라

그리고 나, 닌순은, 나는 그를 네 맞수로 만들리라   I-290

   강력한 동지가 네게 와서, 친구의 구원자가 되리라

그는 땅에서 가장 강력한 힘을 가졌나니

   그의 힘은 하늘에서 떨어진 돌처럼 강하니라."

길가메시가 그녀에게, 모친에게 말하기를

I-295   "조언자 엔릴의 명으로 그것이 제게 떨어지게 하소서, 오 어머니!

제게 조언해줄 친구를 찾게 하소서

저는 조언해줄 친구를 얻을 것이옵니다!"

[그렇게 길가메시는 그의 꿈을 꾸었지요.

샴하트가 엔키두에게 길가메시의 꿈을 들려준 [후],

I-300   두 사람은 함께 사랑을 [나누기 시작했네.]

태블릿 II.
엔키두 길들이기

성교하며 둘째 주를 보낸 후, 매춘부는 엔키두를 목동들의 야영지에 데려가고, 거기서 그는 인간으로 사는 법을 배워 목동들의 파수꾼이 된다. 그는 지나던 길손에게서 길가메시가 우루크에서 결혼식 초야권(영주가 농노들의 결혼식 전에 먼저 신부를 취하던 풍습 혹은 권리—옮긴이)을 행사한다는 얘기를 듣는다. 이 관례에 충격받은 엔키두는 우루크에 들어가 초야권 행사를 막는다. 길가메시와 엔키두는 싸우고, 결국 엔키두는 길가메시의 우월성을 인정한다. 이 일을 계기로 두 사람은 친구가 된다. 길가메시는 명성과 영광을 찾아 삼나무 숲으로 탐험을 나가자고 제안하고, 엔키두의 위험 경고에 대해서는 무시한다. 두 사람은 무장하고, 길가메시는 우루크 대중에게 계획을 발표한다. 장로들은 그를 만류하려 애쓴다.

[엔키두가] 그녀 앞에 앉아서…   II-1

태블릿 II의 첫 줄에 공백이 있고, 텍스트가 다시 시작되어도 내용은 완전히 복구되지 않는다. 이를 위해서는 겹치는 행들이 약간 다르지만, 고바빌로니아 펜실베이니아 점토판(P)의 내용으로 보충해야 한다.

길가메시가 꿈 이야기를 할 때
　엔키두는 매춘부 앞에 앉아 있었네.

P-46　두 사람이 함께 사랑을 나누기 시작하면서
　그는 태어난 야생을 잊었네
이레 낮과 밤 동안
P-50　엔키두는 발기해서 *샴하트와 짝짓기를 했네.

매춘부가 입을 열어
　엔키두에게 말하기를
"엔키두, 내가 당신을 보니 당신은 신과 비슷한데
P-55　어찌하여 야수들과 야생을 누비고 다니나요?

가세요, 제가 우루크 시로 안내할게요
　신성한 신전, 아누의 거처로!
엔키두, 일어나세요, 제가 모시고
P-60　에안나 신전, 아누의 거처로 갈게요.

그곳에서 [사내들은] 기술로 노동을 하니
　당신 또한 *남자답게*, 자신에게 *맞는 자리*를 찾을 거예요
P-65　당신은 목동이 없는 지역들에서 벗어나는 거예요."

그는 그녀의 말을 들었고 그녀의 말은 환심을 샀네
　여인의 조언이 그의 가슴에 박혔네
P-70　그녀는 옷을 벗고 그에게 자기 옷의 일부를 입혔네
　나머지 옷은 자신이 걸쳤네.

태블릿 II 텍스트가 다시 시작된다.

그녀는 그의 손을 잡고, 신처럼 [그를 이끌어]   II-36
   목동들의 야영지, 양 우리로 갔네
목동 무리가 그를 둘러싸고 모여
   자기들끼리 그에 대해 떠들었네.

"이 친구는 체구가 길가메시와 어찌나 비슷한지   II-40
   키가 크고, 흉벽처럼 *당당하군*
틀림없이 고지대에서 태어난 엔키두야
   하늘에서 떨어진 돌처럼 기운이 세지."

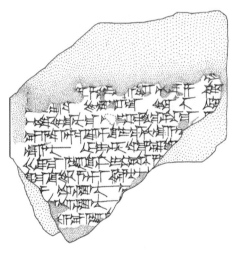

[2] 틀림없이 고지대에서 태어난 엔키두야

목동들은 그 앞에 빵을 놓아주었네
   그들은 그 앞에 맥주를 놓아주었네   II-45
엔키두는 빵을 먹지 않고 *비딱하게* 쳐다보았네.

여기서 태블릿 II는 다시 조각나고, 관련 에피소드는 고바빌로니아 펜실베이니아 점토판에 가장 잘 나온다.

P-90   엔키두는 빵을 먹는 법을 몰랐네
       맥주를 마시는 법을 배운 적이 없었네.

      매춘부가 입을 열어
P-95   엔키두에게 말하기를
      "빵을 먹어요, 엔키두. 생명에 필수이니,
       맥주를 마셔요, 땅의 몫이니!"

P-100   엔키두는 배부르도록 빵을 먹었지
       맥주를 일곱 병 가득 채워 마셨네
      기분이 가뿐해지자 그는 노래하기 시작했지
P-105   마음이 즐거워지고, 얼굴이 달아올랐네.

      이발사가 털이 무성한 몸을 다듬고
       기름을 바르자 그는 인간으로 변했네
P-110   옷을 입자 전사처럼 되었고
       사자와 싸우기 위해 그는 무기를 들었네.

여기서 다시 태블릿 II의 텍스트가 시작된다.

      [밤에 목동들이 누워 잠들자]
II-60   [그는] 늑대 떼를 물리치고, [사자 떼를 쫓았네]
      손위 목동들이 누워 자고,
       그들의 목동 청년 엔키두는, [또렷한 정신으로] 깨어 있었네.

[어떤] 사람이 혼례식에 [초대받아]
　　[잔치]를 보려고 양우리-우루크[에] [가려 했네.]　　　　　　　　II-64

태블릿 II에서 이 부분이 여백이어서, 다시 고바빌로니아 판의 도움을 받아
채운다.

　　엔키두가 *샴하트와 쾌락을 즐기던 중　　　　　　　　　　　　P-135
눈을 들어 그 사내를 보았고
　　그러자 매춘부에게 말했네.

"*샴하트, 저 사람을 데려와,　　　　　　　　　　　　　　　　　　P-140
　　그가 왜 여기 있는지 이유를 알아야겠어."
매춘부가 사내를 부르고
　　그에게 다가가 말을 걸었네.

"어디를 그리 바삐 가시오?　　　　　　　　　　　　　　　　　　P-145
　　무슨 일로 그리 고생하시오?"
사내가 입을 열어
　　엔키두에게 말하기를

"나는 혼인 잔치에 초대받았소
　　결혼 계약을 하는 것이 사람의 운명이라오　　　　　　　　　　P-150
나는 혼인 잔치를 위해
　　맛있는 음식을 잔칫상에 가득 차릴 거요.

우루크 시의 왕을 위해
　　처음 찢는 이를 위해 *너울*이 열리리　　　　　　　　　　　　P-155

우루크 시의 왕 길가메시를 위해
  처음 찢는 이를 위해 *너울*이 열리리.

그는 예비 신부와 짝짓기를 할 것이오
P-160 그가 맨 먼저, 신랑은 이후에.
신의 승낙으로 그렇게 정해졌소
  그의 탯줄이 잘릴 때 그에게 그녀는 예정되었소."

P-165 사내의 말을 듣자 엔키두의 얼굴이 분노로 파래졌네.

       * * *

P-175 그가 [앞서] 가고 *샴하트가 뒤따르네.

그가 우루크 시에 입성하니
  인파가 그 주위에 모여들었네
P-180 그가 우루크 시의 거리에서 멈추자
  모두 몰려들어 백성이 그에 대해 떠들었네.

"체구는 길가메시의 모습이지만
P-185 키가 더 작고 골격은 더 크군
[틀림없이] 고지대에서 태어난 [자야]
  동물 젖을 먹고 자란 이."

P-190 우루크에서 정기 희생제 축제가 열렸고
  청년들은 흥청망청 떠들고 승자를 정했네
P-195 용모 출중한 이가

신 같은 길가메시의 맞수로 정해졌네.

혼인의 여신을 위해 침대가 준비되었네
   길가메시는 밤에 처녀를 만나러 갔네
(엔키두가) 앞으로 나와 길에 서서   P-200
   길가메시의 앞길을 막았네.

여기서 태블릿 II 텍스트는 다시 해독 가능해진다.

우루크 땅이 [그의 주변에] 서 있었고   II-103
   [그 주변에] 땅이 모여 있었네
[그] 앞으로 인파가 몰려들었고   II-105
   남자들이 [그 주변을] 에워쌌네.

품속 아기처럼 사람들은 [그의 발에 입 맞추고]
   이미 그는 ……
혼인의 여신을 위해 침대가 준비되었네
   길가메시는 신처럼 대리인으로 세워졌네.   II-110

엔키두는 혼사를 치르는 집의 문을 발로 막아
   길가메시가 들어가지 못하게 했네
그들은 혼사를 치르는 집의 문에서 서로 보았고
   길에서, 나라의 광장에서 싸움을 벌였네.

문설주가 덜컥대고, 벽이 흔들렸네   II-115
   [길에서, 나라의 광장에서 길가메시와 엔키두는
      싸움을 벌였네]

[문설주가 덜컥대고, 벽이 흔들렸네.]

다시 여백이 나오고, 이번에도 고바빌로니아 펜실베이니아 판본의 내용으로
일부를 채운다.

길가메시는 한 발을 땅에 딛고 무릎을 꿇고
P-230   분노가 가라앉자 싸움을 끝냈네
그가 싸움을 끝낸 후
    엔키두가 그에게, 길가메시에게 말하기를

P-235   "모친은 당신을 특별한 이로 낳으셨나니
    야생 암소, 닌순 여신!
당신은 전사들보다 고귀하시니
P-240   엔릴은 당신의 운명을 백성의 왕으로 삼으셨나이다!"

고바빌로니아 펜실베이니아 판본은 여기서 끝난다. 다시 휴지부가 나온 후,
길가메시가 엔키두를 어머니에게 소개하는 내용으로 태블릿 II가 재개된다.

II-162   "[땅에서] 가장 강력한 [힘을 가졌나니]
[그의 힘은] 하늘에서 떨어진 돌처럼 [강합니다]
    키가 [크고, 흉벽처럼 *당당하나이다*.]"

II-165   길가메시의 모친은 [입을 열어]
    [아들에게] 말하기를
야생 암소 닌순[은 입을 열어]
    [길가메시에게 말하기를]

* * *

"비통하게도 그는 ……
  엔키두는 [일가친척이] 없구나   II-175
난발을 늘어뜨리고 ……
  야생에서 태어나 [형제] 하나 [없도다.]"

거기 서서 엔키두는 [그녀의 말을] 들었고
  생각을 곱씹으며, 앉아서 [흐느꼈네]
눈에 [눈물이] 그렁그렁하고   II-180
  양팔을 축 늘어뜨렸고, [그의] 기운이 [빠져나갔네.]

그들은 서로 끌어안았고 ……
  ……처럼 서로의 손을 [부여잡았고]
길가메시는 ………
  엔키두에게 말하여 [이르기를]   II-185

"친구여, 어째서 [그대의 눈에는] [눈물이] 그렁그렁하고
  양팔을 축 늘어뜨린 채 [자네의 기운은 빠져나갔나?]"
엔키두가 그에게, [길가메시에게] 말하기를
  "친구여, 내 가슴이 괴롭네 …

흐느끼느라 [내 다리가] 후들거리고   II-190
  두려움이 내 가슴을 파고들었네."

고바빌로니아 예일 점토판이 표준판의 여백을 메운다.

길가메시가 입을 열어

Y-90   엔키두에게 말하기를

* * *

Y-97   "…… 포악한 *훔바바,

       …[우리] 그를 베어버리세, [그리하여 *그가 힘을*] 못 쓰도록 하세!

Y-100   [*훔바바가] 사는 삼나무 숲에서,

       그의 거처에서 [*우리가*] 그를 급습하세!"

       엔키두가 입을 열어

Y-105   길가메시에게 말하기를

       "고지대에서 동물 무리와 여기저기 쏘다니면서

       나는 그를 알았네, 친구.

       그 숲은 60리그³ 야생인데,

       누가 그 속에서 모험을 하겠나?

Y-110   *훔바바, 그의 목소리는 대홍수,

       그의 말은 불, 그의 숨결은 죽음이지!

       왜 자네는 이 일을 하려고 하나?

Y-115   *훔바바의 매복은 이기지 못할 싸움인데!"

       길가메시가 입을 열어

       엔키두에게 말하기를

___

3. 1리그는 약 4킬로미터 정도였으며, 사람이 1시간 동안 걷는 거리를 뜻했다.

"나는 [그 숲의] 능선을 넘겠네, 친구여."　　　　　　　　　　　Y-119

태블릿 II의 텍스트가 다시 시작된다.

엔키두가 입을 [열어, 길가메시에게 말하기를]　　　　　　　　II-216
　"[친구여], 우리가 어떻게 [훔바바의 집에 갈] 수 있단 말인가?
삼나무를 지키기 위해,
　엔릴은 인간을 겁주는 일을 자기 운명으로 삼았거늘.

그것은 [해서는 안 되는] 여정이네
　[그는 쳐다봐서는 안 되는 자라네]
[삼나무 숲]을 지키는 자, [그의 영역은 넓으며]　　　　　　　II-220
　훔바바, 그의 목소리는 대홍수라네.

그의 말은 불, 그의 숨결은 죽음이며,
　그는 60리그 거리에서 숲이 수런대는 소리를 듣는다네
누가 그의 숲속을 탐험하리요?
　아다드의 서열이 으뜸이요, 훔바바가 둘째라네.　　　　　　II-225

이기기(Igigi) 중에서 누가 그에게 맞설까?
　삼나무를 지키기 위해,
엔릴이 인간을 겁주는 일을 자기 운명으로 삼았거늘
　자네가 그의 숲에 들어가면, 자네는 전율에 휩싸일 거네."

길가메시가 말하려고 입을 열어　　　　　　　　　　　　　　II-230
　[엔키두에게] 말하기를
"친구여, 어째서 겁쟁이처럼 말하는가?

줏대 없는 말로 자네는 내 마음을 [*심란하게 하는군*].

인간으로 [그의 생애는] 얼마 남지 않았으니

II-235   무슨 짓을 하든, 그는 바람에 불과하네

… 내게는 존재하지 않는 …….

자네는 [야생에서] 나서 자랐고,

사자들도 자네를 겁내며, 온갖 [경험을 했네]

어른들도 [자네 앞에서] 도망쳤고

II-240   자네 마음은 싸움 [속에서] 시험받고 [다져졌지].

가세, 친구. 대장간으로 [서둘러 가세]!"

짧은 공백이 나온다. 그 공백을 메우기 위해 고바빌로니아 예일 판을 사용했다.

Y-162   "우리 면전에서 그들에게 [우리 손도끼를] 만들게 하세!"

그들은 서로 손을 잡고 서둘러 대장간으로 갔네

거기서 대장장이들이 앉아 의논했네

Y-165   그들은 멋진 손도끼들을 만들었고,

도끼의 무게는 각각 3달란트[4]였네.

대장장이들은 멋진 단검을 만들었네

칼 하나의 무게는 2달란트였네

---

4. 고대의 중량 단위로 1달란트는 약 26~36킬로그램이다.

칼 손잡이 장식은 반 달란트
　　단검의 황금 외장은 반 달란트　　　　　　　　　　　Y-170
길가메시와 엔키두는 각각 열 달란트씩을 지녔네.

그가 우루크의 일곱 겹 문을 걸고,
　　[회합을] 소집하자, 군중이 모여들었네
… 우루크 시의 거리에서
　　길가메시는 왕좌에 [*앉았네*].　　　　　　　　　　　Y-175

[우루크] 시의 [거리에서]
　　[군중은] 그 앞에 앉았네
[*그러자 길가메시는 우루크*]
　　시가지의 [장로들에게] 말했네.

"[내 말을 들으시오, 우루크] 시의 [장로들이여]!　　　　　Y-180
　　[나는 사나운 *훔바바*에게 가겠소*]
나는 사람들에게 회자되는 신을,
　　온 땅이 계속 말하는 이름의 주인을 만나겠소.

삼나무 숲에서 그를 정복하겠소
　　우루크의 자손이 강하다는 것을 알게 하겠소!　　　　　Y-185
출발하게 해주오, 나는 삼나무를 베어내고
　　이름을 영원히 남기겠소!"

태블릿 II의 텍스트가 다시 시작된다.

[그런 다음 길가메시는]　　　　　　　　　　　　　　　II-258

[양우리-우루크의 청년들에게 말하기를]

II-260 "들으라, [양우리-우루크의] 청년들이여
  [*싸움*]을 아는 우르크의 청년들이여!
  나는 대담하기에 [훔바바의 본거지까지] 먼길을 가려 한다
  내가 알지 못하는 전투를 벌일 것이다.

  [나는 모르는] 길을 [달릴 것이니]
II-265 내가 여정을 계속할 때 축복해주기를,
  [다시] 그대들의 얼굴을 [무사히] 볼 수 있도록
  [기쁜 마음으로] 우루크 성문으로 돌아오도록!

  귀환하면 [나는] 신년을 [두 번] 축하할 것이다
  한 해에 두 번 잔치를 벌이리라
II-270 그러면 잔치가 열리고, 즐거움이 시작되리
  [야생 암소] 닌순 앞에 북소리가 퍼지리!"

  엔키두가 장로들과
  *전투*를 아는 우루크의 청년들에게 [조언했으니]

  "그에게 삼나무 숲에 가지 말라고 말해주시오!
II-275 그것은 해서는 안 되는 여정이오
  그는 쳐다봐서는 [안 되는] 자요
  삼나무 숲을 지키는 자, 그의 [*영역*은] 넓소.

  이 *훔바바*, [그의 목소리는 대홍수요]
  [그의 말은 불이요,] 그의 숨결은 죽음이라!

[60리그 거리에서] 숲이 수런대는 소리를 [그는 듣소]   II-280
  [누가] 그의 숲속을 [탐험하리요?]

[아다드의 서열이 으뜸이요, 훔바바가] 둘째거늘
  이기기 중에서 [누가 그에게 맞설까?]
[삼나무를 지키기 위해]
  엔릴이 인간을 겁주는 일을 자기 운명으로 삼았거늘   II-285
그의 숲에 들어가면, 전율에 휩싸일 거요."

고위 자문단이 일어나,
  길가메시에게 훌륭한 조언을 했네
"길가메시, 폐하는 젊어서 감정에 휘둘리고,
  다 알고 말씀하는 게 아니십니다.   II-290

이 훔바바, 그의 목소리는 대홍수요,
  그의 말은 불이요, 그의 숨결은 죽음입니다!
60리그 거리에서 숲이 수런대는 소리를 그는 듣나니
  누가 그의 숲속에서 탐험하겠나이까?   II-295

아다드의 서열이 으뜸이요, 훔바바가 둘째거늘
  이기기 중에서 누가 그에게 맞서리까?
삼나무를 지키기 위해,
  엔릴이 인간을 겁주는 걸 자기 운명으로 삼았거늘."

길가메시는 수석 자문단의 말을 들었고   II-300
  [웃음 지으며 *자기 친구*] 엔키두를 바라보았네
['자, 친구여, 어찌나 겁나는지!]

[그가 두려워 내가 마음을 바꿔야 할까?']

태블릿 II의 나머지 부분, 아마도 스무 행에는 길가메시가 자문단에게 대답한 내용이 들어 있는 듯하나, 소실된 상태다.

태블릿 III.

삼나무 숲으로의 원정 준비

장로들은 길가메시와 엔키두에게 여행에 대해 조언한다. 두 영웅은 닌순 여신을 찾아가고, 그녀는 태양 신 샤마쉬와 아내인 새벽의 여신 아야에게 도움을 청한다. 닌순은 고아 엔키두를 입양한다. 길가메시는 그의 부재 중에 우루크를 통치할 지침을 내린다. 영웅들은 출발한다.

[양우리-우루크의 장로들이]   II-end
　　[길가메시에게 말하기를]

"우루크의 [부두로 무사히 귀환하시길]   III-1
　　길가메시여, 힘에만 의지하지 말고
멀리, 골똘히 보시기를, 믿을 수 있는 일격을 가하시기를!

'앞에 가는 자가 동행자를 구제하며,
　　길을 아는 자가 친구를 보호하리라.'   III-5
엔키두가 앞에 가게 하시기를,
　　그가 삼나무 숲으로 가는 길을 아나니.

그는 전투에서 시험받고 검증받았나니
　　그는 친구를 호위해서 동행자를 무사히 지키리
III-10　엔키두가 그를 무사히 집의 *아내*들에게 모셔오리!

(엔키두에게)

우리 회중은 폐하를 그대에게 의탁하네
　　그대가 그분을 다시 모셔와 우리 안에 다시 계시게 하게!"
길가메시가 말하려고 입을 열어
　　엔키두에게 이르기를

III-15　"가세, 친구. 숭고한 궁전으로,
　　위대한 닌순 여왕의 안전으로 가세
닌순은 영민하고 현명해서 매사에 통달하시니
　　우리의 발길을 훌륭한 조언으로 이끄시리."

서로 손을 맞잡고
III-20　길가메시와 엔키두는 숭고한 궁전으로 갔네
위대한 닌순 여신의 안전에서,
　　길가메시가 일어나 [모친인 여신] 앞으로 나아갔네.

길가메시가 그녀에게, [닌순]에게 말하기를
　　"[가겠나이다,] 닌순이시여, 저는 담대하니
III-25　훔바바의 본거지까지 먼 길을 가서
　　제가 알지 못하는 전투를 벌이겠나이다.

저는 모르는 길을 달리겠나이다

간청하오니, 제가 여정을 계속할 때 축복해주소서!
다시 무사히 당신의 얼굴을 보게 하시고,
　기쁜 마음으로 우루크 성문으로 돌아오게 하소서.　　　　III-30

귀환하면 저는 신년을 두 번 축하할 것이니
　한 해에 두 차례 잔치를 벌이겠나이다
잔치가 열리고, 즐거움이 시작되게 하리니
　당신 앞에 북소리가 퍼지게 하겠나이다!"

[야생 암소] 닌순은 아들 길가메시와 엔키두의 말을　　　　III-35
　오랫동안 슬픈 마음으로 경청했지
그녀는 욕실로 일곱 차례 들어가서
　능수버들과 사포나리 물에 몸을 [씻었네.]

고운 옷을 [입어] 몸단장을 하고
　[보석을 골라] 가슴을 장식했네　　　　III-40
[머릿수건]을 쓴 다음 왕관을 꽂고
　…… 매춘부들 … 땅.

그녀는 계단을 올라 지붕으로 가서
　지붕에서 샤마쉬에게 바치는 향로를 설치했네
분향하면서 양팔을 들고 태양신에게 호소했네　　　　III-45
　"어이하여 제 아들 길가메시가 그런 안달에 빠지게 하셨나이까?

이제 당신이 그를 감화하셔서 그는
　훔바바의 거처까지 먼 길을 갈 것입니다
그는 알지 못하는 전투를 벌일 것이고

III-50   모르는 길을 달릴 것입니다.

거기 다녀오는 나날 동안,
  그가 삼나무 숲에 닿을 때까지
그가 포악한 훔바바를 베어
  땅에서 그대가 싫어하시는 사악한 것을 섬멸할 때까지

III-55 매일 [*당신이 지상을*] 돌며 [*다닐*] 때에
  두려움 모르는 색시 아야께서 당신에게
'밤을 지새우는 근심에서 그를 보호하소서'라고 일깨우시기를.”

* * *

“오 [샤마쉬여,] 당신은 [*문들을*] 열어, 무리가 나가서
  당신이 땅에 드러낸 [빛을 백성에게 가져오게 하셨나이다]
III-65 고지대는 [*모양을 갖추었고,*] 하늘은 [밝게] 빛났으니
  야생 동물들은 당신의 붉은 광채에 [*동요했나이다.*]

* * *

[당신의 빛이] 나올 때 군중이 모이고
  성스러운 아눈나키는 [당신의 광휘를] 기다리나니
두려움 모르는 [색시 아야께서 당신에게]
III-75 '[밤을 지새우는 근심에서] 그를 [보호하소서]라고 [일깨우시
      기를]!'

[그의 발걸음이 안전한] 길을 향하고,

엔키두에게 닿아, [그가] 그보다 앞서 [가게] 하소서!
그는 [삼나무 숲]으로 가는 길을 [알기] 때문에
　　[그가] 길을 열고, 산을 [지날 수 있게 하리다.]

그리고 횃불을 … 여정 동안 그가 손에 들게 하소서　　　　III-80
　　길가메시가 삼나무 숲에 닿을 때까지
낮이 길게 하고, 밤이 짧게 하소서
　　그의 하체가 든든하고, 보무 [당당하게] 하소서!

밤이 저물면 그가 밤을 지낼 자리를 파게 하사
　　그리하여 그들이 저녁에 누워 [쉴] 수 있게 하소서　　　　III-85
두려움 모르는 색시 아야께서 당신을 일깨우시기를
　　'길가메시와 엔키두가 훔바바와 만나는 날,

오 샤마쉬여, 훔바바에게 강한 돌풍을 일으키소서
　　남풍, 북풍, 동풍, 서풍
강풍, 맞바람, 태풍, 폭풍, 돌풍　　　　　　　　　　　　III-90
　　마풍, 삭풍, 돌풍, 대폭풍.

열세 가지 바람이 일어 훔바바의 얼굴이 어두워지게 하소서
　　그때 길가메시의 무기가 훔바바를 제압하게 하소서!'
당신 자신의 *불꽃*이 켜진 후,
　　그때에, 오 샤마쉬여, 얼굴을 *탄원자*에게 돌리소서!　　　III-95

발 빠른 노새들이 당신을 [*앞으로 모실지라*]
　　안락한 자리가, [밤을 보낼] 침대가 당신을 [*기다릴지니*]
형제 신들이 당신에게 음식을 가져와 [*기쁘게 하리*]

[3] 오 샤마쉬여, 얼굴을 탄원자에게 돌리소서!

색시 아야께서 옷자락으로 당신의 얼굴을 닦아주리다."

III-100　　다시 야생 암소 닌순은 샤마쉬 앞에서 간구하였네

　　　　　"오 샤마쉬여, 길가메시가 신들과 *나란하지* 않겠나이까?

　　　　그가 하늘을 당신과 나누지 않겠나이까?

　　　　　그가 홀과 왕관을 달과 나누지 않겠나이까?

　　　　　그가 압수의 에아와 함께 지혜로워지지 않겠나이까?

III-105　　　그가 이르니나와 함께 검은 머리 사람들을 다스리지 않겠나이까?

　　　　그가 닝기시지다와 함께 돌아오지 않는 땅에서 살지 않겠나이까?"

* * *

III-116　　야생 암소 닌순은 그렇게 샤마쉬에게 간구한 후

[야생 암소] 닌순은 영민하고 [현명해서 매사에 통달하시니]
   길가메시[의 모친이] 바닥에 [입맞추었네]
그녀가 향을 끄고 [지붕에서 내려]와
   엔키두를 불러 뜻을 밝히기를   III-120

"오 강력한 엔키두여, 너는 내 자궁에서 나오지 않으나
   이제부터 네 일족은 길가메시의 신봉자,
여사제, 신전 노예, 신전의 여인들과 함께하리."
   그녀는 엔키두의 목에 상징물을 달았네.

"여사제들이 버린 아이를 받아들이고,   III-125
   성스러운 딸들이 양자를 키웠나니
[내가 사랑하는] 엔키두를 내 아들로 삼노니
   [형제인] 엔키두를 길가메시가 총애하리!

                    * * *

   [너희가 함께] 삼나무 숲으로 가는 동안   III-130
[낮이] 길고, 밤이 짧기를,
   [너희 하체가 든든하고], 보폭이 [길기를!]

[밤이 저물면] 밤을 [지낼 자리를] 파며,
   [낮에는 태양신 샤마쉬께서 너희를] 보호하시기를!"

여백 뒤로 길가메시와 엔키두의 무사 원정을 비는 의식이 거행되는 에피소
드가 이어지지만, 이 부분은 심하게 훼손되었다. 긴 여백 후 텍스트가 재개
되면서, 길가메시는 부재중 도시를 다스릴 지침을 내린다.

III-202 "[우리가 거기] 다녀오는 [나날 동안]
       [우리가] 삼나무 [숲에 닿을 때까지]

       [포악한 훔바바를] 베어
III-205 [땅]에서 [샤마쉬가 싫어하시는 사악한 것을 섬멸할 때까지]

                    * * *

       [관리들은] 젊은이들을 거리에 소집해선 안 되며
         약자들의 고소를 재판하라, 잘못을 저지른 자들의 책임을 추궁
           하라
III-210 그사이 우리는 품 안의 아기들처럼 바람을 이루고
       훔바바의 문 안에 우리 [무기를] 꽂으리!"

       관리들이 서서 인사를 고하매
         우루크의 젊은이들이 무리 지어 뒤에서 달렸고
       관리들은 그의 발에 입맞추었네
III-215   "우루크의 부두로 무사히 귀환하시기를!

       길가메시여, 힘에만 의지하지 말고
         멀리, 골똘히 보시기를, 믿을 수 있는 일격을 가하시기를!
       '앞에 가는 자가 동행자를 구제하며
         길을 아는 자가 친구를 [지키리라].'

III-220 엔키두가 앞에 가게 하시기를,
         그가 삼나무 숲으로 가는 길을 아나니
       [자주 다닌] 산길을 거치며

그는 전투에서 시험받고 [검증받았나니]

그가 친구를 [호위해서 동행자를 무사히 지키리]
  [엔키두가 그를 무사히] *아내들에게* 모셔오리!   III-225

(엔키두에게)

우리 회중은 [폐하를 그대에게 의탁하네]
  그대가 왕을 다시 모셔와 [우리 안에 그를] 다시 거하시게 하게!"

엔키두가 [말하려고] 입을 [열어]
  [길가메시에게] 이르기를

태블릿 III에서 나머지 열 행 정도가 소실되었다. 고바빌로니아 예일 판에는
파편으로나마 영웅들의 출발이 다음과 같이 묘사되어 있다.

엔키두가 입을 열어   Y-272
  길가메시에게 이르기를
"자네가 *마음*을 둔 곳에서 여정은 시작되네
  마음에 두려움을 갖지 말고, 나를 눈여겨보게!

숲[에서] 나는 그의 은신처를 알았고   Y-275
  *훔바바가 다니는 [길들도 알았네]
[*군중에게*] 말해 그들을 집에 보내게!"

태블릿 IV.

삼나무 숲으로의 원정

길가메시와 엔키두는 여정 중에 사흘마다 산등성이에 자리를 잡고 꿈을 불러내는 의식을 치른다. 길가메시는 매번 악몽에서 깨지만, 엔키두는 결국 길몽일 거라고 위로한다. 적어도 그런 꿈을 다섯 번 꾼 후, 주인공들은 삼나무 숲에 가까워진다.

[20]리그를 가서 그들은 식사를 했네
　　30리그[를 가서] 그들은 자리를 잡았네
하루에 [50]리그를 여행해
　　한 달 반 [거리를] 사흘 만에
레바논 산에 더 가까워졌네.

IV-5　　[그들은 태양을 마주하고] [샘을] 파서,
　　　　[*물주머니에 생수를 떠담아*]
　　[길가메시는 산꼭대기로 올라갔네]
　　　　[그는 산 정상에 밀가루 제물을 부었네]
　　　　["오 산이시여, 저에게 꿈을 주셔서 서광을 보게 하소서!"]

[엔키두는 길가메시를 위해 꿈 신의 집을 만들었네]   IV-10
　　[문간에 문을 달아 비바람을 막았지]
[원을 *그려서* 길가메시가 눕게 했고]
　　[그는 문간에 그물처럼 *널브러져* 누웠지.]

[길가메시는 무릎에 턱을 기댔고]
　　[잠이 그에게 내려앉았네, 사람들에게 쏟아지는 잠이.]   IV-15
[한밤중에 그는 잠의 끝에 다다랐네]
　　[그는 일어나 친구에게 말했네.]

["친구여, 나를 부르지 않았나? 왜 내가 깼을까?]
　　[자네가 나를 건드리지 않았나? 왜 내가 놀랄까?]
[신이 지나가지 않았나? 왜 내 몸이 무감각하게 굳었을까?]   IV-20
　　[친구여, 내가 첫 꿈을 꾸었다네!]

내가 꾼 [그] 꿈은 [온통 뒤죽박죽이었네]
　　산비탈에 [*우리가 서* 있었지]
[산이 *우리 사이로*] 무너져 내렸네
　　[하지만] 우리는 [*파리들처럼 그 위로 날아갔지.*]"   IV-25

[야생]에서 태어난 [이는 조언하는 방법을 알았네]
　　엔키두는 친구에게 말하면서 [해몽을 해주었네]
"친구여, [자네의] 꿈은 좋은 징조네
　　그 꿈은 귀하고 [*우리에게 좋은 징조라네.*]

친구여, 자네가 본 산은 [*훔바바가 아니겠나?*]   IV-30
　　[우리는] 훔바바를 잡을 걸세, 우리가 [그를 벨 걸세]

우리는 그의 시신을 싸움터에 [떨굴] 걸세

    그리고 내일 아침 [우리는 태양신이 주는 좋은] 징후를 [볼 걸세.]"

20리그를 가서 그들은 [식사를] 했네

IV-35   30리그를 가서 그들은 [자리를] 잡았네

[하루에] 50리그를 여행해

    [한 달] 반 거리를 사흘 만에

[레바논] 산에 더 가까워졌네.

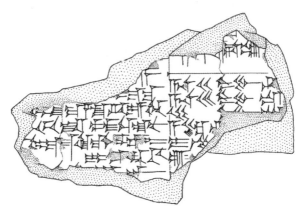

[4] 20리그를 가서 그들은 식사를 했네

그들은 태양을 마주하고 샘을 파서

    [생]수를 [물주머니에 떠담아]

IV-40   길가메시는 [산]꼭대기로 올라갔네

    그는 [산 정상에] 밀가루 제물을 부었네

    "오 산이시여, 저에게 꿈을 주셔[서 서광을 보게 하소서!]"

엔키두는 [길가메시를 위해 꿈 신의 집을 만들었네]

    [문간에 문을 달아 비바람을 막았지]

[원을 *그려서* 길가메시가 눕게 했고]   IV-45
  [그는 문간에 그물처럼 *널브러져* 누웠지.]

[길가메시는 무릎에 턱을 기댔고]
  [잠이 그에게 내려앉았네, 사람들에게 쏟아지는 잠이.]
[한밤중에 그는 잠의 끝에 다다랐네]
  [그는 일어나서 친구에게 말했네.]   IV-50

["친구여, 나를 부르지 않았나? 왜 내가 깼을까?]
  [자네가 나를 건드리지 않았나? 왜 내가 놀랄까?]
[신이 지나가지 않았나? 왜 내 몸이 무감각하게 굳었을까?]
  [친구여, 내가 두 번째 꿈을 꾸었다네!"]   IV-54

                              * * *

길가메시의 두 번째 꿈 이야기는 태블릿 IV에 남아 있지 않다. 히타이트의 수
도 하투사에서 나온 초기본 의역은, 태양신이 길가메시의 두 번째 꿈을 통해
어떻게 그를 산사태에서 구했는지를 보여준다. 같은 꿈은 고바빌로니아 태
블릿의 더 이전 판본에 잘 보존되어 있고 거기에서 이것은 길가메시의 첫 번
째 꿈이다.

"친구여, 내가 꿈을 꾸었네!
  왜 나를 깨우지 않았나? 꿈이 너무 겁났네!
나는 어깨로 산을 떠받쳤네   Schøyen$_2$-5
  산이 내게 쏟아져 나를 짓눌렀네.

약해지는 느낌이 다리를 휘감고

$Schøyen_2$-10   무시무시한 기운이 내 팔을 압도했지

　　　　사자 같은 사내가 내게 다가왔고

　　　　　땅에서 환하게 빛나고 아름다움이 가장 [출중했지].

　　　　그가 내 팔 위쪽을 잡아

　　　　　나를 산 아래서 끌어당겼네."

　　　　엔키두가 꿈을 설명하며

　　　　　길가메시에게 말하기를

　　　　"자, 친구여, 우리가 찾아가는 것은,

$Schøyen_2$-15　　　그는 산이 아닌가, 그처럼 이상한가?

　　　　자, 우리가 찾아가는 *훔바바는,

　　　　　그는 산이 아닌가, 그처럼 이상한가?

　　　　그대와 그가 만나면, 그러면 그대의 임무는 오직 하나지

　　　　　전사의 의례, 사내의 임무.

　　　　그는 분노를 그대에게 터트릴 테고

$Schøyen_2$-20　　　그의 공포는 그대의 다리를 휘감겠지.

　　　　하지만 자네가 본 사내는 태양신 샤마쉬 왕이었네

　　　　　위기의 순간에 그가 자네의 손을 잡아줄 걸세."

　　　　길가메시는 반가웠지, 꿈은 좋은 징조인지라

　　　　　마음은 즐겁고, 얼굴이 환해졌네.

　　　　태블릿 IV가 다시 시작된다.

　　　　[20리그를 가서 그들은 식사를 했네]

[30리그를 가서 그들은 자리를 잡았네]   IV-80
[하루에 50리그를 여행해]
　[한 달 반 거리를 사흘 만에]
[레바논 산에 더 가까워졌네.]

[그들은 태양을 마주하고 샘을 파서]
　그들의 [물주머니에 생수를 떠담아]
[길가메시는] 산 [꼭대기로 올라갔네]   IV-85
　[그는] 산 정상에 [밀가루 제물을 부었네]
"[오 산이시여,] 저에게 꿈을 주셔서 [서광을] 보게 하소서!]"

[엔키두는 길가메시를 위해] 꿈 신의 집을 만들었네
　문간에 문을 [달아] 비바람을 막았지
[원을 *그려서*] 길가메시가 눕게 했고   IV-90
　그는 문간에 그물처럼 [*널브러져*] 누웠지.

길가메시는 무릎으로 턱을 괴었고
　잠이 그에게 내려앉았네, 사람들에게 쏟아지는 잠이.
한밤[중에] 그는 잠의 끝에 다다랐네
　그는 일어나서 친구에게 말했네.   IV-95

"친구여, 나를 부르지 않았나? 왜 내가 깼을까?
　자네가 나를 건드리지 않았나? 왜 내가 놀랄까?
신이 지나가지 않았나? 왜 내 몸이 무감각하게 굳었을까?
　친구여, 내가 세 번째 꿈을 꾸었다네!

내가 꾼 그 꿈은 온통 뒤죽박죽이었네   IV-100

하늘이 대성통곡하는 사이, 땅은 우르르 소리를 냈네
낮이 점점 정지하고, 어둠이 나아왔지
번개가 번뜩이고, 불길이 일었네.

[불꽃이] 타오르고 죽음이 쏟아져 내렸네
IV-105   불길이 아주 밝게 잦아들다 꺼졌지
[불꽃이] 사그라들다가 재가 되었네
    [자네는] 야생에서 태어났으니 우리가 조언을 얻을 수 있을까?"

[친구의 말을 듣고 나서]
    엔키두는 해몽하여 길가메시에게 이르기를
IV-109   "[친구여,] 그대의 꿈은 좋고, [그 *메시지*는] 길하다네."

엔키두의 세 번째 해몽 부분은 소실되었지만, 태블릿 IV의 공백 부분은 두 번째 꿈에 인용된 고바빌로니아 태블릿에서 일부 벌충할 수 있다.

Schøyen₂-50   "그리고 그대는 그의 무기를 재로 만들 것이네
그대의 꿈은 좋네, 신이 그대와 함께하네
    그대는 곧 계획을 성취할 걸세."

태블릿 IV의 텍스트가 다시 복구된다.

IV-120   [20]리그를 가서 그들은 [식사를 했네]
    [30리그를 가서] 그들은 [자리를] 잡았네
[하루 일정으로] [50]리그를 여행해
    한 달 반 거리를 사흘 만에
레바논 산에 더 가까워졌네.

그들은 태양을 [마주하고] [샘을] 파서
  [*물주머니에 생수를*] 떠담았네
길가메시는 [산] 꼭대기로 [올라가]
  [산 정상에] [밀가루] 제물을 부었네.
["오 산이시여, 저에게] 꿈을 [주셔서] [서광을 보게 하소서!"]

[엔키두는 길가메시를 위해 꿈 신의 집을 만들었네]
  [문간에 문을 달아 비바람을 막았지]
[원을 *그려서* 길가메시가 눕게 했고]
  [그는 문간에 그물처럼 *널브러져* 누웠지.]

[길가메시는 무릎으로 턱을 괴었고]
  [잠이 그에게 내려앉았네, 사람들에게 쏟아지는 잠이.]
[한밤중에 그는 잠의 끝에 다다랐네]
  [그는 일어나서 친구에게 말했네.]

["친구여, 나를 부르지 않았나? 왜 내가 깼을까?]
  [자네가 나를 건드리지 않았나? 왜 내가 놀랄까?]
[신이 지나가지 않았나? 왜 내 몸이 무감각하게 굳었을까?]
  [친구여, 내가 네 번째 꿈을 꾸었다네!]"

네 번째 꿈의 내용과 해몽은 태블릿 IV에 제대로 보존되지 않았지만, 니푸르
에서 출토된 고바빌로니아 서판에는 더 온전한 내용이 남아 있다.

"친구여, 나는 네 번째 꿈을 꾸었네
  이것은 다른 세 번의 꿈을 능가하네!
나는 하늘에서 사자-새를 보았네

새가 구름처럼 떠올라 우리 위로 솟구쳤네.

　　그것은 …였고, 얼굴이 뒤틀리고
　　　입은 불이요, 숨결은 죽음이었네
OB Ni-15　[또] 한 사내가 [있었는데], 생김새가 이상했네
　　　꿈에서 그는 … 그리고 거기 서 있었네.

　　그가 새의 날개들을 [묶고] 내 팔을 잡더니,
　　　…… 그것을 내 [앞에] 팽개쳤네
　　그 위에 ………."

짧은 공백 후 엔키두가 꿈을 해석한다.

OB Ni-20′　"[그대는 하늘에서 사자-새를,]
　　　새가 구름[처럼 떠올라] 우리 위로 솟구치는 것을 [보았네.]

　　그것은 …였고, 얼굴이 뒤틀리고,
　　　입은 불이요, 숨결은 죽음이었네
　　그대는 그것의 끔찍한 광휘가 두려울 거고,
OB Ni-25′　　내가 그것의 발을 …하고 자네가 떠오르게 하겠네!

　　그대가 본 이는 강력한 샤마쉬였네."

태블릿 IV의 텍스트는 무척 훼손되었지만 다시 시작된다.

IV-155　"그대의 꿈은 [길하다네, 친구여] ……
　　　…… 이 ……

… 훔바바 ……,
    … [그] 위에 … 불이 붙을 걸세.

우리가 그의 …를 가져와, 그의 날개들을 묶을 걸세
    ……… 우리가 …   IV-160
그의 ……, 우리가 그 위에 설 걸세.
    [그리고 이튿날] 아침, 우리는 태양신에게서 서광을 [볼] 걸세."

[20리그를 가서] 그들은 식사를 했네
    [30리그를 가서] 그들은 자리를 잡았네
[하루에 50리그를] 여행했네.   IV-165

[태양을 마주하고] 그들은 [샘을] 파서
    [물주머니에 생수를] 떠담아
길가메시는 [산] 꼭대기로 [올라갔네]
    [그는 산 정상]에 [밀가루] 제물을 부었네
["오 산이시여, 저에게] 꿈을 [주셔서] [서광을 보게 하소서!"]   IV-170

엔키두는 [길가메시를] 위해 [꿈 신의 집을 만들었네]
    [문간에 문을] 달아 [비바람을 막았지]
원을 [그려서 길가메시가 눕게 했고]
    [그는 문간에 그물처럼] 널브러져 누웠지.

[길가메시는 무릎으로 턱을] 괴었고   IV-175
    [잠이] [그]에게 [내려앉았네, 사람들에게 쏟아지는 잠이.]
[한밤중에 그는 잠의 끝에 다다랐네]
    [그는 일어나서 친구에게 말했네.]

["친구여, 나를 부르지 않았나? 왜 내가 깼을까?]

IV-180   [자네가 나를 건드리지 않았나? 왜 내가 놀랄까?]

[신이 지나가지 않았나? 왜 내 몸이 무감각하게 굳었을까?]

[친구여, 내가 다섯 번째 꿈을 꾸었다네!"]

여백. 꿈 내용과 엔키두의 해몽이 (고대에는 샤두품으로 불린) 텔 하르말[5]에서 나온 고바빌로니아 토판에 남아 있다.

Ha₁-3 "친구여, 나는 꿈을 꾸었네

어찌나 *불길하고*, 어찌나 *황량하고*, 어찌나 흐릿한 꿈이던지!

난 야생 황소와 씨름하는데

Ha₁-5   황소의 포효에 땅이 갈라졌네

그것이 일으킨 먼지 구름이 하늘 깊숙이 뿌려졌네

그리고 나는, 그것 앞에서 *고꾸라졌지.*

……를 붙잡고 내 양팔을 감쌌네.

… 그가 [나를] 꺼내 … *완력으로* …

내 뺨 …, 내 …

[그는] 내게 물주머니에 든 물을 [마시게 해주더군.]"

Ha₁-10 "친구여, 우리가 맞설 [신]

그는 황소가 아니네, 그는 전혀 다르다네

그대가 본 *야생* 황소는 빛나는 샤마쉬였네

위태로운 순간에 그가 우리 손을 잡으리니.

---

5. 바그다드 접경지역 내에 있는 유물 출토지

그대에게 물주머니에 든 물을 마시게 해준 이는

　　그대를 아끼는 그대의 신, 루갈반다 님이었네　　　　　　Ha_1-15

우리는 힘을 모아서 특별한 일을 하리니

　　나라에 없던 위업일세!"

태블릿 IV의 말미는 소실되었다. 아마 영웅들이 삼나무숲에 마지막으로 도
착하는 내용이 담겼을 것이다.

태블릿 V.

훔바바와 벌인 싸움

영웅들은 야생생물이 소란을 떠는 삼나무 산 멀리서 감탄하고, 길가메시는 경외감에 사로잡힌다. 둘은 서로의 두려움을 도닥이려 애쓰면서 무기를 빼들고 숲으로 잠입한다. 숲의 왕 훔바바는 이들의 존재를 알아차린다. 샤마쉬는 훔바바가 일곱 광휘로 자신을 방어하기 전에 부지불식간에 급습해 잡으라고 조언한다. 훔바바는 이들과 맞서고 엔키두의 배신을 비난한다. 엔키두는 신속한 조치를 독려한다. 그와 길가메시가 훔바바를 공격하고, 샤마쉬는 숲의 왕의 눈을 가려 길가메시가 이기도록 열세 가지 바람을 보낸다. 훔바바가 목숨을 애걸하지만, 엔키두는 다시 끼어들어 신들이 알기 전에 훔바바를 죽이라고 길가메시에게 말한다. 훔바바가 저주하고, 주인공들은 재빨리 그를 죽인 후 성스러운 숲의 삼나무를 쓰러뜨리기 시작한다. 엔키두는 엔릴 신전을 장식할 거대한 문을 특별히 웅장한 삼나무로 만든다.

그들은 거기 서서 숲에 감탄하며
　　높은 삼나무 꼭대기를 바라보고
숲 입구를 바라봤네
　　훔바바가 오가는 곳에는 길이 있었네.

반듯하고 잘 다져진 길들이었네   V-5
  그들은 삼나무 산을, 신들과 여신들의 권좌를 보았네
땅의 표면[에는] 삼나무가 지천으로 있고
  그 그늘은 서늘하고 쾌적했네.

가시가 [빼곡히] 엉겼고 숲은 차양이 되었네   V-10
  삼나무들, 고무나무들이 [한데 엉켜] 들어갈 길이 없었네
사방으로 1리그 거리에 삼나무들이 가지를 [*내뻗고*]
  편백나무가 1리그의 삼분의 이까지 [*무성히 자랐네.*]

수지가 들러붙은 삼나무들은 60큐빗이나 자랐고
  수지가 [뿜어]나와, 비처럼 흘러내려   V-15
  골짜기를 쓸어내리도록 [*줄줄 흘렀네*]
숲 전체[를 거쳐] 새 한 마리가 울기 시작하니
  [암새들이] 화답하여, 계속 시끄러워졌네.

[*한 마리*] 나무 귀뚜라미가 시끄러운 합창을 시작하네
  … 노래를 부르고, 소란한 울음소리를 … 뱉네   V-20
  숲비둘기가 탄식하고 멧비둘기가 대답하여 외치네
황새[의 부름에], 숲이 기뻐하네
  자고새의 [부름에], 부산함 속에서 숲이 기뻐하네.

[어미 원숭이들이] 크게 노래하고, 새끼 원숭이는 꽥꽥 소리치네
  악사들과 북치는 [*무리처럼*]   V-25
  그들은 매일 훔바바 앞에서 리듬을 울리네.

삼나무가 그늘을 [드리울 때]

길가메시에게 [공포가] 쏟아졌네

그의 팔이 [뻣뻣해지고]

V-30   다리가 후들거렸네.

[엔키두가] 말하려고 입을 열어

길가메시에게 이르되

"숲 가운데로 [깊이 들어가세]

가면서 크게 비명을 [지르세]!"

[길가메시가] 말하려고 입을 열어

엔키두에게 이르되

V-35   "친구, [어찌하여] 우리는 겁쟁이들처럼 떠는 겐가

모든 산을 넘어온 [우리]거늘?

우리 앞에 ………[할까?]

우리가 물러가기 전에 ……."

엔키두:

"내 [친구]는 전투에서 경험이 풍부한 사람이지

V-40   싸울 때 죽음의 두려움이 없는 사람이지.

그대는 피를 뒤집어써 봤고, 그래서 죽음을 두려워할 필요가 없네

광기에 빠진 탁발승처럼 [가서] 날뛰게

[그대의 고함이] 팀파니[처럼] 요란하게 울리도록 하게

그대의 팔에 뻣뻣함이, 다리에 후들거림이 없어지길!"

길가메시:

"내 손을 잡게 친구, 그리고 같이 [계속] 나아가세   V-45
    싸움에 생각을 다 쏟도록 [하게]!
죽음일랑 잊고 삶을 [도모하게!]
    곁에 함께 걷는 [이는] 신중한 사람이니.

'앞서가는 [그가] 자신을 지키고 그의 전우를 안전하게 데려오게
        하라!'
    그들의 이름이 장차 오랜 [나날] 있으리!"   V-50
멀리[에서] … 두 사람이 도착했네
    [그들은] 대화를 [그치고] 멈춰 섰네.

그들은 거기 서서 숲에 감탄했네
    …………
당장 칼들 ……   V-55
    그리고 칼집들에서 …….

도끼들이 얼룩졌고 ……
    손도끼[와] 칼 ……
하나의 ………
    그들이 살그머니 …….   V-60

훔바바가 [혼잣말을 하며 말하기를]
    "…이 ……가지 않았나?
………지 않았던가?
    왜 … 동요하고 …?

V-65   왜 나의 ……?

    겁에 질려 ……

정말이지 어찌 ……?

    바로 내 잠자리에서 …….

엔키두임이 분명해 ……

V-70   그는 선의로 ……

만약 말 한 마디 ……

    엔릴이 그를 저주하시기를 ……!"

엔키두가 [말하려고] 입을 [열어]

    [길가메시에게 이르기를]

"친구여, 훔바바는 ……

V-75   한 친구는 혼자지, 그러나 [둘은 둘일세!]

비록 그들이 약할지라도, 둘은 ……

    비탈진 성벽을 [혼자서 오를 수는 없을지라도] 둘은 [*성공하리!*]

옷 두 벌은 ………

    세 겹 밧줄[은 쉽게 끊어지지 않네.]

V-80   강한 개의 새끼 두 마리는 [*그것을 정복하리*]

    그대의 보무를 단단히 하게 ……

친구, 화살촉은 ……

    그대가 *벌이는* 여정은 …….

우리가 헤어졌을 때 ……

V-85   …가 태어나 ……

그것의 … 두 ……

    친구, 샤마쉬가 *바람에* ….

그의 뒷면은 폭풍우, [그의 가슴팍은 바람]이네

    샤마쉬에게 말하길, 그가 [자네에게 *바람을* 주어야 한다]고 하게!"

길가메시는 [샤마쉬 앞에서 흐느끼면서] 머리를 들었지   V-90

    햇발 아래 [눈물을] 흘리면서.

"샤마쉬여, 제가 당신에게 믿음을 갖던 그날을 [잊지 마소서]!

    이제 저를 도우러 오셔서 ……

우루크 중에서 난 자손, 길가메시에게

    [당신의 보호를 내리소서!]"

샤마쉬는 그가 하는 말을 듣고,   V-95

    당장 [거기 하늘에서] 소리[쳤네]

"두려워 말라, 그와 맞서라! 훔바바는 [그의 숲에 들어가선] 안 될

      지니

    그는 수풀에 내려가면 안 된다, 그는 … 안 된다!

그가 …일곱 망토로 자기를 가려선 [안 된다]!

    [하나는] 몸에 감싸고, 여섯은 벗어던졌다."   V-100

그들은 ………

    격한 야생 소처럼 공격할 채비를 하고 ….

그는 한 번 소리를, 겁에 질린 소리를 질렀네

    숲지기는 소리를 질러댔네

…………   V-105

홈바바는 폭풍우의 신처럼 [우르릉댔네.]

짧은 여백이 있다. 텍스트가 재개되면서 영웅들은 숲지기와 대면한다.

V-115   홈바바가 말하려고 입을 열어
      길가메시에게 이르기를
    "길가메시, 멍청이들은 무례하고 흉포한 자들과 상의하지!
      왜 여기 내 안전에 기어들었는고?

    오라, 엔키두, 아비도 몰라보는 물고기 새끼야
      어미젖도 빨지 못한 거북과 자라의 새끼 놈!
    내 어린 너를 봤다만 근처에 얼씬하지 않았지
V-120   네 …이 내 배를 *채우기나 했을까*?

    [이제] 너는 배신하여 내 앞에 길가메시를 데려와
      호전적인 이방인처럼 거기 서 있구나, 엔키두!
    내가 길가메시의 목과 목구멍을 베리라
      그의 살점을 숲의 새들, 굶주린 독수리, 콘도르에게 먹이리!"

V-125   길가메시가 말하려고 입을 열어, 엔키두에게 이르기를
      "친구여, 홈바바의 모습이 변했구나!
    그를 무찌르려고 그의 거처에 우리가 담대하게 오긴 했지만,
      겁먹은 마음은 한순간에 진정되지 않네."

    엔키두가 말하려고 입을 열어
      길가메시에게 이르기를
V-130   "친구여, 어째서 [그대는] 약골처럼 말하는가?

결기 없는 말로 그대는 날 낙심시키네.

자, 친구, 그러나 이것은 [*우리의 책무*]이니
　　이미 구리가 거푸집에 쏟아지고 있네!
한 시간 동안 용광로에 불을 땔까? 한 시간 동안 석탄을 *피울까*?
　　대홍수를 일으켜야 복종을 시키지!　　　　　　　　　　V-135

물러서지 [말게], 뒷걸음치지 말게!
　　사자의 [그것처럼] 강력한 공격을 감행하게!
········· 하지 말며
　　그대를 ·········
남풍이 [그를] 인질로 [잡게 하게!]　　　　　　　　　　V-140

그대의 루갈반다 신에게 마음을 쏟게
　　전에 꾸었던 모든 꿈을 계속 생각하게!"

길가메시는 친구의 조언에 [앞으로] 나아갔네
　　바닥을 *아홉 번* 내리치자 산이 무너졌네
그는 사자처럼 맹렬하게 공격했고　　　　　　　　　　V-145
　　엔키두는 *퓨마*처럼 달려들었네.

그들은 숲 가운데서 훔바바를 붙잡았네
　　그의 무시무시한 광휘가 숲을 채웠네
그들은 손으로 그의 광휘를 움켜쥐었네
　　훔바바가 소리쳐 말하며 포효했네.　　　　　　　　　V-150

"[내가] 저들을 끌어올려 하늘로 올라가리!

[내가] 땅을 내리쳐서 저들이 압수에 빠지게 하리!"
그는 저들을 끌어올렸지만 하늘은 너무 높았네
그는 땅을 내리쳤지만 바닥은 견뎌냈네.

V-155   그들의 발아래서 바닥이 산산이 쪼개졌네
그들이 휙 돌자 시리온 산과 레바논 산이 흔들렸네
흰 구름 떼가 검게 변하고
그들 위로 죽음이 안개처럼 내렸네.

샤마쉬는 훔바바에게 강한 돌풍을 일으켰네
V-160   남풍, 북풍, 동풍, 서풍
강풍, 맞바람, 태풍, 폭풍, 돌풍
마풍, 삭풍, 돌풍, 대폭풍.

열세 가지 바람이 불었고 훔바바의 얼굴이 어두워졌네
그는 앞으로 나갈 수 없었네, 뒤로 갈 수도 없었네
V-165   그때 길가메시의 무기가 훔바바를 제압했네
훔바바가 목숨을 구걸하며 길가메시에게 말하기를

"모친이 막 그대를 낳았으니 그대는 아주 젊소, 길가메시
하지만 그대는 [야생 암소 닌순의] 자손이오!
샤마쉬의 명령으로 그대는 열 산을 뭉갰소
V-170   오 우루크 가운데서 나온 자손, 길가메시 폐하!

오 길가메시, 죽은 자는 주인을 *기쁘게 한* 적이 없었소
[그러나 노예는] 살아서 임자에게 [이익을 안기오]
오 길가메시, 자비를 베푸시오! 나는 비통하게 진정으로 [엎드렸소!]

내가 그대의 수족으로 여기 숲에서 머물게 해주시오!

내가 그대가 요구하는 만큼의 나무를 가꾸리다   V-175
　도금양, 삼나무, 편백나무를 지켜주리니
반듯하게 곧게 자란 목재는 궁전의 자랑이 되리다!"

엔키두가 말하려고 입을 열어
　길가메시에게 이르기를
"내 [친구여], 훔바바가 간청하는 말에 귀 기울이지 말게
　[왜] 그의 애원이 그대의 마음에 담겨야 하는가?   V-180

그가 자기 집에 돌아가면 우리는 세상에 태어나지 않은 게 될 걸세!
　삼나무 숲에서 [그는] 우리를 단단히 [묶을 걸세]
[그런 다음] 수풀에 들어가 [그의 광휘를] 걸치겠지."

훔바바는 [엔키두가 어떻게 그를] 모함하는지 [들었네]
　훔바바가 [샤마쉬 앞에서 흐느끼면서, 고개를 들었네]   V-185
　[햇발 아래서 그의 눈물이] 흘러내렸네.

　　　　　　　* * *

"너는 내 숲의 상황을 꿰고 있지 … 상황을,   V-190
　또한 온갖 말재주에 능하고.
내가 널 집어서 숲 들머리의 어린나무에 매달아야 했거늘
　네 살점을 숲의 새들, 굶주린 독수리, 콘도르에게 먹였어야 했
　　거늘.

자, 엔키두, [내] 구멍이 네게 달려 있다

V-195   길가메시에게 내 목숨을 구해달라고 말하라!”
엔키두가 말하려고 입을 열어
        길가메시에게 이르기를

“친구여, [삼나무] 숲을 지키는 훔바바,
        그를 처치하게, 그를 베어버리게, 그의 힘을 없애게!
[삼나무] 숲을 지키는 훔바바,
        그를 처치하게, 베어버리게, 그의 힘을 없애게!

V-200   존엄이신 엔릴이 우리의 행위를 듣고,
        그리고 [위대한] 신들이 화가 나 대적하기 전에
        니푸르에서 엔릴, [라르사]에서 샤마쉬…
무궁한 [*명성을*] 영원토록 세우도록
        어떻게 길가메시가 [*사나운*] 훔바바를 [*베었는지!*]”

V-205   훔바바는 [엔키두가 그를 어떻게 험담하는지] 들었네
        훔바바가 [샤마쉬 앞에서 흐느끼면서] 고개를 [들었네.]

훔바바의 세 번째 애원은 소실되었지만, 우가리트에서 출토된 중기 바빌로
니아 파편에 이 대목에 딱 맞는 구절이 들어 있다.

훔바바가 이 말을 듣자,
        [샤마쉬] 앞에서 흐느끼면서 고개를 들었네
        햇발 아래서 [그의] 눈물이 흘러내렸네
“엔키두가 동물들과 누워 잘 때, 저는 [그에게] 소리치지 않았나
                이다, 삼나무가 자라는 [시론]과 레바논 산은 [*뭉개지지*] 않

앉나이다.

샤마쉬여, [당신이] 나의 주인이며 나의 판관[이시며]
　　저는 저를 낳은 어미를 몰랐고
[저를 기른 아비를 몰랐기에]
　　저를 낳은 것은 산[이었고], 저를 기른 것은 당신이셨나이다!

엔키두여, 내 석방이 [너에게] 달렸노라
　　내 목숨을 살리라고 [길가메시에게 말하라!]"

엔키두의 반응을 전처럼 복구할 수 있다.

엔키두가 말하려고 입을 열어
　　길가메시에게 이르기를　　　　　　　　　　　　　　　　V-245

"[친구여, 삼나무 숲을 지키는 훔바바,]
　　[그를 처치하게, 그를 베어버리게, 그의 힘을 없애게!]
[삼나무 숲을 지키는 훔바바,]
　　[그를 처치하게, 그를 베어버리게, 그의 힘을 없애게!]

[존엄이신 엔릴이 우리 행위를 듣고]　　　　　　　　　　　V-250
　　[그리고 위대한 신들이 우리에게 화가 나 대적하기 전에]
　　　　[니푸르에서 엔릴, 라르사에서 샤마쉬…]
[무궁한 *명성*을 영원토록 세우도록]
　　[어떻게 길가메시가 *사나운* 훔바바를 *베었는지*!]"

[훔바바는] [엔키두가 그를 어떻게 험담하는지] 들었네　　　V-255

홈바바는 [샤마쉬 앞에서 흐느끼면서] 고개를 들었네
햇발 아래 [그의 눈물이 흘러내렸네.]

"엔키두여, 너는 …… 들어갔지
    무기를 휘두르자 왕자가 …
V-260   하지만 그의 궁전 신하로 전쟁들이 ….

너는 [그] 앞에 양치기처럼
    [그의 명을 받드는] 고용자처럼 앉아 있네
자, 엔키두여, [내 석방이] 너에게 달렸노라…
    내 목숨을 [살리라]고 길가메시에게 말하라!"

V-265   엔키두가 말하려고 입을 열어
    [길가메시에게] 이르기를
"친구여, [삼나무] 숲을 지키는 홈바바,
    [그를 처치하게], 그를 베어버리게, [그의 힘을 없애게!]

존엄이신 [엔릴이] 우리 행위를 듣고
    그리고 [위대한] 신들이 우리에게 화가 나 대적하기 전에
    니푸르에서 엔릴, [라르사]에서 샤마쉬 …
무궁한 [명성을] 영원토록 세우도록
V-270   어떻게 길가메시가 [사나운] 홈바바를 베었는지!"

홈바바는 [엔키두가 그를 어떻게 험담하는지] 들었네
홈바바는 [샤마쉬 앞에서 흐느끼면서 고개를] 들었네
[햇발] 아래 [그의 눈물이 흘러내렸네.]

* * *

"저 두 사람이 장수하지 않기를,
   그의 친구 길가메시 외에는 아무도 엔키두를 매장하지 않기를!"   V-280

엔키두가 말하려고 입을 열어
   길가메시에게 이르기를
"친구여, 내가 그대에게 말하건만 그대는 내 말을 듣지 않는군!
   저주가 ………
[저런 저주가] 그의 입으로 [되돌아가게 하게.]"

친구의 [말을 듣고 길가메시는]   V-285
   옆구리에서 [검을] 빼들었네
길가메시가 [그의] 목을 [찌르자]
   엔키두는 [그의 심장을] 잘라내, 허파와 함께 꺼냈네.

[5] 길가메시가 그의 목을 찔렀네

…… 갑자기 나타나,

V-290   머리통[에서] 전리품으로 어금니들을 뺐네

[*피가*] 산에 대차게 쏟아졌네

[*핏덩이가*] 산에 대차게 쏟아졌네.

짧은 여백이 나오고, 그동안 영웅들은 숲을 훼손한다. 그러다가….

V-300   길가메시는 엔릴의 [식탁을 위해] 삼나무에서 수지를 받으려고,

숲을 [짓밟으며 누볐네]

[엔키두가] 말하려고 입을 열어

길가메시에게 이르기를

"[친구여,] 우리가 숲을 황무지[로] 만들었는데

니푸르에서 엔릴에게 [어떻게] 답할꼬?

V-305   '네 힘[으로] 너는 숲지기를 베었도다

무슨 분노로 숲을 이리 짓밟았느냐?'"

그들은 그의 일곱 아들인

귀뚜라미, 새된 소리, 태풍, 비명, 간교, …, 폭풍우를 벤 다음

각각 2달란트 도끼로

………을 잘랐네

V-310   휘두를 때마다 3.5큐빗이 절단났다네

길가메시는 나무들을 넘어뜨렸네

엔키두는 *최고급 목재*를 찾아냈네.

엔키두가 말하려고 입을 열어

길가메시에게 이르되

"친구여, 우리는 꼭대기가 하늘을 찌르는
　　높은 삼나무를 넘어뜨렸네.　　　　　　　　　　　V-315

나는 높이 6로드, 너비 2로드, 두께 1큐빗인 문을 만들리
　　그 기둥과 회전축은 꼭대기에서 바닥까지 하나로 하지
니푸르 엔릴의 집으로 유프라테스강이 그것을 나르리
　　[그러니] 니푸르의 성소여 [기뻐하라!]"

그들은 [삼나무와] 편백나무 통나무로 뗏목을 *엮어*,　　　V-320
　　뗏목을 단단히 묶고, [*그 위에 삼나무를*] 올렸네
엔키두는 ……를 가져가고
　　길가메시는 훔바바의 머리통 [*역시 가져*]갔네.

태블릿 VI.

이쉬타르와 천상의 황소

우루크로 돌아온 후 길가메시의 수려함은 이쉬타르 여신의 욕망을 자극하고, 그녀는 길가메시에게 청혼한다. 하지만 길가메시는 앞서 그녀에게 정복당한 이들이 겪은 운명을 상기시키면서 여신을 면박한다. 분노한 이쉬타르는 천상으로 달려간다. 그녀는 길가메시를 죽음으로 응징할 수 있도록 천상의 황소(별자리 타우루스)를 달라고 아버지 아누를 설득한다. 천상의 황소는 우루크에 소동을 일으키지만, 길가메시와 엔키두는 약점을 발견해 황소를 죽인다. 그들은 이쉬타르를 더 심하게 모욕하고, 의기양양하게 궁으로 돌아가 승리를 만끽한다.

그는 헝클어진 머리를 감았네, 장비를 씻었네
　　머리칼을 흔들어 등에 늘어뜨렸네
때 묻은 옷을 치우고 정갈한 의복을 입고
　　겉옷을 걸치고 띠를 맸네
VI-5　　그러고서 길가메시는 왕관을 썼지.

잘생긴 길가메시를 이쉬타르 여신은 애절하게 바라보았네

"오라, 길가메시, 내 신랑이 되어라!
내게 그대의 결실을 다오, 오 내게 다오!
그대는 남편이, 나는 아내가 되자!

내 그대를 청금석과 금으로 된 전차에 태우리   VI-10
바퀴는 금이요, 호각은 호박 보석일지니
사자 무리와 거대한 노새들을 몰고
삼나무 향기 속에 있는 우리 집에 들어오기를!

그대가 우리 집에 들어오면
문간과 발 받침대가 그대 발에 입 맞추리!   VI-15
왕들, 조신들, 귀족들이 그대 앞에 무릎 꿇고
산과 저지대의 산물을 그대에게 공물로 바치리!

그대의 염소는 세쌍둥이를 낳고, 그대의 암양은 쌍둥이를 낳으리
그대의 나귀는 짐을 지면 어느 노새보다 앞설지니!
그대의 말은 영광스럽게 전차를 끌고 달리고   VI-20
어떤 소도 멍에를 맨 그대의 소를 능가하지 못하리!"

[길가메시가] 말하려고 입을 열어
이쉬타르 여신에게 [이르기를]
"[진정 내가] 당신을 맞아 결혼[한다면]

몸과 의복은 ······   VI-25
내 음식과 영양분은 [어디서 오리오?]
[당신은] 신에게 맞는 빵을 [내게 먹일 것이오?]
그리고 왕에게 맞는 [맥주를 따를 것이오?]"   VI-28

* * *

VI-32   "[왜] 내가 당신과 혼인하고 싶어 하리오?
           [당신은] 얼음으로 굳지 않는 [서릿발]
           산들바람도 외풍도 머물지 않는 박판으로 된 문
VI-35   전사들을 대량 학살하는 궁전.

           *귀*를 … 하는 코끼리,
             소지자의 [*손을 얼룩지게 하는*] 역청
           소지자의 [*손을 베*는] 물주머니
             마름돌 담을 [*으깨*는] 바위.

VI-40   적의 [*성벽을*] 공격하는 숫양
           주인의 발을 무는 신발!
           어느 신랑이 당신을 영원히 견디었소?
             어느 용감한 전사가 당신의 [*천상에*] 올라갔소이까?

           자, 당신 연인들 [이야기를 당신에게] 말해보리다
VI-45   ……… 그의 팔에 대해
           당신의 젊은 시절 남편 두무지,
             해마다, 자신을 파멸한 당신을 두고 통탄하더이다.

           당신은 얼룩덜룩한 후투티[6]를 사랑했으나
             그를 때려서 날개를 부러뜨렸소
VI-50   이제 새는 숲에 서서 "내 날개!" 하며 울부짖나니.

_____

6. 곧추선 부채 같은 관모가 있는 새

96   길가메시 서사시

당신은 힘이 장사인 사자를 연모했으나
그에게 일곱 구덩이를, 일곱이나 팠소이다.

　　당신은 전장에서 명성을 떨친 말을 사랑하였으나
　　　채찍질 당하고 박차에 맞고 두들겨 맞는 운명으로 만들었소
당신은 7리그를 전력 질주하는 운명으로 만들었고 VI-55
　　　흙탕물을 마실 운명으로 만들어
불운한 모친 실릴리가 영원히 통곡하게 했소이다.

　　당신은 양치기, 목동, 목자를 사랑했고
　　　그는 잉걸불에 구운 빵 더미를 당신에게 주었으며
당신을 위해 매일 새끼들을 잡았소. VI-60

　　당신은 그를 공격해서 늑대로 만들었고
　　　이제 그 자신의 목동들에게 쫓겨나
그의 개들이 그의 뒷다리를 물기까지 한다오.

　　당신은 부친의 정원사인 이슐라누를 사랑했소이다
　　　그는 당신에게 대추야자 바구니를 가져와 VI-65
매일 당신의 식탁을 빛나게 했소
　　　당신은 그에게 추파를 던지고 그를 만나러 갔소.

'오 나의 이슐라누, 당신의 박력을 맛봅시다
　　　당신 손을 뻗어 내 음부를 쓰다듬으세요!'
하지만 이슐라누는 그대에게 말했소. VI-70

'제가요! 내게 무엇을 원하시오?

제 어미가 빵을 굽지 않았나요? 제가 먹지 않았나요,
한데 이제 비방과 굴욕의 빵을 먹어야 합니까?
겨울에 오직 골풀로 몸을 덮어야 하나요?'

VI-75   당신은 [그가 해야 했던] 말을 듣자
그를 공격해 *난쟁이*로 만들었소
당신은 그를 그의 일꾼들 한가운데 앉혀
그는 올라가지도 못하고 … 그는 내려가지도 못했으니 …
틀림없이 당신은 나도 사랑해 그런 식으로 [나를 다룰] 요량이요?"

VI-80   이쉬타르 여신은 이 말을 [듣고]
몹시 분개하며 하늘에 [올라갔네]
[울면서] 아버지 아누를 찾아갔네
어머니 안투 앞에서 눈물을 줄줄 흘렸네.

"아버님, 길가메시가 거듭해서 저를 조롱합니다.
VI-85   최악의 비열한 중상을,
저에 대해 중상과 모욕을 떠벌립니다."

아누가 말하려고 입을 열어
이쉬타르 여신에게 이르기를
"흠, 길가메시 왕을 자극한 게 너였고
VI-90   그래서 그가 최악의 비열한 중상을,
너에 대한 중상과 모욕을 떠벌린 게 아니던가?"

이쉬타르가 말하려고 입을 열어
아버지 아누에게 이르기를

"아버님, 그의 거처에서 제가 길가메시를 처단하도록
　　제게 하늘의 황소를 주세요!　　　　　　　　　　　　　　VI-95

하늘의 황소를 주지 않으시면,
　　저는 [저 밑에 있는 저승 거주지의 문들을] 박살내고
지하세계를 [해방]시켜
　　죽은 자들이 산 자들을 해치우게 할 겁니다.
죽은 자들이 산 자들보다 많아지게 하겠습니다."　　　　　VI-100

아누는 말하려고 입을 열어
　　이쉬타르 여신에게 이르기를
"네가 내게서 하늘의 황소를 얻기 바란다면
　　우루크의 과부가 7년 치 왕겨를 비축하고
[우루크의 농부가] 7년 치 건초를 키우게 하라."　　　　　VI-105

[이쉬타르가 입을 열어] 말하려고
　　부친 아누에게 [이르기를]
"………를 제가 이미 쌓았고
　　………를 제가 이미 키웠나이다.

[우루크의] 과부는 [7]년 치 왕겨를 비축했고　　　　　　　VI-110
　　[우루크의] 농부는 [7년 치] 건초를 [키웠습니다.]
황소의 분노로 저는 [응징할] 겁니다!]"
　　아누는 이쉬타르의 이 말을 듣고
하늘 황소의 코를 꿴 밧줄을 그녀의 손에 쥐어주었네.

이쉬타르는 소를 이끌고 [내려왔네]　　　　　　　　　　　VI-115

우루크 땅에 다다르자
황소는 숲과 갈대밭과 늪지를 메마르게 했네
　강으로 내려가서 수위를 7큐빗이나 낮추었네.

하늘의 황소가 울자 구멍이 벌어졌고
VI-120　　우루크 사람 백 명이 거기로 떨어졌네
황소가 두 번째로 울자 구멍이 벌어졌고
　우루크 사람 2백 명이 거기로 떨어졌네.

황소가 세 번째로 울자 구멍이 벌어졌고
　엔키두가 허리께까지 빠졌네
VI-125　엔키두가 뛰어올라 황소의 뿔을 거머쥐었네
　그의 얼굴에 황소가 침을 뱉고
꼬리 타래로 똥을 *뿌렸네*.

엔키두가 [말하려고] 입을 열어
　[친구] 길가메시에게 이르기를
VI-130　"친구여, [*우리의*] *도시에서* 뽐내던 우리거늘
　모여드는 사람들에게 어떻게 답하려나?

친구여, 하늘 황소의 완력을 시험해봤고 …
　그래서 [그] 힘을 알고, [그] 목적을 [*간파했네*]
다시 황소의 완력을 [시험하게] 해주게
VI-135　난 [하늘의 황소] 뒤로 [*가겠네*]
내가 [그것의 꼬리 타래를] 부여잡겠네.

난 그 [*다리*]의 [*뒤편에* 내 발을] 대고

······ 안에서 [그것을] ···

그러면 [자네는] [용감하고] 솜씨 좋은 [백정]처럼

   양 뿔과 어깨 사이로 일격에 칼을 찔러넣게!"   VI-140

엔키두가 얼른 황소의 뒤로 갔네

   그는 꼬리 [다발]을 부여잡았네

[그가] 발을 소의 [*다리 뒤쪽에*] 댔네

   ······ 안에서 [그것을] ···.

그때 길가메시가 용감하고 솜씨 좋은 백정처럼   VI-145

   양 뿔과 어깨 사이로 일격에 칼을 [찔러넣었네].

그들은 하늘의 황소를 벤 후

   소의 심장을 높이 들고 샤마쉬 앞에 놓았네

그들은 뒤로 물러나 태양신 앞에 부복하고

   둘 다 일어나 앉았네.   VI-150

이쉬타르가 양우리-우루크의 성벽에 올라가서

   발을 동동 구르면서 비통하게 울었네

"아뿔싸! 나를 조롱한 길가메시가 하늘의 황소를 죽였구나."

엔키두는 이쉬타르의 이 말을 듣고

   황소의 어깨를 찢어서 그녀 쪽으로 내던졌네   VI-155

"내가 당신을 잡았다면 당신에게도 똑같이 했을 거요

   당신 팔을 그 내장 안에 걸쳐놓았겠지!"

[6] 양 뿔과 어깨 사이로 일격에 칼을 찔러넣었네

이쉬타르는 기녀들, 매춘부들, 창녀들을 모아
　　하늘 황소의 어깨를 두고 애도 의식을 시작했네
VI-160　길가메시는 모든 대장장이와 기술자를 소집했고
　　기술자들은 뿔의 크기에 탄복했지.

한 덩어리로 된 청금석 30파운드,
　　각각의 *테두리* 2파운드,
양쪽에 드는 기름 60부셸.
VI-165　　그는 뿔을 그의 신 루갈반다에게 드리고, 기름 부음을 할 기름
　　　을 들었네
그는 뿔을 가져가서 자기 방에 걸었네.

그들은 유프라테스강에서 손을 씻고
　　손을 잡고 입성했네

그들이 우루크 거리를 달릴 때
　　사람들이 모여 [그들을] 바라보았지.　　　　　　　　　　VI-170

길가메시는 [그의 궁전] 시녀들에게 말했네
　　"사내들 중 누가 가장 헌칠한가?
누가 가장 빛나는 사람인가?"
　　"길가메시가 사내들 중 가장 헌칠합니다!
[길가메시가 가장] 빛나는 사람입니다!"　　　　　　　　　VI-175

＊ ＊ ＊

길가메시는 궁전에서 흥겹게 놀았네.　　　　　　　　　　VI-179

밤에 사람들이 침대에 누워 잠들었고　　　　　　　　　　VI-180
　　엔키두는 자면서 꿈을 꾸었네
엔키두는 꿈 이야기를 하려고 일어나
　　친구에게 일렀네.

태블릿 VII.

엔키두의 죽음

꿈에서 엔키두는 회합한 신들이 자신의 운명을 선포하는 것을 본다. 괴로운 무아경 속에서 그는 엔릴 신전에 넣으려고 만든 큰 삼나무 문을 떠올리고, 신의 총애를 받지 못한 그 문을 저주한다. 그러다가 덫 사냥꾼과 매춘부에게 생각을 돌린다. 자신에게 문명을 가르쳤던 그들 때문에 역경을 겪는다고 원망한다. 샤마쉬가 그에게 진정하라고 설득한 후에 엔키두는 다시 매춘부를 축복한다. 엔키두는 두 번째 꿈을 꾸고, 거기서 죽음의 천사에게 저승으로 끌려가 그곳을 보게 된다. 길가메시에게 꿈 이야기를 한 후 그는 병든다. 쇠약해 죽어가면서 그는 싸움터에서 죽는 것과 비교하며 자신의 치욕적인 운명을 길가메시에게 하소연하고, 그렇게 엔키두는 죽는다.

VII-1   "내 친구여, 어이하여 위대한 신들이 회합하였을까?"

태블릿 VII을 여는 행의 뒷부분은 여전히 복구되지 않았다. 빠진 부분은 더 오래된 바빌로니아 판본에 기초한 히타이트어로 쓰인 파편으로 알 수 있다.

… 그리고 새벽이 밝았네. 엔키두는 길가메시에게 말하기 시작했

네. "내 형제여, 오늘 밤 얼마나 엄청난 꿈을 [꾸었는지!] 아누, 엔릴, 에아, 천상의 샤마쉬 신들[이 회합을 갖고], 아누가 엔릴에게 말하기를, '그들이 하늘의 황소를 죽였고 삼나무가 빼곡히 [우거진] 산을 [지키는] *훔바바를 죽였기 때문에 이렇게 된 겁니다.' 아누는 그러더니 '이 둘 가운데 [한 명을 죽게 하시지요!]'라고 했지.

그러자 엔릴이 말하기를 '엔키두를 죽게 합시다, 길가메시를 죽게 하지 말고!'

천상의 샤마쉬가 웃전 엔릴에게 대답하기 시작했지. '그들이 당신 말씀을 듣고 그를, 하늘의 황소를 그리고 *훔바바도 죽인 게 아니옵니까? 그런데 무고한 엔키두가 죽어야 되겠나이까?'

엔릴은 천상의 샤마쉬에게 격노했네. '너는 그들과 매일 어찌나 동무처럼 몰려다니던지!'"

엔키두는 길가메시 앞에 누워 시냇물처럼 눈물을 [쏟았네.] "오 나의 형제, 내게 소중한 형제! 그들은 내 형제를 위해 나를 다시 일으키지 [않을] 것이네. 나는 죽은 자들 [사이에] 앉으리. 죽은 자들의 문지방을 [넘으리]. 다시는 내 소중한 형제에게 눈을 [두지] 못하리."

태블릿 VII의 텍스트가 엔키두의 환각으로 재개된다.

엔키두가 [*마치 문을 향하는 듯 눈을*] 들었네   VII-37
   그는 마치 [*사람에게 하듯*] 문에게 말했네.

"오, [감각] 없는 숲의 문
   나에겐 [네가] 가지지 못한 이해력이 있도다   VII-40
너, [*가장 훌륭한*] 목재를 찾아 나는 20리그를 뒤졌고
   결국 [*숲에서*] 높은 삼나무를 찾았네.

네 나무는 [삼나무 숲에서] 적수가 없었지
　　네 키는 6로드, 너비는 2로드, 두께는 1[큐빗]
VII-45　네 기둥과 회전축은 상단에서 하단까지 전부 통으로 되어 있지
　　내가 니푸르에서 너를 깎고, 들어 올리고, 똑바로 매달았지.

문이여, 네가 그렇게 [내게 *되갚을 줄*] 알았더라면
　　문이여, 네가 그렇게 내게 보답할 줄 알았더라면
난 도끼를 들었으련만, 내가 너를 찍어냈으련만
VII-50　내가 너를 뗏목에 실어 에밥바라로 보냈으련만.

샤마쉬의 신전, 에밥바라[로] 내가 [너를] 가져갔으련만
　　에밥바라의 [*문에*] 삼나무를 [*놔*]두었으련만
그 문간[에] 사자-새[와 *황소 거상을*] 세웠으련만
　　[그리고] 입구[*에 그것들을 수호자로 설치*했으련만.]

VII-55　나는 … 도시 … 샤마쉬
　　그리고 우루크에서 ………
왜냐하면 샤마쉬는 내가 한 말을 들었고
　　[*위기의*] 순간에 … *그가 내게 무기를 [주었으니.*]

이제, 문이여, 너를 깎은 사람은, 너를 들어 올린 사람은 나였으니
VII-60　내가 [*또한 너를 저주해도*, 또한] 너를 무너뜨려도 될까!
내 뒤에 오는 왕이 너를 증오하게 되기를
　　혹은 …… 너를 [*보이지 않는 곳에*] 매달기를
그가 내 이름을 지우고 네 위에 그의 이름을 적기를!”

그는 [*자기 옷을*] 찢어버렸네, [*장신구를*] 내던졌네

그가 말을 들을 때, 갑자기 [눈물이 줄줄 흘렀네]   VII-65
길가메시가 친구 엔키두의 말을 들을 때
　눈물이 [빠르게 당장] 줄줄 [흘렀네.]

길가메시가 말하려고 입을 열어
　엔키두에게 이르건대
"[내 친구,] … 에서 ……가 나타나
　이해력과 이성을 가진 [자네가] [이제] 미친 듯이 [말하는가?]   VII-70

친구여, 어째서 자네 심정이 *미친 듯이* 말하나…?
　[그 꿈은] 특별했고, 불안은 지대했네
[*자네의 열에 뜬 입술은*] 파리 떼처럼 윙윙댔고
　[불안은] 지대하고, 꿈은 기이했네.

살아남은 이에게는 유산으로 한이 남네   VII-75
　죽은 이들은 살아남은 이들에게 슬픔을 남기네
위대한 신들에게 [내가] 간청할지니
　내가 [*샤마쉬를*] 찾게 해주게, 그대의 신에게 호소하리니.

[*그대 앞*]*에서 나는* 신들의 아버지, [아누에게] *기도하리니*
　위대한 조언자 엔릴께서 그대 앞에서 내 기도를 [들어주시기를]   VII-80
[*나의 간청이 에아의 환심을 얻게*] 되기를!
　내가 당신의 동상을 무한정 금을 써서 만들 것이니 …………."

['친구여,] 은을 주지 말게, 금을 *주지 말게,* [보석을] *주지 말게!*
　[엔릴이] 하신 말은, 신들이 *취소할 수 있는* 게 아니라서   VII-85
[그는] 명령한 [것을] 지우지 않네

그가 내려 적은 [것은] … 지우지 않네
친구여, [내 운명은] 정해졌네
　사람들은 제때가 되기 전에 파멸로 간다네."

VII-90　첫 새벽의 빛나는 광휘에,
　엔키두는 고개를 들고 샤마쉬에게 한탄했네
햇발 아래서 그의 눈물이 흘러내렸네.

"샤마쉬, 당신께 제 너무도 소중한 목숨을 위해 간청하나이다
　사냥꾼, 덫 사냥꾼[으로 말하자면]
VII-95　나를 내 친구만큼 훌륭하지 못하게 한 자이니

사냥꾼이 그의 친구만큼 얻지 못하게 하소서!
　그의 이득을 없애소서, 그의 수입을 줄이소서!
당신의 면전에서 그에게 갈 이득의 몫이 깎이기 비나이다!
　그가 [집에] 들어가면, [집의 신이] 창문으로 떠나길 비나이다!"

VII-100　그는 성에 차게 사냥꾼을 저주한 [후에]
　[매춘부] 샴하트 [또한] 저주하기로 했네
"오라, 샴하트, 내가 너의 운명을 정하리니
　영원토록 견딜 숙명이라.

[내가] 강력한 저주로 너를 저주하리니
VII-105　내 저주가 지금 즉시 네게 임하리!
[너는] 기쁨을 주는 가정을 얻지 [못하리니]
　가족 [가운데]서도 거하지 [못하리라]!

젊은 여인들의 [*방에* 너는] 앉지 [못하리!]
　네 가장 좋은 [옷은] 땅에 더럽혀지리!
네 잔치 옷은 [취한들이 흙 속에서] 더럽히리!　　　　　　VII-110
　아름다움이 [*가득한 집을*] 너는 얻지 못하리!

네 집은 도공의 [*점토 채취장*] 노릇을 할 것이므로!
　너는 침실도, 가족 사당도, [*난로*도] 갖지 못하리!
네 방에서 침대, 의자나 탁자, 자랑스러워하는 사람들을 보지 못
　　　하리!
　네가 누릴 의자는 *딱딱한 벤치*이리라!　　　　　　　　VII-115

[*교차*]로의 [*흙바닥이*] 네가 앉는 자리일지니!
　네가 자는 곳은 [폐허더미!]
성벽의 그늘이 네가 선 자리가 되리!
　[가시와] 들장미가 네 발의 살갗을 벗기리!

[취한 자와] 취하지 않은 자가 네 뺨을 휘갈기리!
　[*아내들이*] 고소인이 *되어* 너를 고소하리!　　　　　　VII-120
어느 인부도 [네 집 지붕에] 회반죽을 발라주지 않으리!
　[네 침실에서] 부엉이가 울리라!

[네 집에선] 잔치가 벌어지지 [않으리!]　　　　　　　　　VII-123

　　　　　　　　　　　* * *

[네가 순결한] 나를 [약하게 만들었기] 때문에!　　　　　　VII-130
　그렇지, 야생에서 순결한 나를 [네가 약하게 만들었지!]”

샤마쉬가 그의 말을 들었고
　　당장 하늘에서 외치는 소리가 나왔으니

"엔키두야, 어째서 매춘부 샴하트를 저주하느냐
VII-135　　신에게 걸맞는 빵을 네게 먹였고,
왕에게 걸맞는 술을 네게 따라주었고
　　네게 화려한 옷을 입혔고,
수려한 길가메시를 동무로 삼게 했거늘?

그리고 이제 네 친구요 형제, 길가메시가
VII-140　　너를 웅장한 침대에 눕게 [할 것인데]
영광스러운 침대[에] 너를 눕히고
　　[그는] 좌편 휴식의 자리에 널 있게 하리
저승의 [통치자들이] 모두 네 발에 입 맞추리.

[그는] 우루크 사람들에게 너를 애도하고 비통[케 하고]
VII-145　　[몹시 앙상한] 사람들이 너를 절절하게 애통케 하리라
네가 떠난 후 슬픔에 겨워 그는 봉두난발을 하고
　　사자 가죽을 [걸치고, 야생]을 헤매리라."

엔키두는 영웅 샤마쉬의 말을 [들었고]
　　… 그다지도 성난 마음은 차차 가라앉았네
VII-150　　… 그다지도 분개한 [마음은] 차차 가라앉았네
　　"오라, [샴하트, 내가 네 운명을 정해주겠다!]

너를 [그렇게] 저주한 [내] 입은 [너를] 축복하기도 하리라!
　　[통치자들이] 너를 사랑하고 귀족들도 그러리!

[1리그 거리에서] 사내들이 제 허벅지를 때리고,
　　[2리그 거리에서] 그들은 머리를 저으리!　　　　　　　　　　　　VII-155

어느 병사도 너를 위해 허리띠를 푸는 데 [더디지] 않고
　　그는 흑요석, 청금석, 금을 [네게 주리!]
금 귀[고리]를 그가 네게 주리니!

신들 중 [가장 재주 있는] 이쉬타르는 네가
　　[안정된] 가정과 잔뜩 쌓인 재물을 가진 사내에게 다가가게 하리!　　VII-160
그의 아내는 일곱 자식의 어미이건만 [너 때문에] 버려지리!"

[엔키두로 말하면], 그의 마음이 괴로웠네
　　그는 혼자 누워 [궁리하기 시작했네]
그는 마음에 둔 것을 친구에게 말했네
　　"친구여, 한밤중에 내가 굉장한 꿈을 꾸었네!　　　　　　　　　　VII-165

하늘이 천둥 치고 땅이 메아리쳤네
　　그리고 내가 거기 그것들 사이에 서 있었지.
한 사람이 있는데, 안색이 어둡고
　　사자-새처럼 소름 끼치는 모습이었네.

그의 손은 사자의 앞발이었고 손톱은 독수리의 발톱이었지　　　　　VII-170
　　그가 내 머리채를 잡더군, 그가 나를 제압했지
내가 그를 쳤지만, 그는 줄넘기처럼 뒤로 폴짝 뛰었지
　　그가 나를 때렸고, 뗏목처럼 나를 뒤집었지.

[7] 신들 중 가장 재주 있는 이쉬타르

[그가] 힘센 야생 황소처럼 발아래 날 짓뭉갰고

VII-175   내 몸을 독성 강한 침으로 [적셨지]

'날 구해주게 친구! ……'

VII-177   자네는 그를 겁냈지만, 자네는 …….

* * *

VII-182   [그가 나를 때렸고] 날 비둘기로 만들었네.

[그가] 내 양팔을 새 날개처럼 [묶어]

어둠의 집, 이르칼라의 자리로 나를 잡아갔지

VII-185   들어가서 나온 사람이 없는 집으로

돌아가는 여정을 허용하지 않는 길로.

거주자들이 빛을 빼앗긴 집으로
   흙이 그들의 양식이고 진흙이 그들의 음식인 곳으로
사람들이 새처럼 깃털 가죽을 입고
   빛을 보지 못하고 어둠 속에서 사는 곳으로.   VII-190

문[과 빗장에 티끌이 잔뜩 쌓였고]
   [티끌] 집에 [죽음 같은 정적이 쏟아졌네]
흙으로 된 집에 내가 들어갔지.

나는 주변을 둘러보았고, 쌓여 있는 왕관들을 봤네
   옛날 옛적부터 땅을 지배했던 왕관을 쓴 [머리들]이 있었네   VII-195
아누와 엔릴의 식탁[에] 고기구이를 대접하고
   구운 빵을 바치고, 주머니에 담긴 냉수를 따라주던 이들이지.

내가 들어간 티끌 집에
   고위직 사제들과 *하위직* 사제들이 있었지
성구를 정돈하는 사제들과 *정화하는* 사제들이 있었지   VII-200
   위대한 신들의 *털북숭이* 사제들이 있었지.

에타나가 있었네, 샤칸이 있었네
   저승의 여왕, 에레쉬키갈 여신이 [있었네]
그녀 앞에서 저승 서기인 [벨레트]-세리가
   [토판을] 들고 신 앞에서 낭독했네.   VII-205

[그녀가] 머리를 [들었고] 나를 보았네

'이 사람을 여기 끌고 온 게 [누구냐]?

VII-208   [*이 자를*] 여기 데려온 게 [누구냐?]'"

엔키두가 본 저승 환상의 나머지 부분은 소실되었다. 그는 마지막 말에 자신
을 길가메시에게 위탁한다.

VII-251   "[그대와] 온갖 고초를 [견딘] 나이니
     [친구여, 나를] 기억해주게, 내가 겪은 모든 것을 [잊지] 말게!"

길가메시:

"내 친구는 [*다시*는] 없을 환상을 보았도다."

그가 꿈을 꾼 날 [힘이] 소진되었네
VII-255   엔키두는 낙심했고, 하루 [그리고 다음날] 누워 앓았네
엔키두는 병석에 [누웠고], [병세가 *깊어졌네*]
     사흘 그리고 나흘, [엔키두의 병세가 *깊어졌네*.]

닷새, 엿새, 이레, 여드레, 아흐레 [그리고 열흘]
     엔키두의 병세가 *깊어졌네* …
VII-260   열하루와 열이틀 ……
     엔키두는 병석에 [누워] ……
길가메시를 불러 [*제 친구에게 말하기를*]

"[나의 신]이 나를 저버리셨네, 친구 …
     [나는] 전장에서 [스러지는] 사람처럼 [*죽는 게 아니네*]
VII-265   난 전투가 두려웠네, 하지만 ……

친구여, 전투에서 [스러지는] 자는 [*이름을 남기네*]
하지만 나는, [*나는 전투*]에서 [*스러지는 게 아니니, 이름을 남기
지 못하네.*]"

엔키두의 고통스러운 임종 장면이 태블릿 VII의 나머지 30행가량에 묘사되
어 있다고 예상하지만, 이 부분은 아직 복구되지 않았다.

태블릿 VIII.

엔키두의 장례

길가메시는 엔키두의 장례를 성대하게 치른다. 장인들을 소집해 친구의 장례용 동상을 만들고, 엔키두가 저승에 가져가 그곳 신들의 환심을 살 만한 부장품을 고른다. 장례의 일환으로 성대한 주연을 베풀고, 저승의 신들에게 보물을 바치고 공개적으로 의식을 치른다.

첫 새벽의 햇살이 들자
　　길가메시는 친구를 [애도하기 시작했네]
"오 엔키두, [자네를] 영양인 모친과
　　야생 나귀인 부친이 [키웠고]

VIII-5　　야생 [당나귀들]이 젖 먹여 키웠으며
　　　　[야생] 동물들이 초원의 모든 것을 [가르쳤지]
　　오 엔키두, 삼나무 숲[의] 길들이
　　　　[그치지 않고] 밤낮으로 자넬 애도하기를!

넘쳐나는 양우리-우루크의 장로들이 자넬 애도하기를!

우리를 축복했던 대중이 [자넬 애도하기를!]   VIII-10
언덕과 산[봉우리]가 자넬 애도하기를
　　순수한 ·········
초원이 자네 모친처럼 애통해하기를!

[도금양], 편백나무, 삼나무가 자넬 애도하기를
　　그 가운데를 분노한 우리가 살금살금 지났나니!   VIII-15
곰, 하이에나, 퓨마, *치타*, 수사슴, *자칼*,
　　사자, 야생 황소, 사슴, 아이벡스[7], 모든 야생 동물이 자넬 애도
　　하기를!

신성한 울라이 강이 자넬 애도하기를
　　그 강변을 우리가 힘차게 걸었나니!
성스러운 유프라테스강이 자넬 애도하기를
　　그 물을 우리가 주머니에 담아 헌수했나니!   VIII-20

양우리-우루크의 청년들이 자넬 애도하기를
　　[그들은] 우리가 하늘의 황소를 벤 싸움을 목격했으니!
농사꾼이 [*제 밭고랑*]에서 자넬 애도하기를
　　[그가] 구성진 타령으로 자네 이름을 드높일지니!

넘쳐나는 양우리-우루크의 ···가 자넬 애도하기를   VIII-25
　　[그들은] 첫 ···[으로] 자네 이름을 [내]지를지니!
목동이 [소 *외양간에서*] 자넬 애도하기를
　　[그가 자네의 입을 위해] 구수한 우유와 버터를 만들었으니!

———
7. 활처럼 굽은 큰뿔을 가진 야생 염소

[목동이] 자넬 애도하기를 …

VIII-30   [그가] 자네의 *입술*을 위해 버터기름을 댔으니!

*술 빚는 이*가 자넬 애도하기를

[그가] 자네의 입을 위해 맥주를 댔으니!

매춘부가 자넬 애도하기를

[그녀가] 향유를 자네의 머리에 발랐으니!

VIII-35 혼례 잔치를 벌이는 [집에서] …가 [자네를] 애도하기를

그의 … 아내 ……!

……… 자넬 애도하기를!

…… 형제들[처럼] 자넬 애도하기를!

누이들처럼 [자네를] 위해 머리타래를 풀기를!

VIII-40   … 엔키두, 자네의 모친과 부친을 위해 [그들이 울기를]!

바로 [이날] 나 [*자신이*] 그대를 애도하나니!

들으라, 청년들이여, [내 말을] 들으라!

들으라, [넘쳐나는 우루크의] 장로들이여, 내 말을 들으라!

나는 내 친구 엔키두를 위해 울리라

VIII-45   직업으로 곡하는 여인처럼 서럽게 울리라!

내 팔이 신뢰한 내 옆구리에 둔 도끼

내 허리춤의 단도, 내 얼굴의 가리개

내 잔치 옷, 내 기쁨의 허리띠

사악한 바람이 일어 내게서 앗아갔네.

VIII-50 오 내 친구, 분주한 야생 나귀, 고지대의 당나귀, 야생의 퓨마,

[8] 나는 내 친구 엔키두를 위해 울리라

내 친구 엔키두, 분주한 야생 나귀, 고지대의 당나귀, 야생의 퓨마!
우리 함께 [산들에] 올랐고
　　하늘의 황소를 휘어잡아 [베었고]
[삼나무] 숲[에 사는] 훔바바를 없앴네.

이제 [자네]를 옭아맨 이 잠은 무엇인가?　　　　　　　　　　　　VIII-55
　　자네는 의식을 잃었네, 자네는 [내 말을 듣지] 못하네!"
하지만 그는, 그는 [머리를] 들지 않았네
　　그의 심장을 만졌지만, 이제 심장은 뛰지 않았네.

그는 신부처럼 친구의 얼굴을 가렸고
　　매처럼 그 주변을 맴돌았네　　　　　　　　　　　　　　　VIII-60
새끼를 빼앗긴 암사자처럼
　　이리저리, 왔다 갔다 했네.

그는 곱슬[머리]를 뭉텅이로 뽑았고,

　　장신구를 벗어, 부정한 물건[인 양] 던져버렸지

VIII-65　첫 새벽의 햇살이 들자

　　길가메시는 나라에 소집을 명했네.

"오 대장장이! [*보석세공사!*] 구리세공사! 금세공사! 보석상!

　　내 친구를 [그의 모습대로 동상으로] 만들라

[전에는 누구도] 친구의 동상을 그렇게 만들지 않았나니

VIII-70　내 친구의 팔다리는 ……이리라.

자네의 *눈썹*은 청금석, 가슴은 황금,

VIII-72　자네의 몸통은 ……이 되리라.

* * *

VIII-84　[내가 자네를 웅장한 침대에 눕게 할 것이요]

VIII-85　　[영광스러운] 침대에 [자네를 눕히리]

　　자네를 [내 좌편, 휴식의 자리에] 있게 하리

　　저승의 통치자들이 [모두 자네 발에 입 맞추리.]

[우루크] 사람들이 [자넬 애도하고] 비통해하며

　　몹시 앙상한 이들이 [자넬 절절하게 애통해하리]

VIII-90　자네가 떠난 후 [슬픔에 겨워 봉두난발을 하고]

　　[사자] 가죽을 걸치고, 야생을 [헤매리라.]"

첫 새벽의 햇살이 들자

　　[*길가메시는 일어나 보물고에 들어갔네*]

그는 봉인을 풀고, 보석들을 살폈네

흑요석, 홍옥수, [청금석] 진주[모], 설화석고[8]   VIII-95

········ *솜씨 좋게 작업해서*

········ 그는 친구를 위해 내놓았네

········ 그는 친구를 위해 내놓았네

······의 금 x+10파운드를 그는 친구를 위해 내놓았네

······의 금 x파운드를 그는 친구를 위해 내놓았네   VIII-100

······ 의 금 x파운드를 그는 친구를 위해 내놓았네

······ 의 금 x파운드를 그는 친구를 위해 내놓았네

············

그것들 사이에 ······ 금 30파운드를 쌓았네

······는 그들의 ···, 그는 친구를 위해 내놓았네   VIII-105

······는 그들의 ···, 그는 친구를 위해 내놓았네

그 두께는 ········였네

······는 그들의 ···, 그는 친구를 위해 내놓았네

큰 ········

········ 그는 친구를 위해 내놓았네   VIII-110

그의 허리의 ········

········ 그는 친구를 위해 내놓았네

········ 그는 친구를 위해 내놓았네

········ 그는 친구를 위해 내놓았네

········ 그는 친구를 위해 내놓았네   VIII-115

············

········ 그는 친구를 위해 내놓았네

---

8. 조각상 등으로 사용된 흰 석고

그의 발의 ·········, 그는 친구를 위해 내놓았네

······의 상아 *x*달란트 ···

······의 받침대는 금 [*x* 파운드였고], 그는 친구를 위해 내놓았네

······ 강력한 ···의 팔, 그는 친구를 위해 내놓았네

···의 화살통은 ··· 그리고 손잡이는 금 1달란트, 그는 친구를 위해
내놓았네

·········의 홀(笏)은 상아였네

······의 손잡이는 금 40파운드, 그가 친구를 위해 내놓았네

········· 그 길이는 3큐빗이었네

·········가 두께였고, 그는 친구를 위해 내놓았네

·········의 순금

·········의 홍옥수, 철 *막대*

········· *받침대*는 야생 황소였네

그의 친구를 위해 ·········

그는 살찐 [소]와 양을 잡아, 친구를 위해 높이 쌓았네.

"오 샤마쉬, 제 친구를 위해 [*제가 바친 헌물들입니다!*]"

······ 그들은 육고기 전부를 저승의 지배자들에게 가져갔네

위대한 이쉬타르 여왕에게 ···.

반들대는 나무, *마호가니 [던지기] 막대기*를

위대한 이쉬타르 여왕을 [위해] 그는 태양신에게 바쳤네

"위대한 이쉬타르 여왕께서 ··· 이것을 받아[주시기를]

그녀가 내 친구를 [맞이해 그와 동행]하시기를!"

잔치옷 ······

[엔릴의 누나] 벨레트-일리 신을 위해 그는 [태양신에게] 바쳤네

"[엔릴의] 손위 [누이 벨레트-일리께서 이것을 받아]주시기를!

그녀가 [내 친구를 맞이해] 그와 동행하시기를!"

청금석 병 ……
　　[저승의 여왕] 에레쉬키갈을 위해 [그는 태양신에게 바쳤네]　　VIII-145
　"[북적대는 저승의 여왕] 에레쉬키갈께서 이것을 받아주시기를
　　그녀가 [내 친구를] 맞이해서 그와 동행하시기를!"

홍옥수 피리 ……
　　[이쉬타르]가 총애하는 목동, 두무지를 위해, [그는 태양신에게
　　　바쳤네]
　"[이쉬타르]가 총애하는 목동, 두무지가 이것을 받아주시기를　　VIII-150
　　그가 내 친구를 맞이해서 [그와 동행하시기를!]"

청금석 의자 ……
　　청금석 지팡이 ……
　　[저승의 고관] 남타르를 위해, [그는 태양신에게 바쳤네]
　"[저승의 고관 남타르께서] 이것을 받아주시기를　　VIII-155
　　[그가 내 친구를 맞이해서 그와 동행하시기를!]"

…………
　　[저승의 집사, 후쉬비샤를] 위해 [그는 태양신에게 바쳤네]
　"[북적대는 저승의 집사, 후쉬비샤께서 이것을 받아주시기를]　　VIII-160
　　[그녀가 내 친구를 맞이해서 그와 동행하시기를!]"

그가 만든 것들은 ………
　　은 *걸쇠*, 구리 팔찌, …
　　[에레쉬키갈]의 청소부, 콰수-타바트를 위해, [그는 태양신에게

바쳤네]

VIII-165　"[에레쉬키갈]의 청소부, 콰수-타바트께서 이것을 받아[주시기를]!

　　　　그가 내 친구를 맞이해서 [그와 동행하시기를!]

　　　　내 친구가 ⋯ 않고, 비관하지 않기를!"

　　　　설화석고로 된 ⋯, 안쪽에 청금석과 홍옥수로 상감(象嵌)되어

　　　　삼나무 숲의 [모습이 그려지고]

VIII-170　⋯⋯ 청옥수로 상감되었으니

　　　　⋯ 집의 청소부, 닌슐루하를 위해, 그는 태양신에게 내보였네

　　　　"⋯ 집의 청소부, 닌슐루하께서 이것을 받으시고

　　　　그녀가 내 친구를 맞이하여 그와 동행하시기를!

　　　　[그녀가] 내 친구 앞에 ⋯ 하시기를

　　　　내 [친구가] ⋯ 않고, 비관하지 않기를!"

VIII-175　청금석 자루가 달린 양날 검,

　　　　성스러운 유프라테스강의 *부싯돌로 만들었네*

　　　　저승의 백정, 비부를 위해, 그는 태양신에게 바쳤네

　　　　"북적대는 저승의 [백정, 비부께서 이것을 받으시고]

　　　　[내 친구]를 맞이하여 그와 동행[하시기를!]"

VIII-180　설화석고 *병* ⋯⋯

　　　　저승의 *희생양*, [두무지-아브주를 위해] 그는 태양신에게 바쳤네

　　　　"북적대는 저승의 *희생양*, [두무지]-아브주께서 [이것을 받으시고]

　　　　내 [친구를] 맞이하여 그와 동행하시기를!"

　　　　⋯⋯ 의 꼭대기는 청금석이었지

VIII-185　　⋯⋯ 홍옥수로 상감이 되었네

[……를 위해 그는 태양신에게 내보였네.]

["…… 이것을 받으시고]

[내 친구를 맞이하여 그와 동행하시기를!"] VIII-188

공백 후 텍스트가 다시 시작될 때 화자는 길가메시가 아닌 다른 인물이다.

"…… 그것을 우리는 … VIII-208

… 그들의 … 그들의 이름 …

… 아눈나키의 판관 …" VIII-210

길가메시는 이 말을 들었고

강의 둑을 *쌓는다*는 [개념을] 갖게 됐네.

첫 새벽의 햇살이 들자

길가메시는 [*그의 문을*] 열었지

그는 커다란 *백단목* 탁자를 꺼냈고 VIII-215

홍옥수 접시에 꿀을 담았네.

그는 청금석 접시에 버터기름을 담아

그는 …을 장식해서 그것을 태양신에게 바쳤네.

나머지 엔키두의 장례 장면이 태블릿 VIII의 30행가량을 차지하리라 예상하
지만, 아직 발굴되지 않았다.

길가메시의 방랑

엔키두의 죽음을 애도하면서 길가메시는 자신도 죽는다는 사실을 절감한
다. 길가메시는 영생하는 우타나피쉬티의 비밀을 알고 싶어, 세상을 주유하
며 그를 찾으려고 우루크를 떠난다. 세상 끝에 가까워지자 태양이 뜨고 지는
산에 이른다. 길가메시는 산 아래 통로를 지키는 전갈 인간에게 도움을 청한
다. 위험에 빠질 거라는 설득이 통하지 않자 전갈 인간은 길가메시가 지나가
게 승낙한다. 길가메시는 시간을 거슬러 달려 태양이 따라잡기 전에 태양 궤
도를 다 돈다. 그가 때맞춰 통로의 저쪽 끝에 도착하니 보석 정원이 나온다.

길가메시는 야생을 방랑하면서
　　친구 엔키두를 위해 섧게 울었네
“나는 죽으리라 그러면 엔키두처럼 되지 않겠나?
　　슬픔이 내 가슴을 파고들었도다!

IX-5　　나는 죽음이 두렵고, 그래서 야생을 방랑하네
　　우바르-투투의 아들, 우타나피쉬티를 찾아서
　　노상에서 걸음을 재촉해

나는 어느 밤 산길에 들어섰네.

사자들을 보자 두려움이 커져
　기도하려고 고개를 들어 달을 보며　　　　　　　　　　IX-10
신들의 등불인 [이쉬타르]에게 탄원했네
　'[오 씬(Sin)과 이쉬타르여,] 저를 안전하게 지켜주소서!'"

[그날 밤 그는] 누웠고 꿈을 꾸다가 깼네
　달 앞에서 … 그는 삶을 반기게 되어
손에 도끼를 들고　　　　　　　　　　　　　　　　　　IX-15
　허리춤[에서 단도를] 빼들었네.

그는 그것들 속에 화살처럼 떨어졌네
　그는 [사자들을] 짓밟았고, [그는] 그것들을 죽이고 흩어지게
　　했네.

이 대목의 공백은 시파르에서 나온 고바빌로니아 점토판에서 보충할 수
있다.

　[그는] 사자 가죽을 걸쳤고 그 고기를 먹었네　　　　　Si i-2′
길가메시는 이전엔 없었던 우물들을 [*파서*]
　[그는] 물을 *마셨고*, 그러면서 바람을 쫓아냈네.

샤마쉬가 점점 걱정되어 *몸을 숙여*　　　　　　　　　　Si i-5′
　길가메시에게 말했네
"길가메시여, 어디서 헤매느냐?
　네가 찾는 생명을 너는 결코 찾지 못하리라."

길가메시는 그에게, 영웅 샤마쉬에게 말했네

Si i-10′   "*방랑이* 끝난 후, 야생을 다 돌아다닌 후,
제가 저승에 들면 휴식이 부족하리까?
거기 누워 무구한 세월 잠들 것이거늘!

제 눈이 태양을 보고 빛을 흠뻑 받게 하소서!
어둠이 *숨으면*, 빛이 얼마나 남으리까?

Si i-15′   언제 망자들이 태양 빛을 볼 수 있으리까?"

태블릿 IX의 텍스트가 다시 시작된다.

IX-38   마슈의 쌍둥이 산으로 그는 갔네
매일 떠오르는 [태양을] 지키는 산들,

IX-40   그 꼭대기는 하늘의 구조를 [지탱하고]
그 바닥은 저승까지 내려가네.

그 문을 호위하는 전갈 인간들이 있었네
그들이 주는 공포는 극렬했네, 그들의 눈길은 죽음이었네
그들의 광휘는 두려웠고 산들을 압도했네

IX-45   해돋이와 해넘이 때 그들은 태양을 호위했네.

길가메시는 그들을 보았고, 두렵고 공포스러워 얼굴을 가렸네
그러다가 지혜를 발휘해 그들의 면전에 더 다가갔네
전갈 인간이 그의 짝을 불렀네
"우리에게 온 자는 몸이 신들의 육신이군."

IX-50   전갈 인간의 짝이 그에게 대답했네

"그의 삼분의 이는 신, 삼분의 일은 인간이지요."
전갈 인간이 소리쳐,
　신들의 육신, [길가메시 왕에게] 말하기를

[9] 해돋이와 해넘이 때 그들은 태양을 호위했네

"[그대는 어떻게 여기 왔는가,] 그리도 먼 길을?　　　　　　　　IX-55
　[어떻게 그대는 여기 와서,] 내 면전에 있는가?
[어떻게 그대는 강들을 건넜는가,] 그 길은 위험하거늘?
　…… 내게 그대의 [여정]을 밝히라!

…… 그대의 [얼굴]이 어디를 향하는지,
　…… 내게 [그대의 여정]을 밝히라!"　　　　　　　　　　　　IX-59

공백 후 텍스트가 다시 시작될 때 길가메시는 원정을 설명한다.

IX-75   "[내가 찾는 것은] 선조 우타나피쉬티의 [길]이오
그는 회합에서 신들과 섰고, [영생을 발견했소이다]
[그가 나에게] 생과 사의 [비밀을 알려줄 거외다.]"

전갈 인간이 [말하려고] 입을 열어
[길가메시에게] 이르기를
IX-80   "오 길가메시, [전에는] 누구도 [당신 같은 이가] 없었소
누구도 산[길을 밟지] 않았소.

그 안은 열두 간지 시간⁹만큼 [뻗어 있고],
어둠은 짙고, [빛은] 전혀 없소
해가 뜨는 것은 ·········
IX-85   해가 지는 것은 ·········.

·········가 지기 위해
그들은 ·········를 보내지
그런데 그대, 그대는 어떻게 ······?
IX-90   그대는 ········· 안에 갈 거요?"

긴 공백 후에 길가메시의 마지막 대답으로 텍스트가 다시 시작된다.

IX-125 "슬픔을 겪고 ·········
서리와 햇살에 [내 얼굴이 타오]
기진맥진해서 ·········

---

9. twelve double-hours, 두 시간 단위로 시간이 나뉘어 하루가 두 시간씩 열두 번이기에
    '열두 간지 시간'으로 표현했다.

이제 당신은 ………."

전갈 인간이 [말하려고 입을 열어]
   [신들의 육신], 길가메시 왕에게 [이르기를]   IX-130
"가오, 길가메시! ………
   마슈 산이 [그대가 지나도록 승낙하여] 주기를!

산들과 언덕들이 [그대의 길을 지켜보길!]
   [그것들이] 안전하게 [그대가 여정을 계속하도록 도와]주기를!
산들의 문이 [그대 앞에서 열리게] 되기를!"   IX-135

길가메시는 [이 말을 들었네]
   [전갈 인간이] 그에게 한 말을 [그는 마음 깊이 새겼네]
그는 태양신의 길을 [갔네] …….

1간지 시에 ………
   어둠이 짙[고, 빛은 전혀 없었네]   IX-140
[뒤를 보는 것이 그에게 허락되지] 않았네.

2간지 시에 ………
   어둠이 짙[고, 빛은 전혀 없었네]
[뒤를 보는 것이 그에게 허락되지] 않았네.

3간지 시에 ………   IX-145
   [어둠이 짙고, 빛은 전혀 없었네]
[뒤를 보는 것이 그에게 허락되지 않았네.]

4간지 시에 ⋯⋯⋯

　　[어둠이] 짙[고, 빛은 전혀 없었네]

[뒤를 보는 것이 그에게 허락되지] 않았네.

5간지 시에 ⋯⋯⋯

　　어둠이 짙[고, 빛은 전혀 없었네]

[뒤를 보는 것이 그에게 허락되지] 않았네.

6간지 시가 [*가까워*]*지면서*

　　어둠이 짙[고, 빛은 전혀 없었네]

[뒤를 보는 것이 그에게 허락되지] 않았네.

7간지 시가 가까워지면서 ⋯

　　어둠이 짙고, 빛은 [전혀 없었네]

뒤를 보는 것이 그에게 허락되지 않았네.

8간지 시에 그는 서둘렀네 ⋯

　　어둠이 짙고, 빛은 [전혀 없었네]

뒤를 보는 것이 [그에게 허락]되지 않았네.

9간지 시에 ⋯⋯⋯ 북풍이

　　그의 얼굴을 ⋯⋯⋯

[어둠이 짙고,] 빛은 [전혀 없었네]

　　뒤를 보는 것이 [그에게 허락되지 않았네.]

[10간지 시가] 가까워[지면서]

　　⋯⋯⋯가 매우 가까워졌네

[11간지 시가 *가까워지면서 남은 여정은*] 1간지 시였네
　　[12간지 시에 길가메시가] 태양보다 앞서서 나타났네.　　　　IX-170

······ 광채가 있었네
　　그는 그것들을 보자마자 ··· 신들의 나무들로 곧장 갔네
홍옥수 나무가 열매를 맺어
　　포도송이와 함께 매달려, 보기에 좋았네.

청금석 나무에 잎이 달려　　　　　　　　　　　　　　　　IX-175
　　열매를 맺어 눈요기가 되었네.

＊ ＊ ＊

　··· *편백나무* ······
··· 삼나무 ······　　　　　　　　　　　　　　　　　　　IX-185
　　그 잎줄기는 *파파르딜루* 보석이었고 ···.

바다 *산호* ······ 보석
　　가시와 찔레 대신 작은 수정 *병들이* [*거기서 자랐네*]
그가 구주콩나무를 건드렸고 [*그것은*] *아바쉬무* 보석,
　　마노, 적철석 ······.　　　　　　　　　　　　　　　IX-190

＊ ＊ ＊

길가메시가 [*놀라서*] 돌아다닐 때　　　　　　　　　　　IX-195
　　그녀가 [*그를 보려고 고개를*] 들었네.

태블릿 X.

세상의 끄트머리에서

정원 뒤편, 해안에는 현명한 늙은 여신이 산다. 그녀는 멀리서 험상궂은 모습을 보고 사냥꾼으로 착각해 선술집 문을 잠근다. 길가메시는 소음을 듣고 부수고 들어가겠다고 위협한다. 여신은 그에게 누구냐고 묻는다. 길가메시는 친구가 죽은 사연과 죽음에 대한 큰 두려움을 말한다. 그리고 여신에게 바다 건너 우타나피쉬티를 찾으러 가게 도와달라고 간청한다. 여신은 원정의 부질없음과 '죽음의 물'의 위험을 경고하지만, 결국 우타나피쉬티의 뱃사공 우르-샤나비와 그의 석상 선원들이 있는 곳을 알려준다.

길가메시는 뱃사공과 기묘한 선원들에게 달려간다. 한바탕 겨룬 후, 그는 우르-샤나비에게 원정에 대해 설명하고 우타나피쉬티를 찾게 도와달라고 부탁한다. 우르-샤나비는 길가메시가 석상 선원을 깨는 바람에 스스로 앞길을 막았다고 밝힌다. 하지만 배를 운행할 대체 수단으로 아주 긴 삿대들을 만들라고 길가메시에게 이른다. 삿대들이 다 없어지자 길가메시는 뱃사공의 옷으로 돛대를 만들고, 그들은 '죽음의 물'을 건넌다. 육지에 닿자 길가메시는 우타나피쉬티에게 사연을 털어놓는다. 우타나피쉬티는 그에게 제왕의 의무를 일깨우고, 죽음의 불가피성과 생명의 덧없는 이치를 설파한다.

시두리는 바닷가에 사는 여인숙 주인이었네
　　그녀는 거기, [*바닷가 여인숙에*] 거주했네
그녀는 냄비 받침대들과 [*금으로 된 큰 통들을*] 갖고 있었네
　　그녀는 두건을 쓰고 *너울을* [*드리웠네.*]

길가메시는 방랑하다 와서 ……　　　　　　　　　　　　　　　X-5
　　가죽을 걸쳤고, [*보기에는*] 무서웠네
신들의 육신인 [*몸을*] 가진 그였지만
　　[*마음에는*] 슬픔이 깃들어 있었네.

그의 얼굴은 먼 곳에서 온 자와 흡사했네
　　여인숙 주인이 멀리서 그를 보자　　　　　　　　　　　　X-10
혼잣말로 중얼댔고
　　마음속으로 고심했네.

"분명히 이 사람은 야생 황소 사냥꾼이야
　　그런데 어디서 오기에, 내 문으로 직행할까?"
그래서 여인숙 주인은 그를 보자 문을 닫아걸었네　　　　　X-15
　　문을 닫아걸고 옥상으로 올라갔네.

하지만 길가메시는 귀 기울여 들었고 …
　　턱을 들어 [*그녀 쪽으로*] 돌렸네
길가메시가 그녀에게, [*여인숙*] 주인에게 [*말하기를*]
　　"여인숙 주인장, 어째서 당신은 [*나를*] 보자마자 [*문을 닫아걸　X-20
　　었소*]?

그대는 문을 닫아걸었고 옥상[*으로 올라갔소*]

X-22   내가 문을 부술 거요, 내가 [빗장을 절단낼] 거요!"

* * *

X-25   [여인숙 주인이] 그에게, 길가메시[에게 말하기를]
         "…… 나는 문을 닫아걸고
         …… [나는] 옥상[으로 올라갔소]
         …… [당신의 행로를] 내게 밝히시오!"

         [길가메시가] 그녀[에게, 여인숙] 주인[에게 말하기를]
X-30   "[내 친구 엔키두와 나는 ……]

         [우리가 함께] 산들에 [올랐고]
         [하늘의 황소를 잡아서 베었소]
         삼나무 [숲에 살았던 훔바바를 해치웠고,]
         [산길에서] 사자들을 [죽였소.]"

X-35   [여인숙 주인이 그에게], 길가메시에게 말하기를
         "[당신과 엔키두가] 숲지기를 베고
         삼나무 숲에 살던 훔바바를 [해치우고]
         산[길에서] 사자들을 죽이고
         하늘에서 내려온 [그] 황소를 [잡아서] 벤 이들이라면,

X-40   [어찌하여 당신의] 뺨이 [그리 홀쭉하고], 얼굴이 그리 수척하고
         [심정이 그렇게 비통하며,] 안색이 [그리] 초췌하오?
         [왜] 마음에 [슬픔이 깃들고]
         그리고 얼굴은 [먼 데서 온] 자와 흡사하오?

[왜] 그대의 얼굴이 [서리와 햇빛에] 타고

   [그리고 왜] 당신은 [사자 행색으로] 야생을 방랑하오?"   X-45

[그녀에게,] 여인숙 주인에게 [길가메시가 말하기를]

   ["어떻게 내 뺨이 그리 홀쭉하고 얼굴이 그리 수척하지 않겠소?]

[심정이 그리 비통하며, 안색이 그리 초췌하지 않겠소?]

[마음에 슬픔이 깃들고]

   [그리고 얼굴은 먼 데서 온 자와 흡사하지 않겠소?]   X-50

[내 얼굴이 서리와 햇빛에 타고,]

   [그리고 내가 사자 행색으로 야생을 방랑하지 않겠소?]

[내 친구, 분주한 야생 망아지]

   [고지대의 당나귀, 야생의 퓨마]

[내 친구 엔키두, 분주한 야생 망아지]

   [고지대의 당나귀, 야생의 퓨마.]

[내가 그다지도 애틋하게 사랑했던 내 친구]   X-55

   [나와 함께 온갖 위험을 겪어냈던 사람]

[내가 그다지도 애틋하게 사랑했던 내 친구 엔키두]

   [나와 함께 온갖 위험을 겪어냈던 사람.]

[*죽어야 하는 운명이* 그를 옭아맸소]

   [난 그 때문에 엿새 낮과 이레 밤을 통곡했소]

[내가 그의 시신을 매장하지 않자]

   [결국 그의 콧구멍에서 구더기가 나왔소.]   X-60

[그러자 *나 역시 죽을까 봐* 겁났소]

[점점 죽음이 두려워졌고 그래서 야생을 방랑하오]
내 친구가 당한 일은 감당 [못할 정도였소]
　[그래서 머나먼 길에 나서] 야생을 [방랑하고 있소]
X-65　[내 친구] 엔키두가 당한 일이 감당 [못할 정도였소]
　[그래서 머나먼 길에 나서] [야생을] 방랑하고 있소.

[내가 어떻게 입 다물 수 있겠소?] 내가 어떻게 잠잠할 수 있겠소?
　[내가 사랑했던 내 친구가] 흙이 [되어버렸는데]
내가 사랑했던 내 친구 엔키두가 흙이 [되어버렸는데]
X-70　[나도] 그와 [똑같이 되어], 나 역시 누워서
영원토록 다시는 일어나지 [못하지 않겠소]?"

길가메시가 그녀에게, 여인숙 주인에게 말하기를
　"자, 여인숙 주인장, 어디가 우타나피쉬티에게 가는 길이요?
그 지표가 무엇이요? 말해주시오!
X-75　내게 그 지표를 알려주시오!
될 일이라면, 나는 바다를 건너겠소
　안 될 일이라면, 나는 야생을 방랑하겠소!"

여인숙 주인이 그에게, 길가메시에게 말하기를
　"오 길가메시, 건너갈 길이 없었소
X-80 옛날 옛적 이후 아무도 바다를 건널 수 없었다오
　오로지 영웅 샤마쉬만 바다를 건너지
태양신을 제외하면, 누가 바다를 건너리오?

바닷길은 위태롭소, 위험천만 길이고
　중간에 죽음의 물이 놓여 진로를 막는다오

그래도 길가메시, 당신이 바다를 건넌다면   X-85
  죽음의 물에 이르면, 그때는 어쩔 셈이오?

길가메시, 우타나피쉬티의 뱃사공인 우르-샤나비와
  석조 인간들이 함께 있소, 그는 숲의 한가운데서 *소나무를 다*
  듬는다오
그러면 가보오, 그에게 당신 얼굴을 보여주오!
  [될 일]이라면, 그와 건너가도록 하오   X-90
되지 않을 일이라면, 몸을 돌려 돌아가시오!"

길가메시는 이 말을 들었네
  손에는 도끼를 들고
[허리띠]에서 단검을 빼 들고
  살그머니 나아가서 [그들]에게 들이닥쳤네.   X-95

그는 화살처럼 그들 속에 떨어졌네
  숲 한가운데서 그의 고함이 울려 퍼졌네
우르-샤나비는 그를 보았는데, 자신의 후광을 입고
  그는 도끼를 들었고 모든 것이 그 앞에서 떨었네.

하지만 그는, 길가메시는 그의 머리를 가격하고 머리채를 잡았네   X-100
  그의 팔을 가슴팍에 대고 눌렀네
석조 인간들은 배를 봉인했네
  죽음의 물을 두려워하지 않는 그들이었건만.

길가메시는 바다로, 너른 바다로 *성큼성큼 들어갔네*
  물속에서 그는 배와 석조 인간들을 멈춰 세웠네   X-105

그는 석조 인간들을 뭉개서 물속으로 던졌네
　　그는 배를 밧줄로 묶었네
그리고 … 물가에 주저앉았네.

길가메시가 그에게, 우르-샤나비에게 말했네
X-110　　"그러니 우르-샤나비, 당신이 도끼를 드니 모든 게 내 앞에서
　　　　　떨었나이다!
　　　　당신이 벌인 싸움과 전투에 나는 맞서 벌이지 않을 겁니다."

우르-샤나비가 그에게, 길가메시에게 이르기를
　　　"어째서 당신의 뺨이 그리 홀쭉하고, [얼굴이 그리] 수척하고
　　　심정이 그리 비통하며, [안색이 그리 초췌하오?]

X-115　[왜 마음에는] 슬픔이 깃들이고
　　　　그리고 [얼굴은] 먼 데서 온 [자와 흡사하오?]
　　　왜 [그대의 얼굴이] 서리와 햇빛에 타고
　　　[그리고 왜] 당신은 [사자 행색으로 야생을 방랑하오?]"

[길가메시가 그에게,] [뱃사공 우르-샤나비]에게 말하기를
X-120　　"[어찌] 내 뺨이 [그리 홀쭉하고 얼굴이 그리 수척하지] 않겠소
　　　　내 [심정이 그리 비통하며, 안색이] 초췌하지 않겠소?

　　　[내 마음에] 슬픔이 [깃들고]
　　　　[그리고 내] 얼굴은 [먼 데서 온 자와 흡사하지 않겠소?]
　　　[내 얼굴이 서리와 햇빛에] 타고
X-125　그리고 내가 [사자 행색으로 야생을 방랑하지] 않겠소?

[내 친구, 분주한 야생 망아지]
  [고지대의 당나귀, 야생의 퓨마]
[내 친구 엔키두, 분주한 야생 망아지]
  [고지대의 당나귀, 야생의 퓨마.]
[우리는 함께 산들에 올랐고]
  [하늘의 황소를 잡아서 베었소]
[삼나무 숲에 살았던 훔바바를 해치웠고]   X-130
  [산길]에서 [사자들을 죽였소.]

[내가 그다지도 애틋하게 사랑했던] 내 친구
  [나와 함께 온갖 위험을 겪어냈던 사람]
[내가 그다지도 애틋하게 사랑했던 내 친구] 엔키두
  [나와 함께 온갖 위험을 겪어냈던 사람]
[*죽어야 하는 운명이 그를*] 옭아맸소.

[난 그를 위해] 엿새 낮[과 이레 밤을 통곡했소]   X-135
  [내가 그의 시신을 매장하지 않자]
결국 [그의 콧구멍에서 구더기가 나왔소]
  그러자 [*나 역시 죽을까 봐*] 겁났소.
[점점 죽음이 두려워졌고 그래서 야생을 방랑하오.]

내 [친구가] 당한 일이 [감당 *못할 정도였소*]   X-140
  그래서 머나먼 길에 나서 [야생을 방랑하고 있소]
[내 친구 엔키두가 당한 일이 감당 *못할 정도였소*]
  그래서 머나먼 길에 나서 [야생을 방랑하고 있소.]

내가 어떻게 [입 다물 수 있겠소? 내가 어떻게 잠잠할 수 있겠소?]

X-145   내가 사랑했던 내 친구가 [흙이 되어버렸는데]
[내가 사랑했던 내 친구 엔키두가 흙이 되어버렸는데.]
      나도 그와 똑같이 되어, 나 역시 [누워서]
[영원토록 다시는 일어나지 못하게 되지 않겠소?]"

      길가메시가 그에게, 우르-[샤나비, 뱃사공]에게 말하기를
X-150   "자, 우르-샤나비, 어디가 [우타나피쉬티에게 가는 길이요?]
그 지표가 무엇이오? 말해주시오!
      [내게 그 지표를] 알려주시오!
될 일이라면, 나는 바다를 건너겠소
      안 될 일이라면, [나는 야생을 방랑하겠소!]"

X-155   우르-샤나비가 그에게, 길가메시에게 말하기를
      "오 길가메시, 그대는 자기 손으로 [건널 길을] 막아버렸소
그대는 석상 인간들을 짓뭉갰고, [강에 그들을] 버렸소
      석상 인간들은 짓뭉개졌고 *소나무는* [*다듬어지지*] 않았소.

      길가메시, 도끼를 [그대의] 손에 드시오
X-160   숲에 내려가서 각각 5로드 길이의 삿대 [3백 개를 자르시오]
그것들을 다듬어서 각각 돌출장식을 달고
      그런 다음 [*그것들을 여기 내 앞에*] 가져오시오."

      길가메시는 이 말을 듣고
      손에 도끼를 들었네
X-165   [허리띠에서 검을] 빼들고
      숲으로 내려가서 각각 5로드 길이의 삿대 [3백 개를 잘랐네]
그는 그것들을 다듬어서 각각 돌출장식을 달고

그런 다음 [그것들을 우루-샤나비, 뱃사공에게] 가져갔네.

길가메시와 우르-샤나비는 [배에] 올랐네
　　그들은 배를 물에 띄웠고, 직접 [배를 부렸네]　　　　　　X-170
사흘간 그들은 한 달 반 거리를 갔고
　　우르-샤나비는 [죽음의] 물에 이르렀네.

우르-샤나비가 그에게, [길가메시에게 이르기를]
　　"시작하오, 길가메시! 첫 번째 [삿대]를 집으시오!
손이 죽음의 물에 닿아 [그것이] *상하지* 않게 하오!　　　　　X-175

두 번째 삿대를 집으시오, 길가메시, 세 번째, 네 번째!
　　다섯 번째 삿대를 집으시오, 길가메시, 여섯 번째, 일곱 번째!
여덟 번째 삿대를 집으시오, 길가메시, 아홉 번째, 열 번째!
　　열한 번째 삿대를 집으시오, 길가메시, 열두 번째!"

길가메시는 120펄롱[10]의 갑절에 달하는 삿대를 써버렸네　　　X-180
　　그러자 그가, [우르-샤나비가] 옷을 벗었네
길가메시는 [그의] 옷을 벗고
　　양팔을 높이 들어 활대 끝을 만들었네.

우타나피쉬티는 멀리서 [그들을] 지켜보다가
　　혼잣말로 [중얼댔고]　　　　　　　　　　　　　　　　　X-185
마음속으로 [궁리했네]
　　'왜 배의 [석조 인간들이] 다 부서지고

———
10.　길이의 단위. 1펄롱은 약 201미터이다.

거기 선원이 아닌 자가 탔을꼬?

오는 사내는 내 사람이 아닌데,
X-190   그런데 오른편에 ······
내가 보고 있지만, 그는 내 [사람이] 아니도다 ····.'

* * *

X-198   '뱃사공은 ·········
내가 보고 있는 사람은 ······
X-200   내가 보고 있는 자는 ·······.'

* * *

X-204   길가메시는 선창에 [*가까이 다가갔네.*]

* * *

X-207   길가메시가 그에게, [우타나피쉬티에게] 말하기를
"우타나피쉬티, 우바르-[투투]의 아들이여, [만수무강]하소서!
··· 대홍수 후에 ······
X-210   ······ 무슨 ······?
············.'

[우타나피쉬티가] 그에게, [길가메시에게 이르기를]
"[어째서] 당신의 뺨이 [그리 홀쭉하고 얼굴이 그리] 수척하고
[심정이] 그리 비통하며, [안색이] 그리 초췌하오?

[왜 마음에] 슬픔이 깃들고,   X-215
    [그리고 얼굴은] 먼 데서 온 자와 [흡사하오?]
[왜 그대의 얼굴이] 서리와 햇빛에 [타고,]
    그리고 [왜 당신은] 사자 행색으로 [야생을 방랑하오?]"

길가메시가 그에게, [우타나피쉬티에게] 이르기를
    "어찌 내 뺨이 그리 홀쭉하고 [얼굴이 그리 수척하지 않겠나이까]   X-220
제 심정이 그리 비통하며, 안색이 초췌하지 않겠나이까?

마음에 슬픔이 깃들고,
    그리고 내 [얼굴은] 먼 데서 온 자와 흡사하지 않겠나이까?
내 얼굴이 서리와 햇빛에 [타고]
    [그리고 내가] 사자 행색으로 야생을 방랑하지 [않겠나이까?]   X-225

내 친구, 분주한 야생 망아지,
    [고지대의 당나귀,] 야생의 퓨마
[내 친구 엔키두,] 분주한 야생 망아지
    [고지대의 당나귀, 야생의 퓨마.]

우리는 함께 산들에 올랐고
    하늘의 [황소를 잡아서] 베었나이다
삼나무 숲[에] 살았던 [훔바바를 해치웠고]   X-230
    [산길]에서 사자들을 죽였나이다.

[내가 그다지도 애틋하게 사랑했던 내 친구]
    [나와 함께] 온갖 위험을 [겪어냈던 사람]
[내가 그다지도 애틋하게 사랑했던 내 친구 엔키두]

[나와 함께] 온갖 위험을 겪어냈던 사람

[*죽어야 하는 운명이 그를 옭아맸나이다.*]

X-235 난 그를 위해 [엿새 낮과 이레 밤을 통곡했나이다]

[내가 그의 시신을] 매장하지 [않자]

[결국] 그의 [콧구멍에서 구더기가 나오더이다]

[그러자 *나 역시 죽을까 봐* 겁나더이다]

[점점] 죽음이 두려워졌고, [그래서] 야생을 [방랑하나이다.]

X-240 [내 친구가] 당한 일이 감당 [*못할 정도였나이다*]

그래서 머나먼 길에 나서 야생을 [방랑하고 있나이다]

내 친구 엔키두가 당한 일이 [감당 못할 정도였나이다]

그래서 머나먼 길에 나서 [야생을 방랑하고 있나이다.]

내가 어떻게 입 다물 수 있겠소? 내가 어떻게 잠잠할 수 있나이까?

X-245 내가 사랑했던 내 친구가 흙이 되어버렸는데

[내가 사랑했던] 내 친구 엔키두가 [흙이 되어버렸는데]

나도 그와 똑같이 되어, 나 역시 누워서

[영원토록] 다시는 일어나지 못하지 않겠나이까?"

길가메시가 그에게, 우타나피쉬티에게 이르기를

X-250 "나는 '머나먼 자 우타나피쉬티를, 사람들이 회자하는 그를 찾
으리라'라고 생각했나이다

그리고 온 천지를 돌아다니면서 방랑했나이다

여러 차례 험한 산지를 지났고

여러 차례 바다를 건너고 다시 건넜나이다.

내 얼굴은 안락한 잠을 맛보지 못했고
　　나는 불면으로 자신을 괴롭혔나이다　　　　　　　　　X-255
내 힘줄을 슬픔으로 채웠으니
　　내 노고로 무엇을 얻었으리요?

나는 넝마 차림으로 여인숙 주인에게 가야 했지요
　　곰, 하이에나, 사자, 퓨마, *치타*
사슴, 아이벡스, 야생의 동물들과 사냥감을 [죽였나니]　　X-260
　　그 살점을 먹었고 그 가죽을 *벗겼나이다.*

이제 슬픔의 문을 빗장 걸고
　　송진과 역청으로 [*그 문을 봉인*]*하리*
나를 위해 이제 그것들이 춤을 [*막을지니*]
　　나를 [위해], 행복하고 근심 없는 ……."　　　　　　X-265

우타나피쉬티가 그에게, [길가메시에게] 이르기를
　　"길가메시, 어이하여 그대는 슬픔을 [쫓는가?]
그대, 신들의 육신과 인간이 합해졌고
　　[신들이] 그대의 부친과 모친처럼 빚은 사람이!

길가메시, 그들이 백치를 위해 [궁전을] 지어　　　　　　X-270
　　회합에 왕좌를 놓고, '앉으라!'고 말한 적이 있는가?
백치는 [*신선한*] 버터기름 대신 누룩 찌꺼기를,
　　[*최고급 밀가루*] 대신 밀기울과 빻지 않은 가루를 취한다네.

그는 [*화려한 의복*] 대신 *넝마*를 걸치고,
　　허리띠 대신 [*노끈을*] *허리에* 맸네　　　　　　　X-275

[*자신을 이끌어줄*] *조언자가* 없기에
    그의 일처리에는 조언이 부족하네 …….

길가메시, 그에게 ……를 생각해보았나
    [*그는*] 그들의 주인이자, 그만큼 ……?

X-280   …………
    달과 [*밤의*] 신들 ….

밤[에] 달은 흘러가고 ……
    신들은 깨어서 ……
잠들지 않고 정신을 차려 ……

X-285   옛적부터 정해진 …….

이제 명심하게 ……
    그대의 봉헌 ………
길가메시, 만약 신들의 사원들에 봉헌자가 [*없다면*]

X-289   여신들의 사원들에 …….”

* * *

X-296   “그들은 [*엔키두가 진정*] 운명에 따르게 했네.

[허나 그대,] 그대는 갖은 고초를 겪고 무엇을 이루었나?
    그대는 부단한 수고로 진을 빼는군
힘줄을 슬픔으로 채워

X-300   생의 마지막까지 나아가려 하네.

인간은 대숲의 갈대처럼 뚝 부러지지!
　헌칠한 청년, 어여쁜 아가씨
모두 [*한창때 너무 빨리*] 죽음이 그들을 빼돌리네!

그 누구도 죽음을 보지 않으며
　그 누구도 [죽음의] 낯을 보지 않네　　　　　　　　　X-305
그 누구도 죽음의 소리를 [듣지] 않네
　너무도 무자비한 죽음은 인간들을 난도질하네.

우리는 가정을 꾸리지
　우리는 보금자리를 마련하지
형제들은 유산을 나누지　　　　　　　　　　　　　　X-310
　땅에서는 불화가 일어나지.

[10] 그러다 갑자기 아무것도 거기 없네!

강이 불어 우리에게 홍수를 가져오거늘
　하루살이가 물 위에 떠다니네
그것의 얼굴이 태양의 낯을 응시하다가
X-315　　그러다 갑자기 아무것도 거기 없네!

빼돌려진 자와 죽은 자, 그들의 운명은 똑같네!
　그러나 죽음 비슷한 것도 그려진 적 없었네
땅에서 죽은 자가 사람을 맞은 적이 없었네.

아눈나키, 위대한 신들이 회합을 소집했네
X-320　　운명을 만드는 맘미툼이 그들과 운명을 정했네
생과 사 둘 다 그들은 정했네
　하지만 그들은 죽을 날을 밝히지 않나니.”

태블릿 XI.

거부당한 영생

길가메시는 우타나피쉬티에게 영생을 얻은 경위를 묻고, 그가 대홍수에서 살아남아 그 결과 신들에게 영생불사를 얻은 사연을 듣는다. 우타나피쉬티는 길가메시에게 한 주간 잠들지 말고 지내라고 제안한다. 하지만 길가메시는 시험에 실패하고, 잠을 이기지 못하면 죽음을 정복할 가망이 없음을 깨닫고 절망한다. 우타나피쉬티는 뱃사공에게 길가메시를 목욕시키고 제왕다운 의복을 입혀 우루크로 돌아가는 길을 호위하라고 명한다. 우타나피쉬티의 아내는 떠나는 영웅에게 여정을 위한 선물을 주라고 조언한다. 우타나피쉬티는 깊은 바다에 회춘을 돕는 산호초와 비슷한 식물이 자란다고 길가메시에게 알려준다. 길가메시는 바다 바닥에 뛰어들어 그것을 얻는다. 그와 우르-샤나비는 우루크를 향해 떠난다. 길가메시는 쾌적한 연못에서 멈추고 물에 들어가 목욕을 하는데, 불시에 뱀이 달려들어 귀중한 불로초를 훔쳐간다. 자신이 불로초를 캐냈던 정확한 위치를 알지 못한다는 사실에, 길가메시는 마침내 모든 노력이 허사가 된 걸 깨닫는다.

희망이 부서졌다. 우타나피쉬티를 만나지 않았더라면 차라리 나았을 것을. 그와 우르-샤나비는 우루크에 도착하고 거기서 길가메시는, 마치 프롤로그 구절을 반향하듯, 뱃사공에게 그의 영원한 기념비가 될 성벽에 올라가서 거기서 영원한 도시를 구성하는 불멸의 인간 사회를 지켜보라고 말한다.

길가메시는 그에게, 머나먼 자 우타나피쉬티에게 말하기를
　"나는 당신을, 우타나피쉬티를 보나이다
당신의 외모는 다르지 않나이다, 당신은 나와 똑같나이다
　당신은 전혀 다르지 않고, 당신은 저와 똑같나이다.

XI-5　나는 당신에게 싸움을 걸려는 의지로 충만했소
　그러나 이제 당신의 안전에서 제 손은 얌전히 있나이다
어떻게 당신은 신들의 회합에 있었고
　그래서 영생을 얻었나이까?"

우타나피쉬티가 그에게, 길가메시에게 이르기를
　"길가메시여, 내가 가장 비밀스러운 것을 밝히겠네
XI-10　그대에게 신들의 신비를 말해주지.

그대가 잘 아는 도시, 슈루파크는
　유프라테스 강변에 서 있네
이 도시는 오랜 곳이라, 한때 신들이 거기 있었지
　거기서 위대한 신들은 대홍수를 내려보내기로 결정했지.

XI-15　그들의 아버지인 아누
　그들의 고문인 영웅 엔릴
그들의 시종인 니누르타 신
　그들의 수호자인 엔누기 신은 맹세했네.

위엄 있는 에아 또한 그들과 함께 맹세하며
XI-20　그들의 말을 갈대로 엮은 울타리[11]에게 반복했네
'오 갈대 울타리여! 오 벽돌 담이여!

이 말을 들으라, 울타리여! 유의하라, 담이여!

슈르파크의 사내, 우바르-투투의 아들이여
　집을 부수고, 배를 지으라!
부를 버리고, 살아남으라!　　　　　　　　　　　　　　　　XI-25
　가산을 내버리고, 목숨을 구하라!
모든 살아있는 것의 씨앗을 배에 실으라!

너는 배를 짓되,
　모든 치수를 같게 할지라
길이와 너비가 같아야 하며　　　　　　　　　　　　　　　XI-30
　압수처럼 지붕을 씌우라.'

나는 알아들었고 내 주인인 에아에게 말했지
　'당신이 제게 명하신 대로 따르겠나이다, 주인이시여
제가 알아들었으니, 그대로 하겠나이다
　그러나 저의 도시, 주민들, 장로들에게는 어떻게 답하리까?'　XI-35

에아가 말하려고 입을 열어
　나, 그의 종에게 이르시기를
'너는 그들에게 이 말을 할지니,
　"분명코 엔릴 신이 내게 증오를 느끼신다.

그대들의 도시에서 나는 더 이상 살 수 없고　　　　　　　　XI-40
　나는 엔릴의 땅 [위를] 더 이상 밟을 수 없다

11.　갈대 울타리는 우타나피쉬티를 뜻함. 그에게 천기를 누설하는 장면을 의미한다.

[나는] 압수로 가서 내 주인 에아와 살아야 [*한다*]
그러면 그가 너희에게 억수 같은 풍요를 내리시리라.

[수두룩한] 새 떼를, *그득한 물고기 떼를,*
XI-45   풍성한 수확을 [*그가 주시리*]
그가 아침에 떡을 비처럼
저녁에 밀을 회오리처럼 내리시리."'

첫 새벽이 밝아올 때,
아트라하시스[12]의 문에 온 나라가 모였네
XI-50   목수는 [그의] 손도끼를 가져오고
갈대공은 [그의] 돌을 가져오고
[*배 대목은 그의*] 무거운 도끼를 [들고 왔네.]

젊은이들은 ……
노인들은 종려 잎 밧줄을 들고 왔네
XI-55   부자는 역청을 가져오고
가난뱅이는 … 도르래를 끌고 왔네.

닷새째 되는 날 나는 선체를 자리잡았네
면적은 1에이커, 측면 높이는 10로드였지
지붕의 옆면도 각각 같은 길이, 10로드였네
나는 선체 자리를 잡고, 모양새를 그렸네.

XI-60   배에 갑판 여섯 개를 넣어

---

12.   고대 필경사들은 우타나피쉬티를 '아트라하시스'라는 이름으로도 적었다.

그래서 일곱 부분으로 나누었지
내부를 아홉 칸으로 나누고
  가운데 감수 마개를 끼웠네
나는 삿대들을 살피고 도르래를 끼웠네.   XI-65

역청 3만을 화로에 붓고
  송진 3만을 안에 [기울여 넣고]
짐꾼들이 기름 3만을 끌고 왔네
  *헌유*에 사용한 기름 1만을 제외하고
배 대목이 간수한 기름 2만이 있었네.   XI-70

나는 일꾼들을 위해 매일 소를 잡고
  양을 죽였네
맥주, 기름과 포도주를
  일꾼들에게 강물처럼 [내주었고]
그래서 그들은 신년처럼 잔치를 즐겼지.   XI-75

해[돋이] 때 나는 기름칠하는 [데] 손을 댔고
  해넘이 [전에] 배가 완성되었지
………는 무척 고단했네
  우리는 조선대(造船臺)를 향해 앞뒤로 삿대들을 움직였고
[*마침내 배의*] 삼분의 이가 [*물에 잠겼지.*]   XI-80

나는 [가진 전부를] 배에 실었네
  내가 가진 은 전부를 배에 실었네
내가 가진 금 전부를 배에 실었네
  모든 산 것들을 배에 실어두었네

XI-85 나는 일가친척 모두를 배에 태웠네
      들녘의 야수들, 야생생물들, 온갖 기술과 솜씨를 지닌 장인들.

      태양신이 지정한 시간,
       '그가 아침에 떡을 비처럼
      저녁에 밀을 회오리처럼 내리시리
       배에 들어가 승강구를 봉하라!'

XI-90 이제 그 시간이 왔네
       '그가 아침에 떡을 비처럼
      저녁에 밀을 회오리처럼 내리시리.'
       나는 일기(日氣)를 살폈지.

      눈에 보이는 날씨는 전조가 넘쳐났네
       나는 배 안으로 들어가 승강구를 봉했네
XI-95 배를 봉한 사람, 배 목수 푸주르-엔릴에게
       나는 온갖 물품이 가득 찬 내 궁전을 내주었네.

      첫 새벽이 밝아올 바로 그때
       수평선에 검은 먹구름이 떠올랐고
      그 안에서 폭풍우 신 아다드가 포효했네
XI-100   슐라트 신과 하니쉬 신이 그에 앞서가면서
      산과 육지 위로 그의 왕좌를 옮겼지.

      에라칼 신이 계류 말뚝들을 뽑아냈고
       니누르타는 지나면서 둑을 넘치게 했네
      아눈나키 신들이 횃불을 들고

나라를 번뜩이는 섬광으로 그을렀지.   XI-105

잠잠한 폭풍우 신이 하늘 위로 지나갔고
　　그러자 밝은 것들이 다 어둠으로 변했네
[그가 *광분한*] 황소처럼 땅에 달려들어
　　[그것을 *흙으로 만든 배처럼*] 산산이 부수었네.

하루 동안 강풍이 [불어 나라를 *초토화했네*]
　　날쌘 바람이 불었고 [*그러다가 대홍수가 왔네*]   XI-110
전투처럼 [대변동이] 사람들 위를 지나갔네
　　이 사람과 저 사람이 분간되지 않았네
대파괴 속에서 사람들이 구분되지 않았네.

신들조차도 대홍수에 겁을 먹고
　　떠나 아누의 하늘로 올라가   XI-115
노천에서 웅크린 개들처럼 엎드렸네
　　여신들은 산고 중의 여인처럼 울부짖고
벨레트-일리의 곡소리는 너무도 달콤했지.

'지난 시대가 흙이 되어버렸나니
　　내가 신들의 회합에서 악담을 했기 때문이라   XI-120
내가 어찌 신들의 회합에서 악담을 하고
　　내 사람들을 파멸시킬 선전포고를 할 수 있었을꼬?

내가 낳았고 이들은 내 사람들이건만!
　　그런데 이제, 그들이 물고기 떼처럼 바다에 꽉 찼구나!'

[11] 그런데 이제, 그들이 물고기 떼처럼 바다에 꽉 찼구나!

XI-125 　아눈나키 신들은 그녀와 함께 흐느꼈네
　　　슬픔에 겨운 젖은 얼굴로 그들은 [그녀와 함께] 흐느꼈네
　　　그들의 입술이 열기로 말라붙고 조여들었네.

　　　엿새 낮과 [이레] 밤 동안
　　　　바람이 불고, 비가 쏟아졌네
　　　강풍이, 대홍수가 육지를 초토화했네.

XI-130 　하지만 이레째 되는 날이 오자
　　　　강풍이 잦아들었네, 대홍수가 *물러갔네*
　　　산고를 겪는 여인처럼 몸부림치던 바다가 잔잔해지고
　　　　돌풍이 잠잠했네, 대홍수가 물러갔네.

　　　나는 날씨를 살폈네, 잦아들고 잠잠했네
XI-135 　　하지만 사람들 모두 흙으로 변해버렸네
　　　범람원은 집 지붕처럼 평편했네
　　　　내가 환풍구를 여니, 뺨에 햇살이 쏟아졌네.

　　　나는 주저앉아, 무릎을 꿇고 울었네

내 뺨으로 눈물이 줄줄 흘렀네
나는 수평선을, 바다의 가장자리를 훑어봤네   XI-140
    열네 구역 거리[13]쯤에 섬이 솟아 있었네.

니무쉬 산에 배가 좌초됐네
    니무쉬 산에 배가 꽉 박혀, 꿈쩍하지 않았네
하루 그리고 이틀, 니무쉬 산에 배가 꽉 박혀서, 꿈쩍하지 않았네
사흘 그리고 나흘, 니무쉬 산에 배가 꽉 박혀서, 꿈쩍하지 않았네   XI-145
닷새 그리고 엿새, 니무쉬 산에 배가 꽉 박혀서, 꿈쩍하지 않았네.

이레째가 되었네
    나는 비둘기를 꺼내, 놓아주었네
비둘기는 날아갔지만 그러다가 되돌아왔네
    내려앉을 곳이 없어, 내게 되돌아왔네.   XI-150

나는 제비를 꺼내, 놓아주었네
    제비는 날아갔지만 그러다가 되돌아왔네
내려앉을 곳이 없어, 내게 되돌아왔네.

나는 까마귀를 꺼내, 놓아주었네
    까마귀는 날아가, 물이 빠지는 것을 보았고   XI-155
먹이를 찾고 *활개치며 날아다니면서*, 내게 되돌아오지 않았지.

나는 제물을 꺼내, 네 바람에 희생제를 지냈네

---

13.   in fourteen places. 스티븐 미첼 판본에는 'in half mile'로 번역했다. 이 책에서는 열
       네 곳쯤 떨어진 곳이라는 의미로 옮겼다.

산꼭대기에 향을 올려놓았지

병 일곱 개, 난 일곱 개를 제자리에 놓고

XI-160   그 밑에 갈대, 삼나무, 도금양을 쌓았네.

신들이 흠향했네

　신들이 달콤하게 흠향했네

신들이 희생제를 지내는 사람 주위로 파리 떼처럼 몰려들었네.

그때 즉시 벨레트-일리가 도착했네

XI-165   그녀는 아누가 구애하느라 만들어준 청금석 파리들을 들어 올
　　　　렸네

'신들이여, 내 목에 걸린 이 멋진 구슬들이

　내가 이 날들을 기억하고 잊지 않게 하기를!

모든 신이 향으로 오되,

　엔릴은 못 오게 하리니

XI-170   그가 사려 깊지 못해 대홍수를 일으켰나니

　내 사람들을 파멸로 몰아갔도다.'

그때 즉시 엔릴이 도착했네

　그는 배를 보았네, 그가 격노해서

이기기에게 분기탱천했네

XI-175   '이 살아 있는 것이 어디[에서] 도망쳤느냐?

어떤 인간도 파멸에서 생존하면 안 되거늘!'

니누르타가 말하려고 입을 열어

　영웅 엔릴에게 이르기를

'에아가 아니고선 누가 그런 일을 벌일 수 있으리까?
　　오직 에아가 매사 돌아가는 정황을 아나이다.'　　　　　　XI-180

에아가 말하려고 입을 열어
　　영웅 엔릴에게 이르기를
'신들의 현자요, 영웅인 그대
　　어찌해서 사려 깊지 못해 대홍수를 일으켰을꼬?

죄지은 자에게, 그 죄를 물으시오!　　　　　　　　　　　XI-185
　　과오가 있는 자에게, 그 과오를 물으시오!
부러지지 않게 힘을 빼야지! [느슨해지지] 않도록 힘을 줘야지!

대홍수를 일으키는 대신,
　　사자가 일어나서 사람 수를 줄일 수도 있었건만!
대홍수를 일으키는 대신,　　　　　　　　　　　　　　XI-190
　　늑대가 일어나서 사람 수를 죽일 수도 있었건만!

대홍수를 일으키는 대신,
　　기근이 들어 나라를 응징할 수도 있었건만!
대홍수를 일으키는 대신,
　　역병 신이 일어나 나라를 응징할 수도 있었건만!　　　　XI-195

위대한 신들의 비밀을 폭로한 것은 내가 아니오
　　난 아트라하시스가 환상을 보게 했고 따라서 그가 우리 비밀을
　　　　알았소
이제 그를 어떻게 처분할지 결정하시오!'

엔릴이 배 안으로 들어왔지,

XI-200 　　그가 내 손을 잡고 나를 갑판으로 데려가더군

그는 내 여인을 끌어내 내 옆에 무릎을 꿇게 했지

　　그가 우리 사이에 서서 이마를 만지면서 축복했지.

'과거에 우타나피쉬티는 생명이 유한한 인간이었다

　　그러나 이제 그와 그의 여인은 우리 신들처럼 되리라!

XI-205 우타나피쉬티는 머나먼 곳에, 강들이 흘러내리는 곳에 살리라!'

　　그들은 날 머나먼 곳으로 데려가, 강들이 흘러내리는 곳에 정
　　　착시켰지.

"그러나 그대, 누가 그대를 위해 신들의 회합을 소집하고

　　그대는 구하는 삶을 얻을 수 있으리요?

여섯 날과 이레 밤 동안 자지 않고 지내보게!"

XI-210 그는 궁둥이를 대고 쭈그려 앉자마자

　　잠이 안개처럼 벌써 그 위로 숨을 쉬었지

우타나피쉬티는 그녀에게, 그의 아내에게 말하기를

　　"그다지도 생을 갈망했던 자를 보오!

잠이 안개처럼 벌써 그 위로 숨쉬는구려."

XI-215 그의 아내가 그에게, 머나먼 자 우타나피쉬티에게 말하기를

　　"그 사람을 건드려서 그를 깨우세요!

그가 온 길로 무사히 돌아가야지요

　　나온 문으로 그의 나라로 돌아가야지요!"

우타나피쉬티가 그녀에게, 그의 아내에게 말하기를

"인간은 기만적이라서, 당신을 속이오   XI-220
가서 그를 위해 일용할 빵 덩이를 구워, 그의 머리 옆에 걸어두시오
   그래서 벽에 그가 자는 날들을 표시하시오!"

그래서 그녀는 그를 위해 일용할 빵 덩이를 구웠네, 그의 머리 옆
      에 걸어두어
   벽에 그가 잠든 날들을 표시했네
그의 첫 번째 빵 덩이는 죄다 말라버렸네   XI-225
   두 번째는 뻣뻣해지고 세 번째는 눅눅해졌네.

네 번째 빵 덩어리는 허옇게 변해버렸고
   다섯 번째는 회색 곰팡이가 피었네
여섯 번째는 갓 구웠고
   일곱 번째는 아직 숯불 위에 있었네
그때 그가 그를 건드렸고 사내는 깨어났네.   XI-230

길가메시가 그에게, 머나먼 자 우타나피쉬티에게 말하기를
   "잠이 제 위로 쏟아지자마자
당신께서 저를 건드려 깨우셨습니다!"
   우타나피쉬티는 [그에게,] 길가메시에게 [이르기를,]

"자, 길가메시, 그대의 빵 덩이를 헤아려보오   XI-235
   그러면 [그대가 며칠을 잤는지] 알 것이오
그대의 [첫] 빵 덩이는 [죄다 말라버렸소]
   두 번째는 뻣뻣해지고 세 번째는 눅눅해졌소.

네 번째 빵 덩어리는 허옇게 변해버렸고

다섯 번째는 회색 곰팡이가 피었네

XI-240 여섯 번째는 갓 구웠고
　　[일곱 번째는 아직] 숯불 [위에 있소]
그제야 내가 그대를 건드렸소."

길가메시가 그에게, 머나먼 자 우타나피쉬티에게 말하기를
　　"우타나피쉬티여, 제가 어찌해야 하고 어디로 가야 하리까?
도둑이 내 [살]을 가져갔나니!

XI-245 　　침실에 죽음이 거하고
[내가] 돌아보는 곳마다 거기에도 죽음이 있나이다."

우타나피쉬티가 [그]에게, 뱃사공 우르-샤나비에게 [이르기를]
　　"선창(船倉)이 그대, 우르-샤나비를 [거부하고], 배가 그대를 조
　　　소[할지라!]
이 해안을 활보하던 그대, 이제 여기서 사라지라!

XI-250 　　그대가 여기 데려온 자로 말하자면,

머리가 헝클어져 그의 몸이 너저분하고
　　가죽옷이 수려한 체구를 망쳤도다.
그를 데려가라, 우르-샤나비, 그를 목욕통으로 안내하여
　　헝클어진 머리를 최대한 깨끗이 감기라!

XI-255 그가 가죽옷을 벗게 하고 그것을 바다에 떠내려 보내라
　　몸이 정갈해지도록 물에 담그게 하라!
그가 머리에 쓸 새 수건을 만들게 하고
　　그에게 왕의 의복을, 그의 위상에 맞는 예복을 입게 하라!

그가 도시의 집에 갈 때까지

   그가 여정의 끝에 이를 때까지   XI-260

의복이 얼룩 없이, 깨끗한 새 옷으로 남게 하라!"

   우르-샤나비는 그를 데려가, 목욕통으로 안내했네.

그는 헝클어진 머리를 최대한 깨끗이 감았네

   그는 가죽옷을 벗고, 그것을 바다에 떠내려 보냈네

몸이 정갈해지도록 물에 담갔네   XI-265

   그는 새 머리 [수건을] 만들었네.

그는 왕의 의복을, 그의 위상에 맞는 예복을 입었네

   "그가 [도시의 집에] 갈 때까지

그가 여정의 끝에 이를 때까지

   [의복이 얼룩 없이, 깨끗한] 새 [옷으로 남게] 하라!"   XI-270

길가메시와 우르-샤나비는 배에 올랐네

   그들은 [선박을] 진수하고 직접 배를 부렸네

그의 아내가 그에게, 머나먼 자 우타나피쉬티에게 말하기를

   "길가메시는 노고와 고초를 겪으며 여기 왔지요

당신은 귀향하는 그를 위해 무엇을 주었나요?"   XI-275

   그러자 길가메시, 그는 삿대를 집어서

배를 다시 해안 가까이 댔네

   우타나피쉬티가 그에게, 길가메시에게 [이르기를]

길가메시, 그대는 노고와 고초를 겪으며 여기 왔네

   귀향하는 그대를 위해 무엇을 줄까?   XI-280

길가메시, 내가 가장 비밀스러운 일을 밝히지
　　내가 그대에게 [신들]의 신비를 말해[주겠네.]

구기자나무와 비슷하게 [생긴] 식물이 있네
　　찔레꽃처럼 가시가 있고 [그걸 따면 가시에 찔릴] 것이네
XI-285　하지만 이 식물을 가질 수 있다면
　　[그대는 다시 어릴 때와 똑같아질 걸세.]

길가메시는 그의 말을 듣기 무섭게
　　[수평판을] 열고 ……
무거운 돌들을 [발에] 묶었고
XI-290　그러자 돌들이 그를 압수로 끌어내려 ….

그는 식물을 붙잡고 [위로] 당겨 [*빼냈네*]
　　무거운 돌을 [발에서] 끊어내니
바다가 그를 해안으로 올려주었네
　　길가메시가 그에게, 뱃사공 우르-샤나비에게 말하기를

XI-295　"우르-샤나비, 이 식물은 '심장박동 풀'이요
　　이것으로 인간이 원기를 되찾을 수 있소
나는 이것을 양우리-우루크로 가져가
　　노인에게 먹여 불노초의 효험을 시험하겠소!

노인이 다시 젊어진다면
XI-300　내가 그것을 직접 먹어 다시 어릴 때처럼 되겠소!"
20리그를 가서 그들은 식사했네
　　30리그를 가서 그들은 밤을 보내고 멈추었네.

길가메시는 물이 시원한 연못을 발견해서
  거기 들어가 물속에서 몸을 감았네
뱀이 식물의 향내를 맡고   XI-305
  [소리 없이] 다가와서 식물을 가져갔네.

뱀은 물러가면서 허물을 벗었네
  그러자 길가메시는 거기 주저앉아 흐느꼈네
그의 뺨에 눈물이 줄줄 흘러내렸네
  … 뱃사공 우르-샤나비에게 [*그가 말하기를*],   XI-310

"우르-샤나비, [누구를 위해] 내 팔이 그리 힘들게 일했고
  누구를 위해 내 심장의 피가 말랐을꼬?
나 자신을 위해 아무 수확도 못 거두고
  '땅의 사자'를 [위해] 좋은 일을 했도다!

이제 물살은 멀리 넓게 일고 있소   XI-315
  나는 수평판을 열고 도구들을 버렸나니
지표로 삼을 무엇을 발견하리요?
  돌아가서 배를 물가에 두었더라면!"

20리그를 가서 그들은 식사했네
  30리그를 가서 그들은 진을 쳤네   XI-320
그들이 양우리-우루크에 당도하자
  길가메시는 그에게, 뱃사공 우르-샤나비에게 말하기를

"우르-샤나비여, 우루크 성벽에 올라가 이리저리 거니시오!
  그 토대를 살피시오, 벽돌 작업을 점검해보오!

XI-325   벽돌은 가마에서 구워지지 않았던가?

일곱 현자가 그 기초를 놓은 것이 아닌가?

도시는 1제곱마일, 대추야자 숲이 1제곱마일, 점토 채취장이 1제
곱마일, 이쉬타르 신전이 반 제곱마일, 우루크는 3.5제곱마일 뻗어
있소.”

태블릿 XII.

'길가메시 연작'의 마지막 점토판인 태블릿 XII는 서사시의 일부가 아니라, 길가메시와 저승에 대한 수메르어 시의 후반부를 아카드어로 번역한 내용이다. 서사시에 덧붙인 이유는 관련성이 있어서다. 이 부분은 저승의 상황을 묘사하며, 길가메시는 사후에 망자들의 그림자를 통치했다. 번역문은 2부 원본 수메르어 시에 따라 실려 있다. 1부와 2부는 이런 식으로 연결된다.

2부

수메르어 길가메시 시들

길가메시에 대한 수메르어 시 다섯 편은 기원전 18세기에 바빌로니아 학교들에서 예비 필경사들이 쓴 사본들이다. 이제 전보다 많은 사실이 밝혀졌고 특히 두 편은 과거보다 훨씬 온전한 번역이 가능하다. 여기 개별 작품으로 개재된 시들은 독자적으로 감상해도 좋지만, 바빌로니아 표준판을 비롯해 1부에 나오는 아카드어 판본과 비교해보는 것도 좋다.

바빌로니아 서사시처럼 길가메시에 대한 수메르어 시들도 여러 나라의 박물관이 소장한 점토판 수백 조각을 가지고 재구성하는 중이다. 텍스트가 복구될수록 수메르어 시들과 바빌로니아 서사시의 큰 차이점이 드러난다. 또 고바빌로니아 시인이 얼마나 빼어나게 전통적인 제재(題材)들과 이야기들을 잘 녹여냈는지도 알 수 있다. 바빌로니아 서사시의 시인이 수메르어 시들을 앞에 놓고 저술했을 거라는 뜻은 아니다. 하지만 그는 이 시들이나 비슷한 시들을 대강이라도 알긴 했다. 그가 시를 알게 된 경위가 필사 학교의 필사 전승을 경험하면서인지, 당대 수메르어나 아카드어 구전 전승을 통해서였는지는 확실치 않다. 수메르의 길가메시와 후와와 이야기를 차용해, 바빌로니아 판본의 태블릿 III-V의 '삼나무 숲 원정담' 서술이 더 정교해진

것은 분명하다. 또 수메르의 '길가메시와 하늘의 황소 이야기'를 간략히 재가공해서, 태블릿 VI의 이쉬타르와 천상의 황소 에피소드를 만들었다. 가장 최근에 발견된 텍스트를 보면, 태블릿 VIII의 아카드어로 된 엔키두의 장례식 대목은 수메르어 시 〈길가메시의 죽음〉에서 길가메시의 장례식을 연상시킨다. 또 길가메시가 대홍수 영웅의 비밀을 알고, 대홍수로 파괴된 나라의 제례를 복구하는 대목은 바빌로니아 서사시뿐 아니라 〈길가메시의 죽음〉에도 나타난다.

이 수메르어 시가의 문학사적 배경은 소개글에 간략히 서술되어 있다. 이 작품들이 시적 언어로 쓰인 건 확실하지만, 우린 수메르어 시가보다 바빌로니아어 시가에 더 익숙하다. 문학적으로 수메르어는 아카드어보다 비유적인 표현을 더 많이 쓴 언어라서, 때로는 의미가 불분명하다. 여기서 번역은 원본에 최대한 충실하게 하는 게 목표지만, 텍스트가 잘 읽히도록 얼마간의 재량을 발휘해 일부 문장을 다듬었다.

시 다섯 편 중 일부는 다른 개정본에 짧거나 길게 남아 있다. 어떤 태블릿에는 유독 반복 어구들이 나오는 반면, 축약된 판본인 경우도 있고 텍스트 전체가 실린 태블릿도 있다. 아마도 필사된 텍스트가 어느 정도는 비망록이라서, 필경사들은 원고 이용자들이 시의 앞부분을 기억하고 있고 반복 어구를 더한 원고를 만들 거라고 기대하고 있음을 알기에 반복 어구를 생략했을 것이다. 여기서는 최대한 온전한 형태의 텍스트를 재연해 번역한다는 방침을 지켰다. 그래야 시인들이 의도한 모양새로 시들이 구성되기 때문이다. 더 짧은 판본을 토대로 행수를 표기하고 1행으로 치지 않은 부분은 들여쓰기했다.

길가메시와 아카:
'아카의 사절단'

이 시는 고대에 첫 구절의 일부인 '아카의 사절단'으로 알려졌다. 수메르어 길가메시 이야기 중 가장 짧고 보존 상태가 좋다. 고바빌로니아 학교에서 선호한 필사용 텍스트였다. 이번 편이 다른 네 편의 수메르 시들과 다른 점은, 장로들과 청년들의 조언이 주제로 등장하긴 하지만(문맥은 다르다), 표준판(태블릿 II)과 명백하게 대응되는 부분이 없다는 점이다.

이 시는 어떻게 도시국가 우루크가 키시보다 우위를 차지하는지 말해준다. 키시 왕 아카는 우루크에 사절단을 파견한다. 우루크에게 굴복을 요구하기 위해서일 것이다. 길가메시는 회합을 소집해 장로들의 조언을 구하면서, 우루크가 굴복하면 안 되고 전쟁을 해야 한다고 설득한다. 세 번 나오는 수수께끼 같은 3행 중 처음이 이 제안의 서두다.

우물들을 비우라, 나라의 우물들을 비우라
나라의 얕은 우물들을 비우라
밧줄이 드리워진 깊은 우물들을 비우라.

흔히 키시가 쓸 물을 퍼내라는 아카의 요구를 우루크 사람들에게 보여주는 구절로 해석한다. 하지만 시인은 끝나지 않는 수고를, 결국 주권을 포기하게 할 끝없고 불가능한 고역을 비유적으로 표현한 것 같다. 아무튼 장로들은 항복하라고 조언한다. 길가메시는 그들의 권고를 무시하고 우루크의 청년들에게 전쟁을 제안한다. 그들은 길가메시에게 동조한다. 그의 제안이 반복될 때 전통적인 격언이 담긴다. 요지는, 왕의 변덕에 복종하는 것은 나귀 뒤에 서는 것처럼 힘들고 예측 불가한 경험이라는 것이다. 그들은 길가메시의 용기를 칭송하고 키시의 완패를 예언한다. 길가메시는 이 전승에 하인으로 나오는 엔키두에게 전투 준비를 지시한다.

곧 아카가 도착해 우루크를 포위한다. 길가메시는 아카의 작전을 교란할 자원자를 모집하고, 개인 경호병 비르후르투라(발음은 확실치 않다)가 자원한다. 그는 우루크를 나서자마자 잡혀 구타당하고 아카 앞에 끌려간다. 그 순간 우루크의 집사장이 멀리 성벽에 모습을 드러내고 아카는 비르후르투라에게 그가 길가메시인지 묻는다. 비르후르투라는 아니라고 답하고 만약 길가메시라면 전투가 시작되고 불가피한 일들이 여럿 벌어지며 아카가 패해 생포될 거라고 확신 있게 답한다. 오만한 대답 때문에 비르후르투라는 다시 매질 당한다. 그때 길가메시가 성벽에 오른다. 겁쟁이들은 그의 위용에 굴복하고 청년들은 전투 준비를 해서 엔키두의 지휘하에 성문 밖으로 출격한다. 한편 아카는 요새에 선 길가메시를 보자, 비르후르투라에게 거기 선 사람이 왕이냐고 다시 묻는다. 비르후르투라가 그렇다고 답하자 그가 전에 예상한 대로 사건들이 일어난다. 전투가 시작되고 결국 아카는 패해 생포된다. 대단원에서 길가메시는 아카가 안전한 피신처를 주었던 일을 기억하고 그를 손윗사람으로 대우한다. 아카는 길가메시에게 보답을 요구하고 길가메시는 그를 키시로 돌아가게 풀어준다.

엔메바라게시의 아들, 아카의 사절단이
키시에서 우루크의 길가메시에게 왔네.
도시 장로들 앞에서 길가메시는
문제를 밝히고 해결책을 모색했네.
5   "'우물들을 비우라, 나라의 우물들을 비우라,
나라의 얕은 우물들을 비우라,
밧줄이 드리워진 깊은 우물들을 비우라.'
키시 무리에 항복하면 안 되오, 전쟁을 일으킵시다!"
회합한 도시의 장로들은
10   길가메시에게 대답했네.
"'우물들을 비우라, 나라의 우물들을 비우라,
나라의 얕은 우물들을 비우라,
밧줄이 드리워진 깊은 우물들을 비우라'
키시 무리에 항복하소서, 전쟁을 일으키면 안 되옵니다!"
15   쿨랍의 군주 길가메시는
이난나 여신을 신봉하므로
도시의 장로들이 하는 말을 흘려들었네.

도시의 청년들 앞에서 길가메시는
두 번째로 문제를 밝히고 해결책을 모색했지.
20   "'우물들을 비우라, 나라의 우물들을 비우라,
나라의 얕은 우물들을 비우라,
밧줄이 드리워진 깊은 우물들을 비우라.'
키시 무리에 항복하면 안 된다, 전쟁을 일으키자!"
회합한 도시의 청년들은 길가메시에게 대답했네.
25   "의무 다하기, 참석하기
왕의 아들 호위하기

당나귀 뒤에서 잡기

말마따나 그럴 자가 누구이리까?

키시 무리에 항복하지 맙시다, 전쟁을 일으킵시다!

신들의 대장장이, 우루크   30

하늘에서 내려온 집, 에안나

그들에게 형상을 준 것은 위대한 신들

그들의 거대한 성벽, 지상에 내려앉은 뭉게구름,

[12] 전쟁을 일으키자!

안 신이 세운 그들의 높은 거처,

그들이 당신 책임이 되었고, 당신은 그들의 왕이자 그들의 전사이   35
     오니!

오 *두상들을 뭉갠 이*, 안의 총애받는 왕자

그가 당도할지라도 누가 두려워하리?

그 군대는 작고 후미는 오합지졸이라

병사들은 우리를 막지 못할진대!”

그러자 쿨랍의 군주, 길가메시는   40

도시의 청년들이 한 말에 가슴이 뛰고, 기분이 밝아져서
그는 하인, 엔키두에게 말했네.
"이제 전투용 장비와 무기를 준비하라.
전쟁 무기들을 그대의 손에 쥐라!
45 그것들이 공포와 무시무시한 기운을 일으켜
그가 당도하면 나에 대한 두려움이 그를 휩싸게 하라
그의 정신이 혼미해지고 판단력이 없어지게 하라!"

닷새가 아니었네, 열흘이 아니었네
엔메바라게시의 아들 아카는 우루크를 포위했고
50 우루크의 정신은 혼미해졌네.
쿨랍의 군주, 길가메시가
도시의 전사들에게 말했네.
"오 나의 전사들, 내가 그대들 모두를 선택했도다.
담대한 자는 '내가 아카에게 가리!'라고 자청하라."
55 그의 친위병, 비르후르투라가
왕에게 경의를 표했네.
"폐하, 제가 아카에게 가겠나이다.
그리하여 그의 정신이 혼미하고 판단력이 없어지게 하겠나이다!"
비르후르투라가 성문에서 나아갔네.
60 비르후르투라가 성문을 지나가자
성문 들머리에서 그는 붙잡혔네
그들은 비르후르투라를 머리부터 발끝까지 구타했네.

그는 아카 앞에 끌려가
아카에게 말했네.
65 그가 말을 마치지도 않았을 때, 우루크의 집사장이 성벽 위로 올라가

누벽에서 머리를 들었네.

아카가 그를 보았고

비르투르투라에게 말했네.

"노비여, 저 사람이 네 왕이냐?"

"저 사람은 내 왕이 아니오!   70

그 사람이 내 왕이라면

저것이 그의 공포스러운 눈썹이라면

저것이 그의 사슴 같은 눈이라면

저것이 그의 청금석 같은 수염이라면

저것이 그의 가는 손가락이라면,   75

무수히 넘어지지 않았으리요, 무수히 일어나지 않았으리요

먼지 속에서 무수히 구르지 않았으리오

만방이 압도되지 않았으리오

나라의 어귀마다 먼지가 차지 않았으리오

그가 배의 방향타들을 자르지 않았으리오   80

그가 키시의 왕, 아카를 그의 군대 가운데서 포로로 잡지 않았으

    리오?"

그들이 그를 치고 때렸네.

그들이 비르후르투라를 머리부터 발끝까지 구타했네.

우루크의 집사장 이후 길가메시가 성벽에 올라갔네.

(그의) 두려운 분위기에 쿨랍의 노인들과 청년들이 사로잡혔네.   85

그러나 우루크의 청년들은 손에 전쟁 무기를 [들었네.]

성문에서 그들은 도로에 섰네.

엔키두가 성문에서 나아갔네.

길가메시가 누벽에서 머리를 들었네.

아카가 고개를 들다가 그를 보았네.   90

"노비여, 저 사람이 네 왕이냐?"

"저 사람이 진정 내 왕이요!"

그리고 그가 막 그 말을 했을 때,

무수히 넘어졌네, 무수히 일어났네

95   무수히 먼지 속에서 굴렀네

만방이 압도되었네

그래서 나라의 어귀마다 먼지가 찼네

그가 배의 방향타들을 잘랐네

그의 군대 한가운데서 그가 키시의 왕, 아카를 포로로 잡았네.

100   길가메시, 쿨랍의 군주가

아카에게 말했네.

"오 아카, 나의 중위, 아카, 나의 대위, 오 아카, 나의

사령관, 아카, 나의 장군

오 아카, 나의 참모총장!

오 아카, 그대는 내게 활력을 주었지, 아카, 그대는 내게 생명을 주

었지

105   오 아카, 그대는 도망치는 사내를 가슴에 품어주었지

오 아카, 도망치는 새에게 그대는 모이를 먹여주었지!"

아카:

"신들의 대장장이, 우루크,

그 거대한 성벽, 지상에 내려앉은 뭉게구름

안 신이 세운 그들의 높은 거처가

110   그대의 책임이 되었네, 내게 은혜를 [갚게!]"

길가메시:

"이에 태양신 앞에서 당신에게 옛 은혜를 갚나니!"
그는 아카를 키시에 가도록 풀어주었네
오 길가메시, 쿨랍의 군주
그대의 칭송이 대단하도다!

길가메시와 후와와:
'산 자의 산으로 가는 왕'과 '만만세!'

───────────❖───────────

길가메시와 후와와에 대한 시 역시 고바빌로니아 학교들에서 인기 있는 필 삿거리였다. 삼나무 숲 원정과 후와와를 죽이고 삼나무를 쓰러뜨린 일을 다룬다. 따라서 세부 사항은 상당히 달라도 바빌로니아 서사시의 태블릿 III-V 의 전조로 볼만하다. 가장 다른 점은 후와와가 무력이 아니라, 엔키 신이 길가메시에게 알려준 계략으로 잡히는 점이다. 수메르 시는 통칭 'A 버전'인 '왕이 산 자의 산으로'와 'B 버전'인 '만만세!', 두 부분으로 구성된다(두 제목의 다른 번역본들도 있다). 두 편은 밀접한 관계가 있고 공통 행도 많다. 현존하는 원고 수로 판단컨대 A 버전이 B 버전보다 인기 있었고 텍스트도 거의 온전하게 복구된다. 버전 B는 완전함이 덜하다.

죽음이 두려웠던 길가메시는 영광스러운 업적으로 생각을 돌려, '산 자' 가 사는 전설적인 삼나무 산으로 원정하자고 제안한다. '산 자'는 수호 정령인 반신 후와와를 의미한다. 초기 전승에서 삼나무 산은 해가 뜨는 먼 동쪽에 있었다. 길가메시의 하인 엔키두는 그에게 태양신 우투(수메르의 샤마쉬)의 재가를 받아야 한다고 말한다. 길가메시는 인간의 명이 끝나는 걸 알기에 명성을 쌓기 위해 원정한다는 구실로 승낙을 얻어낸다. 우투는 일곱 별자리가 그의 여정을 안내하고 도울 수 있도록 허락한다. 길가메시는 우루크의 청년들을 모집해 무장시켜 출발한다. 적당한 나무를 찾아 일곱 산을 지난 후 마침내 그는 마음에 드는 나무를 발견한다. 그는 선택한 삼나무를 넘어뜨리고, 동행들은 나무를 쪼갠다. 그러자 삼나무 숲지기 후와와가 깨서, 그를 지키는 신비한 빛인 후광 하나를 길가메시에게 발사한다. 길가메시와 엔키두는 경악하고 정신을 잃는다. 엔키두는 정신을 차린 후 결국 길가메시를 깨운다. 길가메시는 상대를 더 파악하겠노라 다짐한다. 엔키두는 후와와가 무서운 존재라고 말하지만, 길가메시는 혼자서는 실패하더라도 둘이면 성공하리라고 확신한다.

둘이 후와와의 거처에 다가갈 때 길가메시는 저지당하고 후와와가 그를 부르며 겁내지 말고 무릎을 꿇으라고 말한다. 길가메시는 후와와와 결혼 동맹을 맺고 싶은 체하면서, 누이들인 엔메바라게시와 페쉬투르를 아내로 삼으라고 제안한다. 그는 후와와에게 외진 산에서 누리지 못하는 호사품들을 주겠다고 약속한다. 고운 밀가루, 가죽 물병, 크고 작은 샌달, 보석을 비롯한 물품들이다. 누이들과의 약혼과 선물 약속으로 후와와는 자신을 보호하는 후광을 하나씩 포기한다. 후광은 거대한 삼나무들인데, 길가메시의 부하들은 귀환 길에 그것들을 쪼갠다. 후광들이 없는 후와와가 공격할 힘을 잃자 길가메시는 본색을 드러낸다. 그는 후와와를 공격해 포로로 잡는다. 그러자 후와와는 우투에게 길가메시의 배신을 불평하면서 살려달라고 애원한다. 길가메시는 왕다운 자비심을 보이지만 엔키두는 너무 위험하다고 경고한다. 후와와를 풀어주면 그들은 귀환하지 못할 거라고 말한다. 후와와가 화가 나서 엔키두에게 몸을 돌리자, 엔키두는 그의 목을 벤다. 영웅들은 그의 두상을 엔릴 신에게 가져간다. 엔릴은 분개하며 후와와를 죽인 이유를 묻고, 예를 다해 그를 대하지 않았다고 책망한다. 결국, 엔릴은 후와와의 후광들을 뿌린다.

버전 A: "산 자의 산으로 가는 왕"

산 자의 산으로 가는 왕이 마음을 바꾸었네
산 자의 산으로 가는 길가메시 왕은 마음을 바꾸었네
그가 하인, 엔키두를 불렀네.
"엔키두, 어떤 인간도 생의 종말을 피할 수 없나니
5 나는 산에 들어가 이름을 세우리라
이름이 세워지는 곳이면, 내 이름을 세우리
이름이 세워지지 않는 곳이면, 신들의 이름을 세우리라."
하인 엔키두가 그에게 대답했네.
"폐하, 산에 들어가시려 하면, 우투 신이 알게 되리다
10 우투, 젊은 영웅 우투가 알게 되리다!
산과 관련된 일들은 우투 소관이니
삼나무 산을 베는 것과 관련된 일은 젊은 영웅 우투의 소관이니,
　　우투가 알게 되리다!"

길가메시는 흰 새끼염소를 손에 들었고
갈색 새끼염소를 동물 제물로 가슴에 안았네.
15 손에 든 흠 없는 막대기를 코에 대고
그는 하늘의 우투에게 고했네.
"오 우투여, 제가 산에 들어가려 하니 도움을 주소서!
제가 삼나무-베기 산에 들어가려 하니, 제 도움이 되소서!"
우투가 하늘에서 그에게 대답했네.
20 "젊은이, 네 집에서 너는 귀족이나, 거기 산에서 너는 무엇이겠느냐?"
"오 우투여, 제가 한 말씀 드리게 해주소서, 제 말을 들어주소서!
제가 당신께 말씀드리게 해주소서, 그 말을 생각해주소서!
제 도시에서 사람이 죽으면, 마음이 아프나이다

사람이 멸하면, 마음에 고통이 느껴지나이다.
저는 성벽에서 고개를 들다가,   25
강을 떠내려가는, 물 위를 둥둥 떠가는 시신에 내 눈이 갔나이다
저 역시 그렇게 될지니, 그렇게 똑같이 되리다!
'인간은 아무리 키가 커도 하늘에 닿을 수 없네
인간은 아무리 몸집이 커도 산을 에워쌀 수 없네!'
어떤 인간도 생의 종말을 피할 수 없나니   30
저는 산에 들어가 이름을 세우겠나이다.
이름이 세워지는 곳이면, 제 이름을 세우겠나이다
이름이 세워지지 않는 곳이면, 신들의 이름을 세우겠나이다."

우투는 선물을 받듯 그의 눈물을 받아들였네
자애로운 인간처럼 그는 그에게 연민을 보였네.   35
그들은 일곱 전사였네, 한 어머니의 아들들,
장남, 그들의 맏이는 사자의 발과 독수리의 발톱을 가졌네
차남은 입 [벌린] *코브라*였네 …
삼남은 압도적인 용 뱀 …
사남은 불을 뿜는 …   40
오남은 괴성으로 고지대를 쪼갠 뱀,
육남은 산들을 초토화하는 홍수 속의 급류 같고,
칠남은 번개처럼 공격해서 아무도 가까이 가지 못했네.
젊은 영웅 우투는 이 일곱 전사를 길가메시에게 주었네.
        "… 니사바 여신이 거기 더해서 네게 주었나니,   NiO
        [하늘에서] 그들이 빛나고, 땅에서 그들이 길을 아니,
        [땅에서] 그들이 [동쪽으로 …] 길을 드러내게 하라
고지대의 배들이 정박했을 곳으로 그들이 너를 데려가게 하라."   45
그래서 그는 삼나무 패는 자를 기쁘게 했네

그는 길가메시 왕을 기쁘게 했네.

그가 혼자인 사람처럼 뿔을 불던 도시에서

그는 두 사람이 같이 부는 듯이 뿔을 불었네.

50 "가족이 있는 사람은 가족에게! 모친이 있는 사람은 모친에게!

나처럼 매이지 않은 사람들, 쉰 명을 내 곁에 있게 하라!"

가족이 있는 사람은 가족에게. 모친이 있는 사람은 모친에게.

그처럼 매이지 않은 사람들, 쉰 명이 그의 옆에 있었네.

그는 대장간에 가서

55 전투용 황동으로 전투용 손도끼와 전투용 도끼를 주조시켰네, 그
의 용맹스러운 무기들을.

그는 시 외곽의 어두운 수풀에 가서

참나무 도끼자루와 회양목 도끼자루를 자르게 했네.

[그는 그것들을] 동행할 도시의 아들들 손에 [쥐어 주었네.]

[그들은] [일곱] 전사였네, [한 어머니의] 아들들,

장남, 그들의 맏이는 사자의 발과 독수리의 발톱을 가졌네

[차남은 입 벌린 *코브라*였네 …]

[삼남은 압도적인 용 뱀 …]

[사남은 불을 뿜는 …]

[오남은 괴성으로 고지대를 쪼갠 뱀]

[육남은 초토화하는 홍수 속의 급류 같네]

[칠남은 번개처럼 공격해서 아무도 가까이 가지 못했네]

[하늘에서 그들이 빛나고, 땅에서 그들이 길을 아니]

[땅에서] 그들이 [동쪽으로] 길을 드러내,

60 그들은 그를 고지대의 배들이 틀림없이 정박했을 곳으로 데려갔네.

그는 첫 번째 산맥을 지났네, 그가 원하는 삼나무를 찾지 못했네

UrF   그는 [두 번째] 산맥을 지났네, 그가 [원하는] 삼나무를 [찾지

못했네]

그는 세 번째 산맥을 지났네, 그가 원하는 삼나무를 [찾지 못
했네]

그는 네 번째 산맥을 지났네, 그가 원하는 삼나무를 [찾지 못
했네]

그는 다섯 번째 산맥을 지났네, 그가 원하는 삼나무를 [찾지]
못했네

그는 여섯 번째 산맥을 지났네, 그가 원하는 삼나무를 찾지
못했네

그러나 일곱 번째 산맥을 지나면서 그는 원하는 삼나무를 찾았네.

그는 아무 질문도 하지 않았네, 그는 더 보지 않았네

길가메시는 삼나무를 팼네.

엔키두가 가지들을 잘라냈네 … 길가메시를 위해,   65

그와 동행한 도시의 아들들이 가지들을 쌓았네.

온갖 소동을 떨어 길가메시는 거처에 있는 후와와를 성가시
게 했네

후와와는 그에게 공포스러운 후광을 쏘았네

길가메시는 잠에 빠진 듯 [인사불성이] 되었네

[엔키두]는 망연자실한 듯 [마비 상태]가 되었네

그와 함께 온 도시의 아들들이

강아지 새끼들처럼 그의 발아래서 벌벌 떨었네.   70

엔키두가 깼네, 그건 꿈이었네, 그가 부르르 떨었네, 그건 깊은 잠
이었네.

그는 손으로 눈을 문질렀네, 쓸쓸한 적막이 감돌았네.

엔키두가 손으로 그를 건드렸으나 그를 일으킬 수 없었네

그에게 말을 걸었으나 대답을 듣지 못했네.

75 "누워 계신 분, 누워 계신 분,
오 길가메시, 쿨랍의 젊은 왕이여, 언제까지 누워 계시렵니까?
산은 어둡고, 그림자가 그 위에 드리웠으니
황혼녘의 태양 빛이 전부 사라집니다.
머리를 높이 든 채, 태양이 모친 닌갈의 품으로 가버렸나이다.

80 오 길가메시, 언제까지 누워 계시렵니까?
당신과 함께 온 도시의 아들들,
그들이 산기슭에서 당신을 기다리게 두지 마소서
그들을 낳은 어미들을 도시의 광장에서 물레질하는 신세로 전락
　　　시키지 마소서!"
엔키두는 [이 말을] 그의 오른 귀에 일렀네

85 전사의 말이 보자기처럼 그를 덮었네.

그(길가메시)는 기름 30세켈 어치를 집어 가슴팍을 문지르고
[네 발로 선] 황소처럼 위대한 대지 위에 서서
목을 아래로 숙이고 소리를 냈네.
"나를 낳은 어머니, 닌순 여신과 아버지, 순수한 루갈반다의 생명
　　　에 맹세코!

90 내가 나를 낳은 어머니, 닌순의 무릎에서 눌린 듯이 처신해야겠는가?"
그리고 다시 한번 그는 그에게 말했네.
"나를 낳은 어머니, 닌순 여신과 아버지, 순수한 루갈반다의 생명
　　　에 맹세코!
그 자가 인간인지 신인지 알기 전까진
산에 붙들린 내 발을 도시의 집으로 돌리지 않으리라!"

95 삶을 쾌적하게 만드는, 삶을 즐겁게 만드는 하인이
왕에게 대답했네.

"폐하, 폐하께선 그 자를 본 적이 없기에, 심장은 고통받지 않겠으나

저는 그를 본 적이 있어, 제 심장은 고통스러우니

그는 전사, 이빨은 용의 이빨,

눈은 사자의 눈입니다!   100

그의 가슴팍은 범람하는 격랑

그의 이마는 대나무 숲을 집어삼키니, 아무도 가까이 갈 수 없으며

사람을 먹는 사자(처럼), [그의 혀는] 피가 *城에 차지* 않나이다.

주인님, 당신은 산에 오르시지만, 저는 도시의 집으로 가게 하소서.

제가 당신의 모친께 당신이 살았다고 고해, 그녀가 기뻐 웃게 하
　　　리다.

그러다가 모친께 당신이 죽었다고 고하므로 그녀가 슬퍼 통곡할   105
　　　까 봐 두렵습니다."

"출발하자, 엔키두! 두 사람이 함께하면 죽지 않으리, 갈대 뗏목은
　　　침몰하지 않으리

어떤 사람도 세 겹 밧줄을 끊지 못하고

홍수가 벽에서는 사람을 쓸어가지 못하고

갈대 오두막 속의 불은 꺼지지 못하나니!

네가 나와 함께, 내가 너와 함께한다면 누가 우리에게 무슨 짓을   110
　　　할 수 있으리?

'거룻배가 침몰하고, 짐배가 침몰했지만

갈대 뗏목이 목숨을 구했다, 그것은 가라앉지 않았다.'

출발하자, 그에게 가자, 그를 주시하자!   115

서두르라, 그에게 가자!

'공포는 공포로,

교활은 교활로 맞서라!'

네가 어떻게 느끼든, 출발하자, 그에게 가자!"

120 어떤 인간도 60폴[14] 길이보다 가까이 접근하지 않네
또 이미 후와와는 삼나무 집에 있네
그가 눈을 돌리면, 그것은 죽음의 눈이네
그가 고개를 저으면, 그것은 상대를 책하는 몸짓이네
그는 말을 할 때, 그저 허풍선이 아니네.
125 "너는 재주 있는 위인이나, 너를 낳은 어미의 도시로 돌아가지 못
하리!"

그의 근육으로, 그의 발로 공포가 넘쳐들었네, 기겁하게 하는 광
휘가 넘쳐났네
(길가메시는) 땅에서 발을 *움직일* 수가 없었네.
그의 엄지발가락이 발을 *단단히 붙들었네*
옆구리에서, 그의 …에서 그것이 넘쳐났네.
130 "만만세! 키 큰 나무
신들이 흐뭇해한 고귀한 이
싸울 태세를 하고 서 있는 성난 황소
당신의 어머니는 자식 만드는 법을 잘 알았고
당신의 유모는 아이에게 젖 빨리는 법을 잘 알았나이다!
135 두려워 마오, 두 손을 바닥에 두시오!"
그는 양손을 바닥에 짚더니 그에게 말했네.
"나를 낳은 어머니, 닌순 여신과 아버지, 순수한 루갈반다의 생명
에 맹세코!
그대가 산의 어디에 사는지 알려지지 않았네! 그대가 산의 어디에
사는지, 알려져야 하네.
내가 큰 누이 엔메바라게시를 그대에게 보내, 산에서 그대의 아내

---

14. pole. 삿대 혹은 약 5미터를 뜻하는 단위

로 삼게 해주오!"

그런 다음 다시 그가 말했네.   140

"나를 낳은 어머니, 닌순 여신과 아버지, 순수한 루갈반다의 생명
　　　에 맹세코!

그대가 산의 어디에 사는지 알려지지 않았네! 그대가 산의 어디에
　　　사는지, 알려져야 하네.

내가 작은 누이 페쉬투르를 그대에게 보내, 산에서 그대의 첩으로
　　　삼게 해주오!

그대의 공포의 광휘들 중 하나를 내게 주면, 내가 그대의 인척이
　　　되리다!"

그는 첫 번째 공포의 광휘를 그에게 주었네.   145

그와 함께 온 성읍의 아들들이

그 가지들을 잘라, 그것을 한데 묶어

산기슭에 내려놓았네.

　　[그러자 두 번째로 그가 말했네.]

　　["나를 낳은 어머니, 닌순 여신과 아버지, 순수한 루갈반다
　　　　의 생명에 맹세코!]

　　[그대가 산의 어디에 사는지 알려지지 않았네! 그대가 산의
　　　　어디에 사는지, 알려져야 하네.]

　　[내가 산속 그대에게 …를 가져오게 해주오]

　　[그러면 내가 그대와 가족이 될 수 있지 않은가?]

　　[그대에게 있는 공포의 광휘들 중 하나를 내게 주면, 내가
　　　　그대의 인척이 되리다!"]

　　그는 두 번째 공포의 광휘를 그에게 주었네.

　　그와 함께 온 도시의 아들들이   UnC

　　그 가지들을 잘라, 그것을 한데 묶어

산기슭에 내려놓았네.

그러자 세 번째로 그가 말했네.
"나를 낳은 어머니, 닌순 여신과 아버지, 순수한 루갈반다의
　　생명에 맹세코!
그대가 산의 어디에 사는지 알려지지 않았네! 그대가 산의
　　어디에 사는지, 알려져야 하네.
내가 산속 그대에게
위대한 신들이 먹는 최상급 밀가루와 냉수 병을 가져오게
　　해주오.
그러면 내가 그대와 가족이 될 수 있지 않은가?
그대에게 있는 공포의 광휘들 중 하나를 내게 주면, 내가 그
　　대의 인척이 되리라!"
그는 세 번째 공포의 광휘를 그에게 주었네.
그와 함께 온 도시의 아들들이
그 가지들을 잘라, 그것을 한데 묶어
산기슭에 내려놓았네.

그러자 네 번째로 그가 말했네.
"나를 낳은 어머니, 닌순 여신과 아버지, 순수한 루갈반다의
　　생명에 맹세코!
그대가 산의 어디에 사는지 알려지지 않았네! 그대가 산의
어디에 사는지, 알려져야 하네.
내가 [산속] 그대에게 큰 발에 맞는 큰 샌달을 가져오게 해
　　주오.
그러면 내가 그대와 가족이 될 수 있지 않은가?
그대에게 있는 공포의 광휘들 중 하나를 내게 주면, 내가 그

대의 인척이 되리다!"
그는 네 번째 공포의 광휘를 그에게 주었네.
그와 함께 온 도시의 아들들이
그 가지들을 잘라, 그것을 한데 묶어
산기슭에 내려놓았네.

그러자 다섯 번째로 그가 말했네.
"나를 낳은 어머니, 닌순 여신과 아버지, 순수한 루갈반다의
    생명에 맹세코!
그대가 산의 어디에 사는지 알려지지 않았네! 그대가 산의
    어디에 사는지, 알려져야 하네.
내가 그대의 작은 발에 맞는 작은 샌들을 산속 그대에게 가
    져오게 해주오.
그러면 내가 그대와 가족이 될 수 있지 않은가?
그대에게 있는 공포의 광휘들 중 하나를 내게 주면, 내가 그
    대의 인척이 되리다!"
그는 다섯 번째 공포의 광휘를 그에게 주었네.
그와 함께 온 도시의 아들들이
그 가지들을 잘라, 그것을 한데 묶어
산기슭에 내려놓았네.

그러자 여섯 번째로 그가 말했네.
"나를 낳은 어머니, 닌순 여신과 아버지, 순수한 루갈반다의
    생명에 맹세코!
그대가 산의 어디에 사는지 알려지지 않았네! 그대가 산의
    어디에 사는지, 알려져야 하네.
내가 산속 그대에게 수정, 옥수, 청금석을 가져오게 해주오.

그러면 내가 그대와 가족이 될 수 있지 않은가?
그대에게 있는 공포의 광휘들 중 하나를 내게 주면, 내가 그
　　대의 인척이 되리다!"
그는 여섯 번째 공포의 광휘를 그에게 주었네.
그와 함께 온 도시의 아들들이
그 가지들을 잘라, 그것을 한데 묶어
산기슭에 내려놓았네.

[그러자 일곱 번째로 그가 말했네.]
["나를 낳은 어머니, 닌순 여신과 아버지, 순수한 루갈반다
　　의 생명에 맹세코!]
[그대가 산의 어디에 사는지 알려지지 않았네! 그대가 산의
　　어디에 사는지, 알려져야 하네.]
[내가 산속 그대에게 …를 가져오게 해주오.]
[그러면 내가 그대와 가족이 될 수 있지 않은가?]
[그대에게 있는 공포의 광휘들 중 하나를 내게 주면, 내가
　　그대의 인척이 되리다!"]
[그는 일곱 번째 공포의 광휘를 그에게 주었네.]
[그와 함께 온 도시의 아들들이]
[그 가지들을 잘라, 그것을 한데 묶어]
[산기슭에 내려놓았네.]

그는 공포의 광휘 일곱 개를 다 벗어버리자, 거처에 가까이 다가
　　갔네.
150　술 창고 안의 뱀처럼 그는 후와와의 뒤를 따라가서
마치 입 맞추려는 듯이 그의 뺨을 주먹으로 쳤네.
후와와는 빛나는 이를 드러내고 이맛살을 찌푸렸네.

사로잡힌 야생 황소에게 하듯 길가메시는 그에게 밧줄을 던   SiA
   졌네

포로로 잡힌 병사에게 하듯, 그의 양팔을 묶었네.

후와와가 길가메시에게 말했네.

"오 교활한 전사, [*너는 내게 몹쓸 짓을 하는구나!*]"   UrG

그 둘은 그에게 … 코에 밧줄을 [씌웠네].

거처에서 전사를 [*끌어내며*], '앉으라!'라고 그에게 [말했네]

거처에서 후와와를 [*끌어내며*], '앉으라!'라고 그에게 [말했네.]

전사는 앉아서, 흐느껴 울었네.   UrA

   후와와가 길가메시에게 간청하며 [말했네.]

"오 길가메시, 나를 풀어주오!

태양신에게 한 말씀 올리게 해주오!

우투여, 저는 저를 밴 어미를 몰랐나이다, 저를 기른 아비를 몰랐   155
   나이다

저는 산에서 태어났나이다, 저를 키운 것은 당신이었나이다!

길가메시는 하늘에 맹세했나이다, 땅에 맹세했나이다, 저승에 맹
   세했나이다!"

그의 손을 움켜쥐고 그는 엎드렸네.

그러자 존귀한 길가메시, 그의 마음이 그를 동정해서

그는 하인 엔키두에게 말했네.   160

"오 엔키두, 붙잡힌 새를 제자리로 가게 하자

붙잡힌 병사를 그의 어미 품으로 돌아가게 하자!"

엔키두가 길가메시에게 대답했네

"영차! 키 큰 나무,

신들이 흐뭇해한 고귀한 이,   165

싸울 태세를 하고 서 있는 성난 황소,

당신의 어머니는 자식을 만드는 법을 잘 알았고
당신의 유모는 아이에게 젖을 빨리는 법을 잘 알았나이다!
170 키가 가장 커도 훌륭한 조언이 부족하면
남타르가 집어삼키고, 그는 모를 것이옵니다!
붙잡힌 새가 제자리로 가고
붙잡힌 병사가 그의 어미 품으로 돌아가면
그러면 당신께서는 낳아주신 어머니의 도시로 돌아가지 못하옵
니다!

[13] 격노와 분개에 빠진 엔키두는 그의 목을 베었네

UnB 자유를 얻은 붙잡힌 전사, 수도원으로 [돌아간] 붙잡힌 여사제,
가발을 돌려받은 붙잡힌 사제, 옛날부터 [누가 그런 걸 본
적이 있사옵니까?]
그는 산 [길을] [당신 앞에서 혼란하게 할 테고]
그는 [산의 오솔길을 당신 앞에서 헝클 것이옵니다.]"
[전사는] 그가 한 말에 귀를 [기울였네.]
175 후와와가 엔키두에게 말했네.

"오 엔키두, 너는 그에게 나를 험담하는구나!
입에 풀칠하려고 적을 섬기는 용병! 너는 그에게 험담하는구나!"
하지만 그가 이런 말을 할 때
격노하고 분개한 엔키두는 그의 목을 베었네.

그들은 머리통을 가죽자루에 담아   180
그것을 엔릴과 닌릴 신 앞에 가져갔네.
엔릴 앞에서 땅에 입 맞춘 후
그는 자루를 내려놓고 머리통을 꺼냈네.
그들은 엔릴 앞에 그것을 놓았네.
엔릴은 후와와의 머리통을 보자   185
길가메시가 저지른 일에 분개했네.
"너는 왜 이런 짓을 했느냐?
그의 이름을 지상에서 지우라고 명령받았더냐?
그는 네 앞에 앉았어야 했다
그는 네가 먹은 빵을 먹었어야 했다   190
그는 네가 마신 물을 마셨어야 했다!
이제 그는 위대한 [신들]의 [집을] 장식하리라!"
　　　왕좌에서 엔릴은 그의 천상의 광휘들을 나눠 주었네.   UnB
그는 첫 번째 광휘를 들판에 주었네   Ni
그는 두 번째 광휘를 강에 주었네
그는 세 번째 광휘를 대나무 숲에 주었네   195
그는 네 번째 광휘를 사자에게 주었네
그는 다섯 번째 광휘를 숲에 주었네
그는 여섯 번째 광휘를 궁전에 주었네
그는 일곱 번째 광휘를 눈갈 여신에게 주었네
남은 광휘들은 자신이 차지했네.   200

강력한 길가메시에게 영광을,
니사바 여신을 찬미하라!

버전 B: '만만세!'

더 짧지만 인지도는 덜한 길가메시와 후와와의 시는 아직 온전히 발굴되지
않았다. 버전 A보다 확실히 간략한 버전 B는 서로 소소한 차이점이 많다. 두
편의 가장 큰 차이는 플롯이다. 길가메시가 후와와의 광휘가 일으킨 미몽에
서 깨어나는 대목은 중요한 지점이다. 버전 A에서 길가메시는 겁먹은 엔키
두를 용감하게 격려하지만, 버전 B에서는 자신이 괴물과 힘을 겨룰 능력이
있는지 의심하고 엔키 신에게 말 중에 '나타나기'를 청한다. 내가 파악하기
로, 이 구절은 계략의 신에게 교활한 말로 적을 압도하도록 영감을 달라는
의미다. 엔키는 엔키두의 입을 통해 길가메시가 할 말을 내뱉게 하고 이야기
는 후와와를 만나자 길가메시가 환심을 사는 말을 하는 대목으로 넘어간다.

만만세! 키 큰 나무,
신들이 흐뭇해한 고귀한 이,
싸울 태세를 하고 서 있는 성난 황소,
우루크에서 기리는, 젊은 군주 길가메시!

길가메시:

5   "우루크에서 사람이 죽으면, 마음이 아픕니다
사람이 사라지면, 마음에 고통이 느껴집니다
성벽에서 고개를 들다가

물 위를 둥둥 떠가는 시신을 보았나이다

정신은 좌절하고 마음은 아프옵니다

생의 종말을 피할 수는 없나니   10

무덤, 강압적인 저승은 인간을 놓아주지 않나니

'인간은 아무리 키가 커도 하늘에 닿을 수 없나이다

인간은 아무리 몸집이 커도 산을 에워쌀 수 없나이다!'

어떤 인간도 생의 종말을 피할 수 없기에

나를 낳은 어머니, 닌순 여신과 아버지, [순수한] 루갈반다,   15

나의 신 엔키, 주인 누딤무드,

내 누이동생 엔메바라게시와 누이 페쉬투르의 생명에 맹세코,

나는 산에 [오르리라!]

나는 독특한 삼나무 산에 [오르리라!]

그 기슭에, 내 신에게 신전을 세워드리고, 나는 그 가지들을 차지   20
        하리라

광휘를 입은 문설주들 사이로 들어가리!"

그의 하인 엔키두가 그에게 말했네

"[폐하, 만약 산]에 들어가시려 하면

우투 신이 알게 되나이다!

당신이 삼나무-베기 [산에] 들어가시면   25

우투가 알게 되나이다!

산과 관련된 일들은 우투의 소관이니

삼나무-베기 산과 관련된 일들은 젊은 영웅 우투의 소관이옵니다."

청금석 광택을 휘감은 하늘의 우투가

머리를 높이 들고 왔네.   30

쿨랍의 주인, 길가메시는 손에 든 흠 없는 막대기를 코에 대고

"오 우투여, 제가 산에 들어가려 하니 도움을 주소서!

제가 삼나무-베기 산에 들어가려 하니 도움을 주소서!"   33

* * *

36   [그들은 일곱 전사였네, 한 어머니의 아들들]

    [이들 일곱 전사를 젊은 영웅 우투는 길가메시에게 주었네.]

    "[장남, 그들의 맏이는 사자의 발과 독수리의 발톱을 가졌네]

    [차남은 입 벌린 *코브라*였네 …]

    [삼남은 압도적인 용 뱀 …]

40   [사남은 불을 뿜는 …]

    [오남은] 괴성으로 고지대를 쪼갠 뱀

    [육남은] [산들]을 초토화하는 홍수 속 급류 같네

    칠남은 번개처럼 공격해서 아무도 다가갈 수 없네.

45   하늘에서 그들은 빛나네, 땅에서 그들은 길을 아네

    하늘에서 그들은 높이 타오르는 별들이네

    땅에서 [그들은] 아라타로 가는 길을 [알지]

    대상(隊商)[처럼] 그들은 길을 아네

    비둘기 떼처럼 그들은 산 구석구석을 아네

50   산길을 지나며 그들이 너를 인도하게 하라."

    도시에서 길가메시는 기동부대를 소집했네

    쿨랍 [*한 가운데*]서 그는 뿔을 불었네.

    "오 성읍이여, 아내가 있는 자는 아내에게로! 자녀가 있는 자는 자
          녀에게로!

55   오 아내가 없는, 자녀가 없는

    이름난 전사들, 오 무명전사들,

    그런 자들을 내 곁에, 길가메시와 함께 있게 하라!"

    왕은 도시를 빠져나갔네

    길가메시는 쿨랍을 빠져나갔네.

삼나무-베기 산의 길에 들어서서

그는 첫 번째 산맥(山脈)을 지났네, 그가 원하는 삼나무를 찾지 못했네   60

   [그는] 두 번째 산[맥을 지났네, 그가 원하는 삼나무를 찾지   B
     못했네]

   [그는] 세 번째 산[맥을 지났네, 그가 원하는 삼나무를 찾지
     못했네]

   [그는] 네 번째 산[맥을 지났네, 그가 원하는 삼나무를 찾지
     못했네]

   [그는 다섯 번째] 산[맥을 지났네, 그가 원하는 삼나무를 찾지
     못했네]

   [그는 여섯 번째 산맥을 지났네, 그가 원하는 삼나무를 찾지
     못했네]

그러나 일곱 번째 산맥을 지나면서 그가 원하는 삼나무를 찾았네.

길가메시는 삼나무를 넘어뜨렸네

그의 하인 엔키두가 그것을 장작으로 잘랐네

그와 함께 온 성읍의 아들들이

그것들을 쌓았네.   65

그때 한 전사가 다른 전사에게 가까이 다가가자

[후와와의] 광휘가 카펫처럼 펼쳐졌네.

[길가메시는 거기 *사로잡혔고*,] 잠에 빠진 듯 [인사불성이] 되었네.   68

＊ ＊ ＊

[엔키두가 길가메시에게 말했네.]   73

"누워 계신 [당신], 누워 계신 [당신]

오 길가메시, 쿨랍의 젊은 주인이여, 언제까지 누워 [계실 것이오   75

니까?]

산은 [어두워]지고 그림자가 [그 위에 드리웠으니]

[황혼녘의 태양 빛은 전부 사라지리다.]"

길가메시[15]가 일어났네, 그건 꿈이었네

그가 부르르 떨었네, 그건 깊은 잠이었네

80 그는 손으로 눈을 문질렀네, 쓸쓸한 적막이 감돌았네.

"나를 낳은 어머니, 닌순 여신과 아버지, 순수한 루갈반다의 생명
　　　에 맹세코,

나의 신 [엔키, 주인 누딤무드께서]

[나의 말에 나타나시기를!]

나는 [그를 본 적이 있어] 알 [수가 있지.]

85 그는 전사, 그의 눈은 사자 눈!

그의 가슴팍은 범람하는 격랑

그의 이마는 대나무 숲을 집어삼키니, 아무도 가까이 갈 수 없으며

사람을 먹는 사자처럼 그의 혀는 피가 *성에 차지* 않네.

나에게 전사와 (맞설) 힘이 없다면 누구에게 있으리요?"

90 그의 하인 엔키두가 그에게 말했네.

　　　　　　　　* * *

93 "[당신을 낳은 어머니, 닌순 여신]과 아버지, [순수한 루갈반다]의
　　　생명에 맹세코!

당신의 신 엔키-[누딤무드가] 당신의 말에 [나타나시기를.]

95 '오 전사여, [그대가] 산의 [어디에 사는지] 알려져야 하나니

15.　태블릿에는 '엔키두'라고 잘못 나온다—저자

그대의 작은 발에 [맞는 작은] 샌들을 [만들게] 하라
[그대의] 큰 발에 [맞는 큰] 샌들을 만들게 [하라!]'"

몇 행이 소실되어, 길가메시가 후와와에게 말하는 데서 텍스트가 시작된다.

"나를[16] 낳은 어머니, 닌순 여신과 나를 뿌리신 아버지, 순수한 루   103
      갈반다의 [생명에 맹세코,]
나의[16] [신] 엔키-누딤무드가 [내 말에] 나타나시기를!
오 전사여, 그대가 산의 어디에 사는지 알려져야 하나니   105
그대의 작은 발에 맞는 작은 샌들을 만들게 [하시오]
그대의 큰 [발에] 맞는 큰 샌들을 만들게 [하시오!]"

* * *

[첫 번째 광휘를]
[후와와는 그에게 주었네.]   115
[그와 함께 온 도시의 아들들이]
[그것들을 쌓았네.]
[두 번째 광휘를]
[세 번째 광휘를]
[네 번째 광휘를]   120
[다섯 번째 광휘를]
[여섯 번째 광휘를]
     그들은 묶어 산에 [쌓았네.]   A

---

16.   태블릿에는 '그를'과 '그대의'로 잘못 나온다—저자

공포의 광휘 일곱 개를 벗어버리자, 그는 후와와의 거처에 가까이
다가갔네

길가메시는 후와와의 귀를 주먹으로 쳤네.

125 후와와는 이맛살을 찌푸리고, 빛나는 이를 드러냈네.

사로잡힌 야생 황소에게 하듯, 그는 후와와에게 밧줄을 던졌네

포로로 잡힌 전사에게 하듯, 그는 후와와의 양팔을 (뒤에서) 묶었네.

전사는 흐느끼며 울기 시작했네

후와와는 흐느끼며 울기 시작했네.

130 "오 전사여, 너는 나를 속였도다, 내게 맹세를 해놓고도 나를 붙잡
았구나.

[너를 낳은 어머니,] 닌순 여신과 네 아버지, 순수한 루갈반다의
생명에 맹세코

[너의] 신 [엔키]-누딤무드가 너의 말에 나타났도다!

[사로잡힌 야생 황소에게 하듯] 너는 나에게 밧줄을 던졌네

[포로로 잡힌 전사에게 하듯, 너는] 내 양팔을 (뒤에서) [묶었구나!]"

135 [그러자] 고귀한 길가메시, 마음으로 [후와와에게] 연민을 [느꼈네]

하인 엔키두에게 말했네.

"자, 나는 전사를 풀어주겠다

W   그를 우리를 위해 행로를 살피는 길잡이로 삼으리

그를 내 [짐꾼]으로 삼으리 그가 내 짐을 나르리라."

하인 엔키두가 길가메시에게 대답했네.

W   "키가 가장 큰 이에게도 훌륭한 조언이 부족할 수 있나이다."

* * *

140 "자유를 얻은 붙잡힌 전사

수도원으로 돌아간 붙잡힌 여사제

가발을 돌려받은 붙잡힌 사제

옛날부터 누가 그런 걸 본 적이 있으리까?

그는 산길을 당신 앞에서 혼란하게 할 테고

그는 산의 오솔길을 당신 앞에서 헝클 것이오니   145

우리는 우리를 낳으신 어머니들의 [도시로 돌아가지] 못하리다!"

* * *

후와와가 [*길가메시*]에게 [대답]했으니   151

"나를 낳은 어머니는 산 중의 동굴이었네

나를 뿌린 아버지는 고지대의 동굴이었네!

오 우투여, 당신은 나를 산에서 혈혈단신 살게 만드셨나이다!"

길가메시가 후와와에게 말했네.   155

"자, …."

나머지는 소실되었다.

길가메시와 하늘의 황소: '전쟁 영웅'

〈전쟁 영웅〉이란 제목의 시는 길가메시와 이난나(이쉬타르의 수메르어)의 불화 그리고 길가메시와 엔키두가 하늘의 황소와 싸웠던 내용을 다룬다. 두 이야기의 서두는 무척 다르지만, 바빌로니아 서사시 태블릿 VI의 전신이다. 소수의 잔존 원고로 볼 때, 이 시는 아카와 후와와에 대한 이야기보다 인기가 덜 했고 번역할 때 재구성과 이해에 어려움이 따른다. 가장 잘 보존된 두 자료 모두, 믿을 만한 필사본이 지속해서 나오는 니푸르의 학교들에서 출토되지 않았다. 하나는 디얄라 강에 있는 시골마을(바그다드 북동쪽, 텔 하다드), 하나는 서부 바빌로니아의 딜밧(바빌론 남쪽, 다일렘)에서 출토됐다. 다른 중요한 자료들은 발췌된 태블릿 네 가지인데(그중 셋은 아직 미출간 상태이다), 모두 출처가 불분명하다. 설상가상으로 두 가지 태블릿은 가끔 편집이 다르고, 관례적이지 않은 철자를 자주 사용해 이해하기 어렵다. 그래서 번역하기 까다로운 부분이 많고 때로는 불가능하다. 이런 이유로 아래의 시는 확실하지 않다. 앞으로 더 잘 보존된 원고들이 많이 발견되어, 여기 실린 번역본의 의도치 않은 오류가 바로잡히기 바란다.

찬가 형식의 서문 이후 길가메시는 어머니 닌순 여신과 대화를 시작한다. 그는 목전의 할 일이 이해되지 않지만, 닌순은 의무를 수행하라는 지침을 내리고, 거기에는 양털 깎기와 낚시가 포함된다. 어구는 반복된다. 곧이어 이난나가 등장하고 길가메시를 그녀의 집 에안나 신전에 붙들어두려 한다. 그녀는 길가메시가 가장으로 함께하면서 거기서 사람들을 다스리기 바란다. 바빌로니아 서사시 태블릿 VI에는 그녀가 그와 결혼하기를 바라는 대목이 나온다. 길가메시는 그런 이난나의 제안을 모친에게 말하고 이난나가 성문의 바람 없는 벽에서 다가왔노라고 덧붙인다. 그곳은 전통적으로 매춘부들의 영업 장소다(바빌로니아 서사시 태블릿 VII 117행과 비교). 닌순은 그가 유혹에 빠지지 않도록 이난나의 선물을 받지 말라고 한다.

이후 길가메시는 여신의 외양간에 넣을 가축을 잡는 소임 때문에 출타했다가 이난나와 재회한다. 그는 그녀에게 무뚝뚝하게 비키라고 명한다. 휴지부 이후 닌순은 이난나를 피에 굶주린 포식자에 비유한다. 그러다가 이난나는 천상의 자기 방에서 흐느낀다. 아버지 안이 들어와 딸에게 왜 우냐고 묻는다. 이난나는 사랑하는 상대를 얻을 수 없어서라고 대답한다. "성벽 위의 야생 황소"라는 길가메시에 대한 묘사는 바빌로니아 서사시의 태블릿 I 63-64행을 연상시킨다. 이난나는 길가메시를 죽일 수 있게 하늘의 황소를 달라고 아버지를 조른다. 안은 하늘의 황소는 하늘에서 풀을 뜯으니(타우루스 별자리) 그렇게 하면 지상에 먹이가 없을 거라며 거부한다. 이난나가 떼쓰고 비명을 지르기 시작하며 소란을 피우자, 안은 체념한다. 이난나는 하늘의 황소를 우루크로 데려가고, 거기서 황소는 풀을 다 뜯어먹고 강물을 마셔 강을 마르게 한다.

이어지는 문단은 훼손되었다. 다른 편집본들로 재구성해보자면 길가메시의 음유시인 루갈가반갈은 약탈 중인 하늘의 황소를 보고 왕 앞으로 나간다. 길가메시는 진수성찬을 즐기는 중이라 음유시인이 소식을 전해도 식도락에서 관심을 돌리지 않는다. 하지만 식사를 마치자 길가메시는 전투를 준비한다. 무장하고 어머니와 누이에게 엔키 신의 신전에 희생제물을 올리게 한다. 그는 하늘의 황소를 해체해서 빈자들에게 나눠 주겠다고 맹세한다. 이난나가 성벽에서 지켜보는 와중에 길가메시와 엔키두는 황소를 공격한다.

엔키두가 황소의 약점을 찾고 길가메시는 괴수를 죽인다. 그는 황소의 다리 한 조각을 이난나에게 내던진다. 그녀가 급히 피하자 황소 다리가 성벽에 부딪친다. 길가메시는 이난나도 하늘의 황소처럼 처치하지 못한 걸 아쉬워한다. 그리고 앞서 맹세했듯 황소를 해체해서 고기를 빈자들에게 내준다. 하지만 황소의 뿔은 이난나의 신전인 에안나에 바친다.

전쟁 영웅, 전쟁 영웅, 그의 노래를 부르게 해주오!
길가메시 왕, 전쟁 영웅, 그의 노래를 부르게 해주오!
검은 수염을 기른 왕, 전쟁 영웅, 그의 노래를 부르게 해주오!
멋진 팔다리, 전쟁 영웅, 그의 노래를 부르게 해주오!

Nb obv.-4   젊은 왕, 강한 자 중의 최강자, 전쟁 영웅, 그의 노래를 부르게 해주오!

Nb obv.-6   씨름과 힘겨루기 [장사], [전쟁 영웅, 그의 노래를 부르게 해주오!]

Ma-5   *쾌활한 이*, 전쟁 영웅, 그의 노래를 부르게 해주오!
죄인들에게 격노하는, 전쟁 영웅, 그의 노래를 부르게 해주오!

Nc-4′   왕, 폐하, 그를 낳은 어머니가 그에게 말했네.
"나의 왕이여, 강으로 내려가라, 손에 흙을 [들고] 강에서 씻으라!
나의 폐하, 향나무 숲에 들어가서 임무를 익히라
… 도끼, 무기 …

Na-1′   기파르의 집[17]에 들어가라, 당당한 양의 털을 깎으라
일선에서 널빤지에 자리를 [*잡으라*]!
늪지 안에 있으라
나의 왕이여, 늪지 안에 있으면서, 물속에서 노를 저으라
나의 폐하, 노들이 빼곡히 자란 갈대밭처럼 그대를 위해 물속에

---

17. 여사제들의 집.

잠기게 하라

그것이 … 그대를 위해 …처럼 물에 잠기게 하라!"

그를 낳은 어머니에게 그가 …   Ma-14

이난나의 집에 있는 너른 마당에서

길가메시는 [그의] 손에 *낫을* [들었네]

왕은, 향나무 숲에 들어가서 의무를 *익혔네*   Na-10´

기파르의 집에서 그는 당당한 양의 털을 깎고

일선에서 널빤지에 자리를 잡았네, 늪지에서 그는 (그물을) 뻗쳤네

늪지에서 왕은 (그물을) 뻗치고, 그는 물속에서 노들을 저었네

왕을 위해 노들이 빼곡히 자란 갈대밭처럼 물에 잠겼네

그것의 …는 [그를 위해] …처럼 [물에] 잠겼네

머리들을 짓뭉갠 이가 싸우지 않고

대궁전의 뜰로 들어갔네 …….   Nedg c

그때 그녀는 …에 눈길을 [던졌네]

성스러운 이난나는 …에 눈길을 [던졌네]   Ma-20

압주 궁전에서 그녀는 …에 눈길을 던졌네.

"오 나의 야생 황소, *당신은* 내 남자가 *되리*, 내가 당신을 보내지
        않으리

오 길가메시 왕, 내 야생 황소, *당신은* 내 남자가 *되리*, 내가 당신
        을 보내지 않으리

당신은 에안나 신전에서 재판을 하리, 나는 당신을 보내지 않으리

당신은 신성한 기파르에서 판결을 내리리, 나는 당신을 보내지 않으리   A i-5´

당신은 안 신이 사랑하는 에안나에서 재판을 하리, 나는 당신을
        보내지 않으리!

오 길가메시, 당신이 그곳 주인이 되면 나는 그곳의 안주인이 되리!"

왕은 [그녀의] 말을 [들었네]

왕은 그를 낳은 어머니에게 [아뢰었네]

Ma-30 길가메시는 닌순 여신에게 [아뢰었네.]

"저를 낳으신 어머니여, … 같은 …

성문 앞에서 ……

성벽 기슭 옆에서 ……

'오, 나의 야생 황소, *당신*은 내 남자가 *되리*, 내가 당신을 보
내지 않으리

Ma-35 [오] 길가메시 [왕], *당신*은 내 남자가 *되리*, 내가 당신을 보
내지 않으리

당신은 에안나 신전에서 재판을 하리, 나는 당신을 보내지
않으리

당신은 신성한 기파르에서 판결을 내리리, 나는 당신을 보
내지 않으리

당신은 안 신이 사랑하는 에안나에서 재판을 하리, 나는 당
신을 보내지 않으리!

오 길가메시, 당신이 그곳의 주인이 되면 나는 그곳의 안주
인이 되리!'"

Ma-40 그가 그를 낳은 어머니에게 이렇게 말하고 나자,

[그를 낳은] 어머니가 [길가메시에게 대답했네.]

"이난나의 선물들이 네 방에 들어와선 안 되리

A i-10′ 궁전 여신이 전사의 힘을 천으로 가려선 안 되리!

'오 이난나 여신, 내 길을 막으면 안 되오!

내가 산에서 야생 황소를 *잡게* 해주오, 당신의 외양간을 채우게
해주오!

내가 산에서 양을 *잡게* 해주오, 당신의 우리를 채우게 해주오!

내가 은, 홍옥수, 청금석, 장신구를 가죽 자루에 채우게 해주오, 내
가 그대의 집을 채우게 해주오!'

그게 네가 그녀에게 해야 할 말일지니!"

길가메시가 이난나에게 말한다.

"오 이난나 여신, 내 길을 막으면 안 되오!
내가 산에서 야생 황소를 *잡게* 해주오, 당신의 외양간을 채우게
　　　　해주오!
내가 산에서 양을 *잡게* 해주오, 당신의 우리를 채우게 해주오!
내가 은, 홍옥수, 청금석, 장신구를 가죽 자루에 채우게 해주오, 내
　　　　가 그대의 집을 채우게 해주오!"
여왕은 헐떡이며 울어댔네　　　　　　　　　　　　　　　　　A i-15′
이난나는 헐떡이며 울어댔네.
"길가메시, 내가 산에 야생 황소들을 갖고 있지 않다고 누가 당신
　　　　에게 말하던가요?
길가메시, 내가 산에 양들을 갖고 있지 않다고 누가 당신에게 말
　　　　하던가요?
길가메시, 내가 은, 홍옥수, 청금석, 장신구가 담긴 가죽 자루들을
　　　　갖고 있지 않다고 누가 당신에게 말하던가요?
당신이 [산에서 야생 황소들을] 잡으면
당신이 [산에서 양을] *잡으면*,
당신이 가죽 자루들에 든 [은,] 홍옥수, 청금석을 쌓으면,
그것을 당신의 누이들과 [당신의] 어머니에게 가져가세요!"
왕이 [… 그의 어머니 앞으로] 들어갔네
[길가메시가 그의 어머니 앞으로 들어갔네.]
그가 [그의 어머니] 닌순에게 아뢰었네.
"어머니, …"

훼손된 4행이 나온 후에 다음 내용이 이어진다.

"그녀가 제게 '나의 야생 황소, 당신은 내 남자가 되리, 내가 당신
을 보내지 않으리!'라고 말하였나이다.'"

그의 어머니가 고함쳐서, 비명으로 하늘을 땅 가까이 끌어왔네.

그녀의 사방을 감싸는 비명이 우루크와 쿨랍을 담요처럼 덮었네,
천처럼 그것들에 드리웠네.

"늑대 한 마리 … 1년생 양! 누가 그것 때문에 통곡했는가?

골짜기 입구의 1년생 양! 누가 그것 때문에 통곡했는가?

그것이 그들을 잡네, 그것이 그들을 잡네, 그것이 그들 가죽을 벗
기네

그것이 그들의 가죽을 벗기네, 그것이 그들의 피를 마시네!

A ii-5′ 그것은 물병에서처럼 피를 쏟네!"

이난나가 흐느껴 울었네.

안이 사랑하는 이에게 ……

거기 방에 앉아, *안이* [*그녀에게 말했네*]

"나의 딸아, 왜 흐느끼느냐 왜 우느냐?"

A ii-10′ "고삐 풀린 거대한 황소가 우루크에 거합니다

고삐 풀린 거대한 황소 길가메시가 우루크에 거합니다!

제가 저를 그에게 줄 수 없어서

제가 흐느낍니다, 제가 웁니다.

아버님이시여, 제발 저에게 하늘의 황소를 주소서!

A ii-15′ 제가 왕을 죽이게 해주소서, 제가 군주를,

군주 길가메시를 죽이게 해주소서, 제가 군주를 죽이게 해주소서!"

위대한 안이 성스러운 이난나에게 대답했네

"나의 딸아, 하늘의 황소가 먹이를 먹지 못하리라, 그것의 먹이는
지평선에 있나니!

이난나 아가씨, 그것은 태양이 떠오르는 곳에서 풀을 뜯느니라!

A ii-20′ 나는 너에게 하늘의 황소를 주지 않으리."

성스러운 이난나가 그에게 대답했네.
"그러면 저는 하늘이 땅에 가까워질 때까지 비명을 지르리다!"

그녀는 비명을 지르고, 그녀의 비명은 하늘을 땅에 가까이 끌어왔네
성스러운 이안나가 비명을 지르고, 그녀의 비명은 하늘을 땅에 가
    까이 끌어왔네.
비명은 끔찍했네, 끔찍했네
    이난나의 [비명은] 끔찍했네.   Np-15′
    [이난나 아가씨의] 비명은 하늘을 가까이 끌어왔네, 비명은
        땅을 가까이 끌어왔네
    그것이 [천지를 담요]처럼 덮고, 천처럼 드리웠네.
    누가 [그녀처럼] 통곡할 수 있었을까?
누가 [성스러운 이난나처럼] 통곡할 수 있었을까?   Nk-obv.-5′
위대한 안은 성스러운 이난나에게 화답했네   A ii-24′
그는 그녀에게 하늘의 황소를 주었네.   A iii-25′
이난나 아가씨는 용감하게 밧줄을 쥐었네
성스러운 이난나는 하늘의 황소를 하늘에서 데리고 내려왔네.
우루크에서 황소는 풀을 마구 뜯네
엔길루아 수로에서 그것은 물을 마시네
엔길루아 수로가 1리그를 뻗었지만, 그 갈증은 채워지지 않네.   A iii-30′
그것은 풀을 마구 뜯네, 그것은 땅을 휑하게 만드네
그것은 우루크의 대추야자수를 덥석 물어 입에 욱여넣네.
황소가, 거기 서니, 우루크 (전체가) 차네
황소는 혼자서 쿨랍 (전체를) 채우네.

그때 그는 자기 신의 집에서 맥주를 마셨네
길가메시 왕은 그의 신의 집에서 맥주를 마셨네.

A iii-35′   그의 음유시인, 루갈가반갈은 구토하러 밖에 나가

              눈을 들다가 하늘의 황소를 보았네.

              그는 몸을 잔뜩 낮추고, 안으로 돌아왔네.

              "술을 드시나이까, 술을 드시나이까, 언제까지 술을 드시겠나이까?

              오 길가메시 폐하, 술을 드시나이까, 언제까지 술을 드시겠나이까?

A iii-40′   성스러운 이난나가 하늘에서 하늘의 황소를 데리고 내려왔나이다!

              우루크에서 황소는 풀을 [마구 뜯나이다]

Nj iii-5′   엔길루아 수로에서 [그것은] 물을 [마시나이다]

              엔길루아 수로가 1리그를 뻗었지만, [그것의 갈증은 채워지지 않

                   나이다.]

              그것은 풀을 마구 뜯나이다, 그것은 땅을 [휑하게] 만드나이다

              그것은 우루크의 대추야자수를 덥석 물어 입에 [욱여넣나이다.]

              황소가 거기 서니, 우루크 (전체가) 꽉 차나이다

Nj iii-10′   황소는 혼자서 쿨랍 (전체를) 채우나이다."

              길가메시는 그의 음유시인 루갈가반갈에게 대답했네.

Ma-86   "나의 음유시인이여, 노래를 부르라, 현악기를 퉁기라!

              나는 맥주를 마시겠다, 큰 잔을 다시 채우라!"

              음유시인 루갈가반갈이 주인 길가메시에게 [대답했네.]

              "폐하, 식사하셔도 좋고, 음주하셔도 [좋지만]

Nk rev.-5′   그 일이 염려되지 않사온지요?"

              [길가메시가] 그의 음유시인 루갈가반갈에게 대답했네.

Ma-90   "내가! 어째서 그 문제를 [두려워해야] 하겠느냐?"

              황소를 잡기 위해 [그는 무기들을 챙겼네]

              황소를 잡기 위해 길가메시는 [무기들을 챙겼네.]

              무게가 50파운드인 *허리띠*를 [허리에 두르고]

              7달란트 반짜리 단검을 [옆구리에 달았네]

[원정을 위해 황동] 도끼를 [손에 들었네.]   Ma-95

그를 낳은 어머니가 ……

그의 누이가 ………

그를 낳은 어머니 [닌순] ……

[그의] 누이, 페쉬투르 ……

길가메시는 …… [그들에게 말했네.]   Ma-100

"저를 낳으신 어머니시여, 엔키의 신전에 가서 [드소서!]

누이 페쉬투르야, 그의 신전에 [가거라]…

거기 …… 황소를 [잡아서]

거기 …… 양을 잡아서

　　거기 … 맥주를 따라 … 기를!"

　　[그를 낳은 어머니, 닌순이] 길가메시에게 대답했네.

"하늘의 황소와 너는, 너희 ……   Ma-105

둘 다 ………

그리고 나는 ………."

길가메시가 [그를 낳은 어머니, 닌순에게] 대답했네.   Nn-11´

"지체 없이 *제가* [하늘의 황소를] *처치하겠나이다*

그것의 시체가 좁은 거리에 [던져]지기를

그것의 내장이 넓은 거리에 [던져]지기를   Ma-110

[내 도시의] 고아들이 그것의[18] 고기를 한 양동이[씩] [챙기]기를

그것의 시체가 무두장이에게 [맡겨]지기를

에안나에서 이난나가 그것의 두 뿔로 만든 병에서 [향긋한 기름

　　을 쏟]기를!"

텍스트의 다른 판본에서는 길가메시가 하늘의 황소에게 아주 비슷하게 말한다.

───────

18.　텍스트 교정됨. 태블릿에는 '너의'라고 나와 있다―저자

"내가 너의 시체를 좁은 거리에 던지리라
내가 너의 내장을 넓은 거리에 던지리라
내가 너의 시체를 무두장이에게 [맡기]리라
내가 네 고기를 성읍의 고아들에게 한 양동이씩 나누어 주리라

A iv-10   내가 네 두 뿔을 선사해 에안나에서 이난나가 향긋한 기름을 담는
        병으로 쓰게 하리라!"

이안나는 성벽에서 바라보았네
황소는 먼지 속에서 포효했네.

Ma-115   길가메시가 그것의 머리 *옆에 섰네* …
        엔키두가 *그것의 …에 다가갔네*
        함께 온 도시의 아들들이
        굴레에 숙달되지 않은 송아지처럼 그것이 그들을 먼지로 덮었네.
        엔키두가 황소 뒤로 갔네, 그가 꼬리를 붙잡았네
        그가 군주 길가메시에게 고함쳤네.

Ma-120   "만만세! 키 큰 나무,
        신들이 흐뭇해한 고귀한 이,

A iv-20 성난 황소가 싸울 태세로 서 있으니,
        우루크에서 영광받는 위대한 길가메시 왕이여,
        당신의 어머니는 자식을 만드는 법을 잘 알았고
        당신의 유모는 아이에게 젖 빨리는 법을 잘 알았나이다!

Nn-31′   존귀한 길가메시 왕이시여, ……
        겁내지 마소서, 혼*자*로는 (충분한) 힘이 부족한 전사여!
        확고한 길이 ……
        전사여, … 당신의 손 …
        백성 ………

Ma-125   백성 ………."

엔키두가 길가메시에게 그렇게 말하자

[길가메시는] 7달란트짜리 도끼로 그것의 정수리를 내리쳤네.

황소는 고개를 높이 들고 높은 데서 주저앉아

진흙덩어리처럼 형태 없는 덩어리가 되어, 추수한 농작물처럼 납
　　　작하게 누웠네.

왕이 손에 칼을 들었네, 넘겨줄 백정이 없어서　　　　　　　　　Ma-130

그가 어깨를 잘라 이난나에게 (던졌으나)

그녀가 비둘기처럼 피하자, 성벽이 무너졌네.

왕이 황소의 머리 앞에 섰네, 그가 울부짖었네.

"내가 (벽을) 무너뜨리듯이 (너를) 처치하리!"

그리고 그 말대로 되었네

그는 그 시체를 거리에 던졌네　　　　　　　　　　　　　　　Ma-135

그는 그 내장을 넓은 거리에 던졌네

[14] 그는 7달란트짜리 도끼로 그것의 정수리를 내리쳤네

그는 그[19] 고기를 그의 도시의 고아들에게 한 양동이씩 나누어 주
　　었네
그는 그 시체를 무두장이에게 맡겼네
에안나에서는 이난나가 그것의 두 뿔로 만든 병에서 향긋한 기름
Ma-140　　을 쏟았네.
하늘의 황소를 베었으니, 신성한 이난나 당신의 칭송이 자자하리!

19. 　태블릿에는 '너의 고기'와 '나의 도시'로 나와서 텍스트를 수정했다—저자

길가메시와 저승:
'그 시절 낮에, 먼 시절의 낮에'

고대인들에게 〈그 시절 낮에, 먼 시절의 낮에〉로 알려진 시 역시 고바빌로니아 니푸르와 우르의 필경 학교들에서 각광받았다. 다른 수메르어 길가메시 이야기와 달리 이 글은 신화적인 프롤로그로 시작된다. 오래전, 신들이 우주를 나눠 가진 직후 큰 폭풍우가 들이닥쳤다. 엔키 신이 아마도 그의 구역인 '바다 아래'(압수)에 자리잡기 위해 저승으로 내려갈 때, 그의 배 바닥에 우박이 쌓이고 배 주위에는 파도가 밀려들었다. 폭풍우에 유프라테스 강둑의 버드나무가 쓰러졌다. 어느 날 산책에 나선 이난나 여신은 이 버드나무를 주워 우루크의 집으로 가져와 거기 심고 자라길 기다렸다. 그녀는 나무로 가구를 만들 기대에 부풀었다. 하지만 나무가 자라면서 악귀들이 우글거리자 이난나는 슬펐다. 그녀는 태양신인 형제 우투에게 사연을 털어놓았지만, 그는 도와주지 않았다. 그러자 그녀는 영웅 길가메시에게 그 이야기를 되풀이했다. 길가메시는 무기를 들고 나무에서 악귀들을 제거했다. 그는 나무를 쓰러뜨려 이난나에게 필요한 가구를 만들 목재를 주었다. 남은 나무로 그는 놀이도구 두 개를 만들었다(이 놀이기구에 대해 학자들의 의견이 일치하지 않는다. 공과 나무망치일 가능성이 있다).

길가메시와 우루크의 청년들은 새 놀이도구로 종일 논다. 힘을 쓴 남자들은 지치고 여인들은 그들에게 음식과 물을 가져다준다. 다음 날 놀이가 다시 시작되려 하자, 여인이 신들(바빌로니아 서사시 태블릿 I 73ff.)에게 불평하고 놀이도구는 구멍에 빠져 저승으로 떨어진다. 길가메시는 놀이도구에 손이 닿지 않자 상실감에 서럽게 운다. 그의 하인 엔키두가 가서 그것들을 찾아오겠다고 자원한다. 길가메시는 에레쉬키갈 여신의 음산한 영역인 저승에 대해 경고한다. 엔키두가 망자들의 그늘에서 치명타를 피하려면, 그들에게 적절한 예를 갖추어야 한다. 그는 장례식에 간 것처럼 처신해서 지혜롭게 행동하되 눈길을 끌면 안 된다고 충고한다. 저승에서 그는 에레쉬키갈의 오싹한 모습을 접하게 될 것이다. 그녀는 아들 니나주를 잃고 끝없이 애도하느라 엎드려 있다. 몸에 걸친 옷가지가 찢어진 채 그녀는 손톱으로 살을 파고 머리칼을 쥐어뜯는다.

　저승에 내려간 엔키두는 길가메시의 경고를 태연하게 무시하다가 곧 거기서 잡힌다. 길가메시는 니푸르의 엔릴 신에게 도움을 청원하지만, 엔릴은 도우려 하지 않는다. 그러자 그는 에리두의 엔키 신에게 도와달라고 매달린다. 엔키는 태양신 우투에게 새벽에 저승에서 떠오르면서 엔키두의 그림자를 가져오라고 지시한다. 일시적으로 재회한 길가메시와 엔키두는 포옹한다. 오랜 시간 묻고 답하며 시가 절정에 이르는 사이, 길가메시는 엔키두에게 저승의 상황을 묻는다. 이 대목의 무자비한 비관적 견해는 유머와 감상적인 분위기로 상쇄되고, 역사적 암시를 하는 방향으로 교정한 곳이 최소한 하나 이상 있다. 영웅들의 대화 도입부에 담긴 주요 메시지는, 아들이 많은 사람일수록 사후에 가족이 바친 생수 덕에 갈증이 덜하다는 것이다. 무자식인 망자들은 이승에서 제사 음식을 바치지 않으니 최악의 고통을 겪는다.

　그러다 대화는, 나병 등의 질병으로 몸이 망가지거나 폭력적인 최후를 맞아 온전하게 매장될 수 없는 이들의 이야기로 향한다. 온전치 않은 몸으로 죽는 데 대한 반감은 오늘날 근동 지방에서도 널리 퍼져 있다. 여기서 윤리적인 부분을 넣어 교정한 곳이 한 군데 있다. 이 대목은 부모에게 망신을 준 자들을 다룬다.

이렇게 대부분 망자는 사후에 우울한 경험을 하지만, 아들이 여럿인 아버지들 외에 고생이 덜한 부류가 있다. 사산아들처럼 제 몫을 다 못 살고 죽은 이들은 호사스러운 사후 생활로 보상받는다. 불타 죽은 자들은 연기 속으로 사라져 저승으로 내려가지 않는다. 그런 이들의 혼백은 달래질 수 없고 따라서 가장 두려운 망령들이다. 즉, 불타 죽는 것은 최악의 운명이며, 엔키두의 보고에 따르면 무시무시한 절정에 해당한다. 불타 죽는 죽음에 대한 공포는 오늘날 이슬람권에 여전하다.

한 가지 필사본은 이 지점에서 끝나지만, 우르에서 출토된 점토판들은 망자들을 대접하는 더 명확한 방법을 뒤이어 제시한다. 역사적으로 보면, 이 뒷부분은 도시 국가 기르수에서 차후에 첨가되었다. 엔키두는 '수메르와 아카드' 특히 기르수의 아들들의 혼백은 아모리 족의 침략을 당했다고 보고한다. 그들은 저승에서 이승의 생수를 받는 자리에서 밀려나, 더러운 오수로 목을 축여야 한다. 이 구절은 기원전 30세기 후반 수메르의 상황을 암시한다. 당시 우르 제2왕조의 통치를 받던 나라가 아모리의 침입과 엘람의 공격으로 붕괴했고 메소포타미아 남부 도시들의 거주민은 유목민 후손인 아모리 왕조의 통치를 받아야 했다. 우르 왕조 치하에서 정치·경제적 영향력을 가졌던 이들은 새로운 통치세력에 주권을 뺏기기 싫었을 것이다. 길가메시는 자기 선조들이 저승에서 다른 '수메르와 아카드의 아들들'과 같은 운명에 시달리는 것을 알자, 부끄러워 효심이 발동한다. 시 결말부에서 그는 조상들의 동상을 세우고 애도 의식을 제정하고 기르수 사람들에게 같은 의식을 도입했다. 이런 방법으로 망자들은 위로를 받고 산 자들을 위협하지 않는다. 한 사람의 사후 세계 경험에서 나온 이 치유에는 망자들에게 경건하게 처신하고 적절한 예를 올리라는 메시지가 담겨 있다. 길가메시와 그런 의례 사이의 특별한 관계를 초기 통치 문건이 확인해준다. 서류에 언급된 '길가메시의 강둑'은 기르수의 통치자들이 조상의 혼백에 제물을 드렸던 장소다.

텍스트 후반부인 172행부터는 고대에 아카드어로 번역된 판본이 있고, 바빌로니아어 '길가메시 시리즈'의 태블릿 XII에 해당한다. 그 판본에서 길가메시는 엔릴과 에아(엔키) 신 뿐만 아니라 달신에게도 엔키두의 구제를 청원한다. 아카드어 번역본은 수메르어 시를 따른다.

그 시절의 낮에, 그 머나먼 낮에
그 시절의 밤에, 그 면 밤에
그 시절에, 그 머나먼 시절에
옛날, 고대의 것들이 분명해진 후
5   옛날, 고대의 것들이 보살펴진 후
나라의 성소들에서 빵이 삼켜진 후
나라의 화덕들에 풀무질로 불을 붙인 후
하늘이 땅과 나뉜 후
10   인류의 이름이 정해진 후
그러다가, 안 신이 천상을 차지한 후
엔릴 신이 지상을 차지한 후
그리고 그들이 에레쉬키갈 여신에게 지참금으로 저승을 선물한 후
그가 돛을 올린 후, 그가 돛을 올린 후
15   아버지가 저승을 향해 돛을 올린 후
엔키 신이 저승을 향해 돛을 올린 후
왕에게 작은 것들이 쏟아져 내렸네
엔키에게 큰 것들이 쏟아져 내려
작은 것들은 망치 같은 돌이었네
20   큰 것들은 갈대를 *짓이기*는 돌이었네
엔키의 배 바닥 안에서
그것들이 떠오르는 거북처럼 쏟아져 쌓였네.
왕에게 배의 앞쪽에서 물이
사방에서 늑대 떼처럼 들이쳤네

엔키에게 배의 뒤쪽에서 물이   25
포악한 사자처럼 쳐댔네.

그때 나무 한 그루 있었네, 버드나무 한 그루가 있었네, 나무 한
      그루가 있었네
성스러운 유프라테스 강둑에서 자라며
유프라테스강에서 물을 마셨지.
강력한 남풍이 나무를 뿌리째 뽑아 가지들을 부러뜨렸네   30
유프라테스 물이 그 위로 씻어 내렸네.
안의 말을 떠받드는 여인이
엔릴의 말을 떠받드는 여인이
손으로 나무를 집어 우루크로 가져갔네
그것을 이난나의 순결한 정원에 들였네.   35
여인은 손으로 나무를 심지 않았네, 그녀는 발로 그것을 심었네
여인은 손으로 나무에 물을 주지 않았네, 그녀는 발로 그것에 물
      을 주었네.
그녀가 말했네, "얼마나 있어야 내가 순결한 권좌에 앉을까?"
그녀가 말했네, "얼마나 있어야 내가 순결한 침대에 누울까?"
5년이 [흐른 후, 10년이 흐른 후]   40
나무는 단단하게 자라, 아무도 껍질을 벗길 수 없었네
그 뿌리 안에 마법을-모르는-뱀이 둥지를 틀었네
그 가지들 안에 사자-새가 새끼를 낳았네
그 줄기 안에 악령-처녀가 집을 지었네.
처녀는 행복한 마음으로 웃네   45
성스러운 이난나가 얼마나 흐느꼈는지!
날이 밝아오고, 지평선이 환해졌네
새들이 입 맞추어 새벽을 노래했네

태양신이 그의 방에서 나오자

50　그의 누이, 성스러운 이난나가,
　　젊은 영웅 우투에게 말했네.
　　"오라버니, 그 시절, 운명이 결정된 후
　　땅에 풍성함이 넘쳐났을 때
　　안이 하늘을 갖고 떠나갔을 때

55　엔릴이 땅을 갖고 떠나가고
　　그들이 에레쉬키갈에게 지참금으로 저승을 주었을 때
　　그가 돛을 올린 후, 그가 돛을 올린 후
　　아버지가 저승을 향해 돛을 올린 후
　　엔키가 저승을 향해 돛을 올린 후

60　왕에게 작은 것들이 쏟아져 내렸네
　　엔키에게 큰 것들이 쏟아져 내려
　　작은 것들은 망치 같은 돌이었네
　　큰 것들은 갈대를 *짓이기*는 돌이었네
　　엔키의 배 바닥 안에서

65　그것들이 떠오르는 거북처럼 쏟아져 쌓였네.
　　왕에게 배의 앞쪽에서 물이
　　사방에서 늑대 떼처럼 들이쳤네
　　엔키에게 배의 뒤쪽에서 물이
　　포악한 사자처럼 쳐댔네.

70　그때 나무 한 그루 있었네, 버드나무 한 그루가 있었네, 나무 한
　　　　　그루가 있었네
　　성스러운 유프라테스 강둑에서 자라며,
　　유프라테스강에서 물을 마셨지.
　　강력한 남풍이 나무를 뿌리째 뽑아 가지들을 부러뜨렸네

유프라테스 물이 그 위로 씻어 내렸네.

나, 안의 말을 떠받드는 여인이 75

엔릴의 말을 떠받드는 내가

내가 손으로 나무를 뽑아 우루크로 가져가

그것을 이난나의 순결한 정원으로 들였네.

나, 여인은, 손으로 나무를 심지 않았네, 나는 발로 그것을 심었네

나, 이난나는, 손으로 나무에 물을 주지 않았네, 나는 발로 그것에 80
　　　물을 주었네.

내가 말했네 '얼마나 있어야 내가 순결한 권좌에 앉을까?'

내가 말했네 '얼마나 있어야 내가 순결한 침대에 누울까?'

5년이 흐른 후, 10년이 흐른 후

나무는 단단하게 자라, 껍질이 갈라지지 않았네

그 뿌리 안에 마법을-모르는-뱀이 둥지를 틀었네 85

그 가지들 안에 사자-새가 새끼를 낳았네

그 줄기 안에 악령-처녀가 집을 지었네."

처녀는 행복한 마음으로 웃네,

성스러운 이난나가 얼마나 흐느꼈는지!

그녀의 오라버니, 젊은 영웅 우투는 이 일을 돕지 않았네. 90

날이 밝아오고, 지평선이 환해졌네

새들이 입 맞추어 새벽을 노래했네

태양신이 그의 방에서 나왔네

그의 누이, 성스러운 이난나가

전사 길가메시에게 말했네 95

"오라버니, 그 시절, 운명이 결정된 후

땅에 풍요가 넘쳐났을 때

안이 하늘을 갖고 떠나갔을 때

엔릴이 땅을 갖고 떠나가고

100   그들이 에레쉬키갈에게 지참금으로 저승을 주었을 때

그가 돛을 올린 후, 그가 돛을 올린 후

아버지가 저승을 향해 돛을 올린 후

엔키가 저승을 향해 돛을 올린 후

왕에게 작은 것들이 쏟아져 내렸네

105   엔키에게 큰 것들이 쏟아져 내려

작은 것들은 도끼 같은 돌이었네

큰 것들은 갈대를 *짓이기*는 돌들이었네

엔키의 배 바닥 안에서

그것들이 떠오르는 거북처럼 쏟아져 쌓였네.

110   왕에게 배의 앞쪽에서 물이

사방에서 늑대 떼처럼 들이쳤네

엔키에게 배의 뒤쪽에서 물이

포악한 사자처럼 쳐댔네.

그때 나무 한 그루 있었네, 버드나무 한 그루가 있었네, 나무 한
          그루가 있었네

115   성스러운 유프라테스 강둑에서 자라며

유프라테스강에서 물을 마셨지.

강력한 남풍이 나무를 뿌리째 뽑아 가지들을 부러뜨렸네

유프라테스 물이 그 위로 씻어 내렸네.

나, 안의 말을 떠받드는 여인이

120   엔릴의 말을 떠받드는 내가

내 손으로 나무를 뽑아 우루크로 가져가

그것을 이난나의 순결한 정원으로 들였네.

나, 여인은, 손으로 나무를 심지 않았네, 나는 발로 그것을 심었네
나, 이난나는, 손으로 나무에 물을 주지 않았네, 나는 발로 그것에
       물을 주었네.
내가 말했네, '얼마나 있어야 내가 순결한 권좌에 앉을까?'   125
내가 말했네, '얼마나 있어야 내가 순결한 침대에 누울까?'

5년이 흐른 후, 10년이 흐른 후
나무는 단단하게 자라, 아무도 껍질을 벗길 수 없었네
그 뿌리 안에 마법을-모르는-뱀이 둥지를 틀었네
그 가지들 안에 사자-새가 새끼를 낳았네   130
그 줄기 안에 악령-처녀가 집을 지었네."
처녀는 행복한 마음으로 웃네
성스러운 이난나가 얼마나 흐느꼈는지!
그녀의 오라버니 길가메시가 이 일을 도와주었네.   135

그는 50파운드인 *허리띠*를 허리에 두르고
50파운드를 30세켈처럼 다루었네.
원정용 동 도끼
7달란트와 7파운드짜리를 그는 손에 들었네.
그 뿌리 안의 마법을-모르는-뱀을 그가 처치했네   140
그 가지들 안의 사자-새는 새끼들을 모아서 산속으로 갔네
그 줄기 안의 악령-처녀는 집을 버리고
황무지로 달아났네.
나무로 말하자면 그가 뿌리째 뽑아서 그 가지들을 부러뜨렸네.
그와 함께 온 도시의 아들들이   145
가지들을 잘라서 한데 묶었네.
누이, 성스러운 이난나에게 그는 권좌를 만들 나무를 주었네

그는 침대를 만들 나무를 주었네.

그는 자기가 쓰려고 뿌리로 공을 만들고

150 나뭇가지로 방망이를 만들었네.

공을 원했던 그는 시 광장에서 공을 갖고 놀기 시작했네

자랑스러운 이는 시 광장에서 자랑했네.

　　　　도시의 청년들은 공을 갖고 싶었네.

과부의 아들들이 그를 목말 태웠네.

155 "아 내 목! 아 내 궁둥이!" 그들이 신음했네.

어머니가 있는 아들에게는 어머니가 빵을 갖다주었네

누이가 있는 오라비에게는 누이가 물을 갖다주었네.

저녁이 다가오자

그는 공이 놓였던 곳에 표지(標識)를 그리고

160 공을 집어 앞에 들고 집으로 가져갔네.

새벽녘, 그가 표시해둔 곳에서 그는 목말을 탔네

하지만 과부들의 불평에

아가씨들의 비명에

그의 공과 방망이 모두 지옥의 바닥에 떨어졌네.

　　　　…로 그는 그것에 닿을 수가 없었네

165 그는 손을 썼지만, 그것에 닿을 수가 없었네

그는 발을 썼지만, 그것에 닿을 수가 없었네.

간지르의 문에서, 저승 입구에서, 그는 자리를 잡았네.

길가메시는 흐느껴 울기 시작했네

"오 내 공! 오 내 방망이!

170 오 공, 내가 맘껏 갖고 놀지 못했건만!

오 *경기*, 시합을 다 하지도 못했건만!

이날, 내 공이 목수의 공방에 나를 위해 보관되었더라면!

오 내게 어머니 같은, 목수의 아내! 그게 거기 보관되었더라면!

오 내게 누이동생 같은, 목수의 딸! 그게 거기 보관되었더라면!
내 공이 저승에 떨어졌으니, 누가 그것을 내게 가져다줄까?   175
내 방망이가 간지르에 떨어졌으니, 누가 그것을 내게 가져다줄까?
그의 하인 엔키두가 그에게 대답했네.
"폐하, 어찌하여 흐느끼시나이까? 어찌하여 상심하시나이까?
이날 제가 직접 폐하를 위해 공을 저승에서 가져다드리겠나이다
제가 직접 폐하를 위해 간지르에서 방망이를 가져다드리겠나이다!"   180

길가메시가 엔키두에게 말했네.
"이날 네가 저승에 내려가겠다면
내가 지침을 줄 테니, 너는 내 지침에 따라야 하느니라!
내 너에게 한 마디 할 테니, 내 말에 귀 기울이라!
말쑥한 옷을 입지 말라   185
그들은 그것을 이방인의 징표로 받아들이리라!
병에 든 향긋한 기름을 몸에 바르지 말라
그 향에 필시 그들이 너를 에워싸리라!
저승에서는 나무봉을 던지지 말라
봉에 맞은 이들이 필시 너를 에워싸리라!   190
산딸나무 막대를 손에 들지 말라
네 앞에서 그림자들이 벌벌 떨리!
발에 샌들을 신지 말라
저승에서 시끄럽게 굴면 안 되니!
네가 사랑한 처에게 입 맞추지 말라   195
네가 미워한 처를 때리지 말라
네가 사랑한 아들에게 입 맞추지 말라
네가 미워한 아들을 때리지 말라
저승의 비명이 널 붙잡으리라!

200 엎드린 자에게, 엎드린 자에게
엎드린 니나주의 어머니에게
그녀의 윤나는 어깨를 천이 가리지 않고
그녀의 윤나는 가슴 위에 이불이 덮이지 않으니
그녀는 손톱을 *갈퀴*처럼 휘두르고
205 그녀는 머리칼을 대파처럼 비트네."

엔키두는 주인의 말에 유념하지 않았네.
그가 말쑥한 옷을 입자
그들은 그것을 이방인의 징표로 받아들였네.
그가 병에 든 향긋한 기름을 몸에 바르자
210 그 향에 필시 그들이 그를 에워쌌네.
그가 저승에서 나무봉을 던지자
봉에 맞은 이들이 그를 에워쌌네.
그가 산딸나무 막대를 손에 들자
그 앞에서 그림자들이 벌벌 떨었네.
215 그가 발에 샌들을 신자
그는 저승에서 *시끄럽게* 굴었네.
그는 사랑한 처에게 입 맞추었네
그는 미워한 처를 때렸네
그는 사랑한 아들에게 입 맞추었네
220 그는 미워한 아들을 때렸네
저승의 비명이 그를 붙잡았네.
Mt₁-10 그 괴로운 날부터 이레째 되는 날까지
그의 하인 엔키두는 저승에서 나오지 않았네.
왕은 통곡하고 통한의 눈물을 흘렸네.
"내 총애하는 하인, [내] 변함없는 동반자, 내게 조언한 이,

저승이 [그를 붙잡았구나!]

남타르가 그를 붙잡은 게 아니네, 아작이 그를 붙잡은 게 아

　　니네, 저승이 [그를 붙잡았네!]

네르갈의 *무자비한* 경비대가 그를 붙잡은 게 아니네, 저승　　Mt₁-15

　　이 그를 붙잡았네!

그는 전투에서, *인간의* 전장에서 스러진 게 아니네, 저승이

　　그를 붙잡았네!"

[15] 그는 전투에서, 인간들의 전장에서 스러진 게 아니네

전사 길가메시, 닌순 여신의 아들은

홀로 엔쿠르에, 엔릴의 집에 찾아갔네

엔릴 신 앞에서 그는 흐느꼈네.

"아버지 엔릴이여, 제 공이 저승에 떨어졌나이다, 제 방망이가 간　225

　　지르에 떨어졌나이다

제가 그것을 가지러 엔키두를 보냈는데 저승이 그를 붙잡았나이다!

　　제가 총애하는 [하인], 제 변함없는 동반자, 제게 조언한 이　Mt₁-22

　　　를 [저승이] 붙잡았나이다!

남타르가 그를 붙잡지 않았나이다, 아작이 그를 붙잡지 않았나이

　　다, 저승이 그를 붙잡았나이다!

네르갈의 *무자비한* 경비대가 그를 붙잡지 않았나이다, 저승이 그

　　를 붙잡았나이다!

그는 전투에서, 인간의 전장에서 스러지지 않았나이다, 저승이 그를 붙잡았나이다!"

230 아버지 엔릴은 이 일에서 그를 도와주지 않았네. 그는 엔리두에 갔네.

그는 홀로 엔리두에, 엔키의 집에 찾아갔네

엔키 신 앞에서 그는 흐느꼈네.

"아버지 엔키여, 제 공이 저승에 떨어졌나이다, 제 방망이가 간지르에 떨어졌나이다

제가 그것을 가지러 엔키두를 보냈는데 저승이 그를 붙잡았나이다!

[Mt]   [제가 총애하는 하인, 제 변함없는 동반자, 제게 조언한 이를, 저승이 그를 붙잡았나이다!]

235 남타르가 그를 붙잡지 않았나이다, 아작이 그를 붙잡지 않았나이다, 저승이 그를 붙잡았나이다!

네르갈의 *무자비한* 경비대가 그를 붙잡지 않았나이다, 저승이 그를 붙잡았나이다!

그는 전투에서, 인간의 전장에서 스러지지 않았나이다, 저승이 그를 붙잡았나이다!"

아버지 엔키는 이 일에서 그를 도와주었네.

그가 젊은 영웅 우투에게, 닌갈이 낳은 아들에게 말했네.

240 "자, (태양신인) 네가 저승에 구멍을 낼 때

그의 하인을 저승에서 올려 그에게 데려다주거라!"

그는 저승에 구멍을 냈네

환영의 형태로 그는 하인을 저승에서 그에게 데려다주었네.

그는 그를 꼭 끌어안고 입 맞추었네

묻고 답하느라 그들은 지쳤네.   245
"저승에서 돌아가는 양상을 보았느냐?
네가 내게 말해줄 수 있다면 친구여, 네가 내게 말해줄 수 있다면!"
"제가 저승에서 돌아가는 양상을 말씀드리면,
앉아서 우시나이다!" "그러면 내가 앉아 울게 하라!"
"폐하는 마음에 차도록 남근을 다루셨으나   250
남근이 땅벌레에 감염되어 오래된 들보 같나이다!
그것이 말하나이다, '나는 언제 질(膣)에 갈 수 있을고?'
하지만 질은 갈라진 땅바닥처럼 먼지가 가득합니다!"
"아, 비통하도다!" 왕이 외치고, 흙먼지 속에 앉았네.

"아들이 하나인 사내를 보았느냐?" "보았나이다." "그는 어찌 지   255
    내느냐?"
"그는 벽에 박힌 못을 두고 애통하나이다."
"아들이 둘인 사내를 보았느냐?" "보았나이다." "그는 어찌 지내
    느냐?"
"그는 벽돌 두 개 위에 앉아 빵덩이를 먹나이다."
"아들이 셋인 사내를 보았느냐?" "보았나이다." "그는 어찌 지내
    느냐?"
"그는 안장에 걸린 물주머니에 든 물을 마시나이다."   260
"아들이 넷인 사내를 보았느냐?" "보았나이다." "그는 어찌 지내
    느냐?"
"나귀 네 마리를 가진 사내처럼 희희낙락하나이다."
"아들이 다섯인 사내를 보았느냐?" "보았나이다." "그는 어찌 지
    내느냐?"
"빼어난 필경사처럼 손이 민첩하고 궁전에 쉽게 들어가나이다."
"아들이 여섯인 사내를 보았느냐?" "보았나이다." "그는 어찌 지   265

내느냐?"

"그는 쟁기를 맨 사내처럼 희희낙락하나이다."

"아들이 일곱인 사내를 보았느냐?" "보았나이다." "그는 어찌 지
　　내느냐?"

"신들 바로 옆에서 권좌에 앉아 정사를 경청하나이다."

"상속자가 없는 사내를 보았느냐?" "보았나이다." "그는 어찌 지
　　내느냐?"

270 "그는 *가마에 구운* 벽돌 같은 빵덩이를 먹나이다."

"궁정 *내시*를 보았느냐?" "보았나이다." "그는 어찌 지내느냐?"

"그는 *긁힌 알라라* 작대기처럼 구석에 있나이다."

"출산하지 않은 여인을 보았느냐?" "보았나이다." "그녀는 어찌
　　지내느냐?"

"그녀는 못 쓰는 냄비처럼 밀려나, 어떤 사내도 그녀에게 쾌락을
　　취하지 않나이다."

275 "아내의 무릎을 들춰본 적 없는 젊은 남자를 보았느냐?" "보았나
　　이다." "그는 어찌 지내느냐?"

"손으로 밧줄을 꼬면서 흐느끼나이다."

"남편의 무릎을 들춰본 적 없는 젊은 여인을 보았느냐?" "보았나
　　이다." "그녀는 어찌 지내느냐?"

278 "손으로 갈대 돗자리를 짜면서 흐느끼나이다."

"지붕에서 떨어진 사내를 보았느냐?" "보았나이다." "그는 어찌
　　지내느냐?"

"그들이 그의 뼈를 고치지 못하나이다."

V "사자에게 먹힌 사내를 보았느냐?" "보았나이다." "그는 어찌 지
　　내느냐?"

"그는 구슬프게 외치나이다. '아 내 손! 아 내 발!'"

"폭풍신이 내리친 사내를 보았느냐?" "보았나이다." "그는 어찌

지내느냐?"

"그는 구더기에 시달려 소처럼 *움찔대나이다.*"

"나환자를 보았느냐?" "보았나이다." "그는 어찌 지내느냐?"   287

"그의 음식을 따로 놓고, 그의 물을 따로 놓고, 그는 쓴 음식을 먹
        고, 그는 짠물을 마시고, 그는 도시 밖에서 사나이다.

그는 구더기에 시달려 소처럼 움찔대나이다."   290

"계류용(繫留用) 말뚝에 맞은 사내를 보았느냐?" ["보았나이다."]   295
        "그는 어찌 지내느냐?"

"계류용 말뚝이 뽑히면 사내는 '아 어머니!'라고 말하거나 '슬프도
        다!'라고 말하고

윗부분은 … 매일 먹는 빵을 …."

"부모의 말을 듣지 않은 사내를 보았느냐?" "보았나이다." "그는
        어찌 지내느냐?"

"'아, 내 몸! 아 내 팔다리!'라는 비명을 멈추지 못하나이다."

"부모에게 저주받은 사내를 보았느냐?" "보았나이다." "그는 어
        찌 지내느냐?"

"그는 상속자를 빼앗겨, 여전히 혼백이 떠도나이다."

"신의 이름을 경시한 자를 보았느냐?" "보았나이다." "그는 어찌
        지내느냐?"

"그의 혼백이 쓴 음식을 먹고, 짠물을 마시나이다."

"전투에서 쓰러진 사내를 보았느냐?" "보았나이다." "그는 어찌
        지내느냐?"

"그의 아비[20]와 어미가 그의 머리를 부여안고, 그의 처가 흐느낍니
        다."

"제사상을 받지 못하는 자의 그림자를 보았느냐?" "보았나이다."

---

20. 텍스트 수정—저자

"그는 어찌 지내느냐?"

"그는 냄비에 눌은 것과 길가에 버려진 빵부스러기를 먹나이다."

"이름 없는 사산아들을 보았느냐?" "보았나이다." "그들은 어찌 지내느냐?"

"그들은 금은으로 만든 식탁에서 시럽과 버터기름 속에서 노나이다."

300 "신이 없는 상태로 죽은 자를 보았느냐?" "보았나이다." "그는 어찌 지내느냐?"

"그는 신들의 침대에 누워 있나이다."

"불타 죽은 사내를 보았느냐?" "보지 못했나이다.
그의 혼백은 거기 없고, 그의 연기가 하늘로 올라갔나이다."

니푸르에서 나왔다고 알려진 시의 판본은 여기서 갑자기 끝난다. 메-투란 중심부에서 나왔다는 두 번째 판본은 3행이 더해지고 〈길가메시와 후와와〉 시의 도입부 텍스트와 연결된다.

그는 심정이 상했네, 마음이 낙담했네.
왕은 생을 모색했네
폐하는 [그의] 마음을 산 자의 산으로 돌렸네.

우르 출토본으로 알려진 세 번째 개정판에는 대화가 계속된다.

UET VI-58 "신을 기만하고 맹세한 자를 보았느냐?" "보았나이다." "그는 어찌 지내느냐?"

"헌수가 이루어지는 저승 꼭대기에서, 그는 마시지만 *계속 갈증이 납니다.*"

rev. 9-10 "부모가 *탄식하는 곳에서* 기르수의 시민을 보았느냐?" "보았나이다." "그는 어찌 지내느냐?"

"각기 천 명의 아모르 족과 마주해서, 그의 그림자가 손으로
　　그들을 밀어낼 수가 없나이다, 그는 가슴팍으로 그들에게
　　달려들 수가 없나이다.
저승의 헌수가 이루어지는 곳들에서, 아모르 족이 *앞자리*를
　　차지하나이다."
"수메르와 아카드의 아들들을 보았느냐?" "보았나이다."
　　"그들은 어찌 지내느냐?"
"그들은 대학살 장소의 물을, 더러운 물을 마시나이다."
"내 아버지와 어머니가 사는 곳을 보았느냐?" "보았나이다."　　rev. 15
　　"[그들은 어찌 지내시느냐?]"
"그 [두 분은] 대학살 장소에서 나온 물을, [더러운 물을] 마
　　시나이다."

* * *

그는 그들을 다시 [우루크]로 모셔갔네　　　　　　　　　　UET VI-60
그는 그들을 다시 그의 도시로 모셔갔네.
그는 장비와 도구, 도끼와 창을 차고, [안으로] 들어갔네
그는 그들을 궁전에서 흥겹게 해주었네.
우루크의 젊은 남녀들, 쿨랍의 부호들과 유지들은　　　　　rev. 5
그 동상들을 보자 마음이 기뻤네.
방에서 나오는 태양신에게 그가 머리를 들고
설명을 드렸네.
"오 내 아버지와 내 어머니, 저는 당신들이 맑은 물을 드시
　　게 하겠나이다!"
낮이 절반도 지나지 않았고, 그들의 왕관을 짜면서 …　　　rev. 10
길가메시는 애도 의식을 거행했네.

아흐레 동안 그는 애도 의식을 거행했네

우루크의 젊은 남녀들, 쿨랍의 부호들과 유지들이 흐느꼈네.

그리고 그가 말했던 그대로였네

rev. 15   그는 기르수의 시민들을 *제자리로 돌렸네.*

"오 내 아버지와 내 어머니, 저는 당신들이 맑은 물을 드시
게 하겠나이다!"

오 전사 길가메시, 닌순 여신의 아들, 그대의 칭송이 자자하
도다!

바빌로니아 서사시 태블릿 XII에는 아카드어 번역본의 ll. 172~303행이 약간
다르게 나온다.

"오늘, 내 공을 목수의 공방에 남겨두었더라면!

[오] 내게 [어머니 같은, 목수의 아내!] 내가 [그걸 남겨두었더라면!]

오 [내게 누이동생 같은, 목수의] 딸! [내가 그걸 남겨두었더라면!]

오늘 [내] 공이 저승에 떨어졌네

XII-5   내 방망이가 저승에 떨어졌네!"

엔키두가 길가메시에게 [답하길]

"오 폐하, 어찌하여 우시며 마음 [아파] 하시나이까?

오늘 제가 직접 공을 저승에서 [폐하께 가져다] 드리겠나이다

제가 직접 저승에서 방망이를 [폐하께 가져다] 드리겠나이다!"

XII-10   길가메시가 엔키두에게 [답하기를]

"[그대가] 저승에 [내려가겠다면]

[내 지침에 따라야 하리!]

말쑥한 옷을 [입으면 안 되리]

그들이 [그대를] 이방인으로 알아볼지니!

XII-15   병에 든 향긋한 기름을 몸에 바르면 안 되리

그 향에 필시 그들이 그대를 에워싸리니!
저승에서는 나무봉을 던지면 안 되리
봉에 맞은 이들이 그대를 에워싸리니!
지팡이를 손에 들면 안 되리
그대 앞에서 그림자들이 벌벌 떨리니!　　　　　　　　　　　XII-20
발에 샌들을 신으면 안 되리
저승에서 시끄럽게 하면 안 되리!
네가 사랑한 처에게 입 맞추면 안 되리
네가 미워한 처를 때리면 안 되리
네가 사랑한 아들에게 입 맞추면 안 되리　　　　　　　　　XII-25
네가 미워한 아들을 때리면 안 되리
저승의 비명이 널 붙잡으리라!
누운 자, 누운 자, 누운 니나주의 어머니,
그녀의 빛나는 어깨에 천이 드리워지지 않고,
그녀의 젖가슴은 돌 화병처럼 휑하니라."　　　　　　　　　XII-30

[엔키두는 저승에] 내려가서
[길가메시의 지침에] 유념하지 않았네.
그가 말쑥한 옷을 입자
[그가] 이방인[임이] 드러났네.
그가 병에 든 향긋한 기름을 몸에 바르자　　　　　　　　　XII-35
[그] 향에 그들이 그 주위에 모였네.
그가 [저승]에서 나무봉을 던지자, [그림자들이] 벌벌 떨었네
나무봉에 [맞은] 이들이 그 주위를 에워쌌네.
그는 지팡이를 [그의] 손에 들었네
[그림자들이 벌벌] 떨었네.　　　　　　　　　　　　　　　XII-40
[그가 발에] 샌들을 [신자]

그는 [저승에서] 시끄러운 소리를 [냈네.]

[그는 사랑한] 처에게 [입 맞추었네]

[그는] 미워한 처를 [때렸네]

XII-45 그는 사랑한 아들에게 [입 맞추었네]

그는 미워한 아들을 [때렸네]

저승의 비명이 그를 붙잡았네.

누운 자, 누운 [자,] 누운 니나주의 어머니,

[그녀의] 윤나는 어깨에 천이 드리워지지 않고

XII-50 그녀의 젖가슴은 돌 화병처럼 휑했네.

저승에서 엔키두는 위 세상으로 [나오지 않았네]

남타르가 그를 붙잡지 [않았네], 아사쿠가 그를 붙잡지 않았네, 저
승이 그를 [붙잡았네!]

[네르갈의] 무자비한 경비대가 그를 붙잡지 않았네, 저승이 그를
[붙잡았네!]

그는 인간들이 전투하는 곳에서 스러지지 않았네, 저승이 붙잡았네!

XII-55 그러자 왕은, 닌순 여신의 아들은 하인 엔키두 때문에 흐느꼈네

그는 홀로 에쿠르에, 엔릴의 집에 갔네

"아버지 [엔릴이여,] 오늘 제 공이 저승에 떨어졌나이다

제 방망이가 저승에 떨어졌나이다!

엔키두가 [그것을] 가지러 [내려갔고, 저승이 그를 붙잡았나이다!]

XII-60 남타르가 그를 붙잡은 게 아니옵니다, 아사쿠가 그를 붙잡은 게
아니옵니다! 저승이 그를 붙잡았나이다!

그는 인간들이 [전투하는] 곳에서 스러진 게 아니옵니다, 저승이
그를 붙잡았나이다!"

아버지 엔릴은 그에게 한 마디도 답하지 않았네.

그는 [홀로 우르에, 신의 집에] 찾아갔네.

"아버지 신이여, 오늘 제 공이 저승에 떨어졌나이다   XII-65
제 방망이가 [저승에] 떨어졌나이다!
엔키두가 [그것을] 가지러 [내려갔고] 저승이 그를 붙잡았나이다!]
남타르가 그를 붙잡지 않았나이다, 아사쿠가 그를 붙잡지 않았나
        이다, 저승이 그를 붙잡았나이다!
네르갈의 무자비한 경비대가 그를 [붙잡지 않았나이다], 저승이
        그를 붙잡았나이다!
그는 [인간이 전투하는] 곳에서 스러지지 않았나이다, 저승이 그   XII-70
        를 붙잡았나이다!"
아버지 [신은 그에게 한 마디도 답하지 않았네.]

[그는 홀로 에리두]에, [에아의 집에 찾아갔네]
"오 [아버지 에아여, 오늘 제 공이 저승에 떨어졌나이다]
제 방망이가 [저승에 떨어졌나이다]
엔키두가 [그것을 가지러 내려갔고, 저승이 그를 붙잡았나이다!]   XII-75
남타르가 [그를 붙잡지] 않았나이다, [아자쿠가 그를 붙잡지 않았
        나이다, 저승이 그를 붙잡았나이다!]
네르갈의 무자비한 경비대가 [그를 붙잡지 않았나이다, 저승이 그
        를 붙잡았나이다!]
[그는] 인간이 전투하는 곳에서 [스러지지 않았나이다, 저승이 그
        를 붙잡았나이다!]"
아버지 에아는 [이 일]에서 [그를 도와주었네]
[그는] 젊은 영웅 [샤마쉬에게 말했네.]   XII-80
"오 젊은 영웅 샤마쉬여, [닌갈의 아들이여, *그대가 하늘에 떠오를 때*]
어쩌면 [너는 저승에] 구멍을 [낼 수 있으리]
[그렇게 저승에서 유령으로] 엔키두의 그림자를 [가져올 수 있지!]"
[에아의] 말에 ………

XII-85　　젊은 영웅 샤마쉬, 닌갈의 아들, [*하늘에 떠오를 때*]

그는 저승에 구멍을 냈네

그렇게 저승에서 유령으로 엔키두의 그림자를 가져올 수 있었네.

그들은 서로 포옹하고 그들은 서로 입 맞추고

생각을 나누고 질문을 주고받았네.

XII-90　　"오 내게 말해다오, 친구여! 내게 말하라, 친구여!

네가 본 저승의 풍경을 내게 말해보라!"

"말씀드릴 수 없나이다, 친구여, 말씀드릴 수가 없나이다!

제가 본 저승의 규칙을 말씀드리면,

앉아서 우실 겁니다!"

XII-95　　"그러면 내가 앉아서 울리라!"

"[친구여,] 폐하는 마음에 차도록 남근을 다루셨으나

[남근은] 땅벌레가 파먹은 오래된 들보 같나이다.

[친구여, 폐하는 질을] 마음에 차도록 느끼셨으나

[갈라진 땅바닥처럼] 먼지가 가득합니다."

XII-100　　["아, 비통하도다!" 왕이] 외치고, 흙먼지 [속에] 몸을 던졌네

['아 비통하도다!' 길가메시가] 외치고, [흙먼지 속에] 몸을 던졌네.

"[아들이 하나인 사내를 보았]느냐?" "보았나이다."

"[못 하나가 그의 벽에] 박혔고, 그는 [그것으로 몹시] 흐느끼나이다."

"[아들이 둘인 사내를 보았느냐?" "제가] 보았나이다.

XII-105　　[벽돌 두 개 위에 앉아] 그는 빵덩이를 먹나이다."

"[아들이 셋인 사내를 보았느냐?]" "보았나이다.

그는 [안장에 걸린 물주머니에 든] 물을 마시나이다."

"[아들이 넷인 사내를 보았]느냐?" "보았나이다.

[나귀] 무리를 [가진 사내처럼] 마음이 즐겁나이다."

"[아들이 다섯인] 사내를 보았느냐?" "보았나이다.   XII-110
빼어난 [필경사처럼] 그의 손이 민첩하고
궁전에 [쉽게] 들어가나이다."
"[아들이 여섯인 사내를] 보았느냐?" "보았나이다.
[그는 쟁기질하는 사내처럼 즐거워하더이다.]"
"[아들이 일곱인 사내를 보았느냐?" "보았나이다.]   XII-115
[그는 신들 바로 다음으로 권좌에 앉아 정사를 경청하나이다.]"
["상속자가 없는 자를 보았느냐?" "보았나이다.
그는 *가마에 구운* 벽돌 같은 빵덩이를 먹나이다."]
["궁정 내시를 보았느냐?" "보았나이다.]
멋진 *받침대처럼* 그는 구석에 있나이다
마치 ………."   XII-119

* * *

"계류용 말뚝에 맞은 자를 보았느냐?" "나는 [보았나이다.]
그의 어머니[와 아버지]가 딱하도다! 말뚝이 뽑히면 [그는] 떠돌   XII-145
        아다니나이다."
"신이 없는 상태로 [죽은] 자를 보았느냐?" "[보았나이다.]
그는 깨끗한 물을 마시며 [신들과] 침대에 누웠나이다."
"전투에서 목숨을 잃은 자를 보았느냐?" "[보았나이다.]
그의 아비와 어미가 그를 추모하고 그의 처가 [그]를 [곡하나이다.]"
"시신이 들판에 버려진 자를 보았느냐?" "보았나이다.   XII-150
그의 그림자는 저승에서 쉬지 못하나이다."
"제상(祭床)을 차려줄 이가 없는 자를 보았느냐?" "보았나이다.
그는 냄비에 눌은 것과 거리에 버려진 빵부스러기를 먹나이다."

길가메시의 죽음:
'위대한 야생 황소가 누워 있네'

<hr/>

최근 메-투란(텔 하다드)에서 발견된 새 원고 몇 개 덕분에, 이 시가 전보다는 밝혀졌지만, 여전히 군데군데 아주 까다롭다. 〈길가메시와 하늘의 황소〉를 번역할 때의 어려움은 이 시에도 해당된다.

시는 죽음이 임박한 길가메시에 대한 탄식으로 시작된다. 그는 죽음의 사절 남타르에게 붙잡혀 병석에 누워 임종에 대한 미몽에 빠진다. 누딤무드로 변장한 엔키 신이 길가메시에게 환영을 보여주고, 거기서 그는 신들의 회합 석상에 있는 자신을 발견한다. 당장의 의제는 바로 그의 운명이다. 신들은 그의 영웅적인 업적, 삼나무 숲에서의 업적, 세상 끝으로의 여행, 대홍수 생존자인 지우수드라에게 배운 오랜 지식을 검토한다. 길가메시가 인간이지만 여신의 아들이라는 점이 신들을 곤욕스럽게 한다. 그는 죽어야 하는가, 영생해야 하는가? 마지막 판결은 엔키가 발표한 듯하고 문제 해결이 엔키 신의 역할이므로 적절한 대목이다. 그는, 영생을 얻은 인간은 지우수드라 단 한 명이지만, (바빌로니아 서사시의 태블릿 XI에 나오듯) 특별한 상황에서였다고 말한다. 여신의 몸에서 태어났지만, 길가메시는 다른 인간처럼 저승으로 내려가야 한다. 하지만 거기서 그는 망자들의 수장으로서 특별한 위상을 차지해, 저승에 사는 신들인 닝기시지다와 두무지처럼 망자들을 심판할 것이다. 그

뿐 아니라 길가메시는 사후에 매년 '빛의 축제'[21]에서 산자들 사이에 기려질 것이다. 그때 엔릴이 등장해서 지금까지 꿈의 의미를 더 간단하게 설명한다. 길가메시는 왕이 되도록 태어났지만, 생명이 유한한 인간의 운명을 피할 수는 없다. 그렇긴 해도 그는 절망하면 안 된다. 저승에서 그는 가족, 사랑하는 엔키두와 재회하고 하급 신들 속에 위치할 것이다.

길가메시는 자신이 본 광경에 놀라 정신을 차린다. 이 대목에서 텍스트가 훼손되었지만, 영웅은 아마도 조언을 구하는 것 같다. 아무튼, 시는 꿈을 전체적으로 반복하고 길가메시는 이 일과 관련해 조언을 구하려는 이들에게 꿈을 반복해 말한다(기대하듯 3인칭에서 1인칭으로 변환하지는 못하지만). 길가메시의 대화 상대들은 그가 슬퍼하면 안 된다고 답한다. 왕이라도 죽음을 피할 수 없고, 사후에 누릴 고귀한 지위를 반겨야 한다고 조언한다.

이 지점에서 텍스트에 공백이 생기고, 그 후 엔키의 촉구로 길가메시는 무덤 건설에 착수한다. 빈 부분 때문에 엔키가 정확히 어떻게 길가메시와 소통했는지는 모르지만, 길가메시의 아들 우르루갈이 어떤 역할을 담당했던 것 같다. 그렇게 전달된 메시지는 길가메시의 묘를 신성하게 하는 장소를 알려준다. 엔키가 지혜를 짜낸 결과 길가메시는 노동력을 유프라테스강으로 돌리고, 무덤은 강바닥에 돌로 축조된다. 왕실 여인들과 수행원들이 무덤에서 자리를 잡고 왕의 사후에 동행할 준비를 한다. 이 오래된 대목은 1920년대 레너드 울리 경의 기원전 30세기 초 우르의 '왕묘' 발굴에서 발견된 전체 명망가의 대규모 매장을 연상시킨다. 길가메시는 그와 수행단이 저승에서 환대를 받을 수 있도록 에레쉬키갈의 궁전 신들에게 선물을 하고, (바빌로니아 서사시 태블릿 VIII에서 엔키두를 위해 그랬듯) 거기 눕는다. 이를 위해 준비한 큰 돌로 문간을 봉하고 무덤을 발견하지 못하도록 강물이 다시 강바닥을 채

---

21. 이 축제에서 젊은이들은 (바빌로니아 서사시에서 길가메시와 엔키두가 했듯) 씨름을 벌일 것이다. 바빌로니아력 다섯 번째 달(대략 8월)에 다른 데서 이 축제가 열리는데, 〈길가메시의 달: 9일에 청년들이 문간에서 벌이는 씨름 경기와 힘겨루기〉로 알려져 횃불과 화로 점화 행사가 함께 있었다—저자

운다. 우루크 사람들은 왕을 애도한다.

다른 두 가지 결말이 존재한다. 하나는 보존이 잘 되지 않은 판본으로 길가메시를 가장 위대한 왕으로 찬양하는 목소리가 담겨 있다. 다른 하나는 교훈적인 내용으로, 고금의 인간들은 사후에 산 자들의 기억 속에서 계속 살아 있다고 설명한다. 첫째, 신전에 조각상을 봉헌하면 망자의 이름이 계속 불리고, 그게 장례 의식의 중심이 된다. 둘째, 신들은 인간들이 가족을 낳고 그렇게 대가 이어지도록 한다.

위대한 야생 황소가 누워, 다시는 일어나지 못하네
길가메시 왕이 누워, 다시는 일어나지 못하네
전투에서 완전했던 그가 누워, 다시는 일어나지 못하네
어깨띠를 두른 전사가 누워, 다시는 일어나지 못하네
기운이 완전했던 그가 누워, 다시는 일어나지 못하네
M-5   악한들을 없앤 그가 누워, 다시는 일어나지 못하네
지혜를 말하던 그가 누워, 다시는 일어나지 못하네
나라의 깨어 있는 자였던 그가 누워, 다시는 일어나지 못하네
산에 올랐던 그가 누워, 다시는 일어나지 못하네
M-10   쿨랍의 왕이 누워, 다시는 일어나지 못하네
그가 임종 자리에 누워, 다시는 일어나지 못하네
그가 비통한 침대에 누워, 다시는 일어나지 못하네.
그는 서지도 못하네, 앉지도 못하네, 그저 신음만 할 수 있네
그는 먹지도 못하네, 마시지도 못하네, 그저 신음만 할 수 있네
M-15   남타르의 머리채가 그를 꽁꽁 묶네, 그는 일어날 수가 없네.
연못 속의 … 물고기 …처럼 그는 [그물] 안에 걸려 있네
올가미에 붙들린 영양처럼 그는 누운 자리에 [*꽁꽁 묶여*] 있네.
손이 없는, 발이 없는, 인간을 밤에 [*낚아채*]는 남타르

뿔로 받는 [… *길가메시 왕을 붙잡아* …] 남타르   M-19

                              * * *

엿새 동안 [그는 누워] 앓았네 ……
그의 몸에서 (녹는) 기름덩이 같은 [땀이 흘러내렸네.]   N₂ obv.-5
길가메시 왕은 [누워] 앓았네 ……
우루크와 쿨랍 ……
나라에 전해진 말 ……
그때 젊은 왕 [길가메시]……   M-45
남타르의 침대에 [누워 있을 때] …   N₂ obv.-10
… 자면서 … [*그는 꿈을 꾸었네.*]
그 꿈에서, 신 [누딤무드가 눈을 뜨게 해서]

[신들의] 행사 자리인 회합 석상(席上)에서
길가메시 [왕은 가까이] 끌려갔네   M-50
그들은 그, 왕 [길가메시에게, 그에 대해] 말했네
"너의 일, 즉 구석구석 모든 길을 여행했고
특별한 삼나무를 산에서 끌고 왔고
후와와를 그의 숲에서 처치했고
장차 날들을 위해 기념비들을 세웠고   M-55
신들의 신전들을 건립했던
그대는 지우수드라의 거처로 찾아갔네!
머나먼 옛날부터 잊힌 수메르의 의식들,
그 의식들과 관습들, 그대는 그것들을 땅에 가져왔지.
너는 손 씻기와 입 씻기 의식들을 맞춤한 순서로 배치했네   M-60
대홍수 [이후] 만방의 집들이 물에 잠겼네.

* * *

M-65   …… 가져왔으니

[이제 길가메시를] *그런 연유로 데려가면 안 되노라*."

그들이 [엔릴의 의지를 엔키에게] *말했네*

[안과 엔릴에게 엔키가] 대답했네.

"그 시절의 낮에, 그 오래전의 낮에

M-70   그 시절의 밤에, 그 오래전의 밤에

그 시절에, 그 오래전 시절에

[회합이] 대홍수로 쓸어버리게 만든 후

그래서 우리가 인류의 씨를 없앨 수 있게 한 후

우리 중에 단 한 사람이 여전히 살아 있었네

M-75   지우수드라, 인류 중 한 명이, 여전히 살아 있었지!

그때부터 우리는 하늘의 생명과 땅의 생명에 걸고 맹세했네

그때부터 우리는 인류가 영생을 누리지 못한다고 맹세했네.

그리고 이제 우리는 길가메시를 보네.

어머니가 그런데도 우리는 그에게 자비를 보일 수 없네!

M-80   길가메시는 귀신의 형상으로 죽어 저승에서

저승의 통치자가, 그림자들의 수장이 되리!

그는 재판을 하리, 그는 판결을 내리리,

그의 말은 닝기시지다와 두무지의 말만큼 무게감이 있으리.

M-84   그러자 젊은 왕, 길가메시 왕 …"

텍스트 M이 혼란스러워지고 몇 줄 더 이어지다가 중단된다. 이 구절에 관한 약간 다른 판본(혹은 II. 174의 반복)이 니푸르 출토본 태블릿들에 나오므로 여기에서 복구할 수 있다.

"[꿈의 신 시시그, 우투의 아들은]

[저승, 어둠의 공간에서 그에게 빛을 공급하리.]

[이름을 얻는 수만큼의 인간들이]

[장차 그들의 (장례용) 조각상이 만들어질 때]

[전사-젊은이들과 구경꾼들이 문간에, 반원으로 둘러서리]

[그리고 그 앞에서 씨름 경기와 힘겨루기를 펼치리라.]

[횃불의 달, 귀신들의 축제에서]

[그가 없으면 그들 앞에 빛이 주어지지 않으리.]"

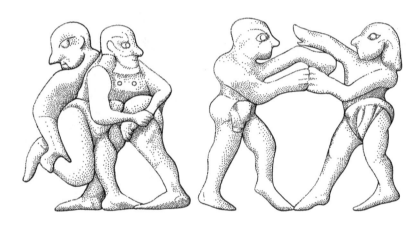

[16] 씨름 경기와 힘겨루기를 펼치리라

[신들의 아버지, 위대한 산 엔릴이]

[꿈에서 길가메시 왕과 대화했네.]

["오 길가메시, 내가 너의 운명을 왕의 운명으로 만들었으나 나는
그것을 영생의 운명으로 만들지 않았노라.]

[사람이 *어떤 삶을 살더라도* 상심하지 말지니]

[절망하지 말라, 마음 아파하지 말라!]

[인류의 죽음은 *그렇게 온다*, 내 너에게 말했거늘]

[탯줄이 끊길 때 (정해진) 것이 *그렇게 온다*, 내 너에게 말했거늘.]

[죽어야 하는 인간의 가장 어두운 날이 너를 덮쳤도다]

[죽어야 하는 인간이 가는 유일한 곳이 너를 덮쳤도다]

[맞설 수 없는 파고가 너를 덮쳤도다]

[피할 수 없는 싸움이 너를 덮쳤도다]

[맞설 수 없는 전쟁이 너를 덮쳤도다]

[동정 없는 싸움이 너를 덮쳤도다!]

[그러나 (분노로) 응어리진 마음으로 위대한 도시에 내려가지 말지니]

[그것이 우투 앞에서 열리게 하라]

[그것이 야자잎맥처럼 풀리고 양파처럼 벗겨지게 하라!]

M-103 [위대한] 아눈나 [신들이] 장례 잔치에 [앉아 있을 때] 나아가라

고위직 사제들이 누워 있는, [*하위직* 사제들이 누워 있는] 곳으로

M-105 *루마*(lumah) 사제들과 *닌딩기르*(nindingir) 여사제들이 누워 있는

곳으로

닌딩기르 여사제들이 누워 있는, '진정한 자'가 누워 있는 곳으로

구다(guda) 사제들이 누워 있는, 아마포를 입은 사제들이 누워 있

는 곳으로

네 부친이 있는 곳, 네 조부들

네 모친, 네 누이들, 네 *형제자매들*

M-110 네 소중한 친구, 네 동생

네 친구 엔키두, 네 동행자 청년이 누워 있는 곳으로!

[(거기) 위대한 도시에,] 통치자들과 왕들이 [살지]

거기 군대 대장들이 [누워 있네]

[거기 부대 지휘관들이 누워 있네.]

[위대한 도시 아랄리에서 사람이 …]

[들어가는 자들은 나오지 않네.]

[누이의 집에서 누이가 너에게 나오리라]

[*형제자매의*] 집[*에서 형제자매가* 너에게 나오리라]

너의 사람이 [네게 오리, 네 소중한 이가 너에게 오리라]

너의 성읍 장로들이 너에게 오리!

절망하지 말라, 상심하지 말라   M-120

이제 너는 아눈나 신들 속에 끼이리니

위대한 신들 바로 다음으로 꼽히리

저승의 통치자로 활약하며

재판을 하리, 판결을 내리리

[너의 말]은 [닝기시지다와] 두무지의 [말만큼] 무게감 있으리."   M-125

그러자 젊은 [왕,] 길가메시 왕이

깼네, 그것은 [꿈]이었네, 그는 몸을 떨었네, [그것은 깊은 꿈이었네.]

[그는] 눈을 [비볐네,] 쓸쓸한 [적막이] 감돌았네.

꿈 ………

꿈 ………   M-130

　　　[길가메시 왕,] 쿨랍[의 왕]

　　　…… 빛나는 산의 영웅   N4 obv.-10´

　　　[우루크의 *왕*,] 위대한 신들의 대장장이는

……의 조언을 [받았네.]   M-132

[나를 낳은 어머니] 닌순 여신

　　　[내 아버지, 순수한] 루갈반다

　　　[그리고 나의 신 엔키,] 누딤무드 [왕의] 생명에 맹세코!

내가 나를 낳은 어머니, [닌순]의 무릎 위에서, 공포에 사로잡힌   M-135
　　　듯 행동해야 할까?

…… 위대한 산 …

남타르, 손이 없는, 발이 없는, 사람에게 인정을 베푸는 [법을 모
　　　르는] 이

내가 …… [*꿈을 꾸었네*.]

그 꿈에서, 누딤무드 신이 *내* 눈을 뜨게 했네.

M-140 신들의 행사 자리인 회합 석상에서
        길가메시 왕은 가까이 끌려갔네
        그들은 그에게, 길가메시 왕에게, 그에 대해 말했네.
        "너의 [일], 즉 구석구석 모든 길을 여행했고
        특별한 삼나무를 산에서 끌고 왔고
M-145 후와와를 그의 숲에서 처치했고
        장차 날들을 위해 [기념비들을] 세웠고
        [신들의 신전들을] 건립했던
        너는 [지우수드라의 거처로] 찾아갔네!
        머나먼 옛날부터 잊힌 [수메르의 의식들,]
M-150 [의식들과 관습들을, 네가] 그것들을 [나라에] 가져왔지.
        너는 손 씻기와 입 씻기 의식들을 맞춤한 순서로 배치했네
        대홍수 [이후] 만방의 집들이 물에 잠겼네

                          * * *

M-155 '…… 가져왔으니
        [그런 *연유로* 이제] 길가메시를 데려가면 안 되노라.'
        엔릴의 의지를 엔키에게 [그들이 *말했네*]
        안과 엔릴에게 엔키가 [대답했네.]
        '그 시절의 낮에, [그 *오래*]전의 낮에
M-160 그 시절의 밤에, [그 *오래*]전의 밤에
        그 시절에, [그 *오래*]전 시절에
        회합이 대홍수로 쓸어버리게 한 [후]
        그래서 우리가 인류의 씨를 없앨 수 있게 한 후

우리 중에 단 한 사람이 여전히 살아 있었네
지우수드라, 인류 중 한 명이, 여전히 살아 있었지!   M-165
그때부터 우리는 하늘의 생명과 땅의 생명에 걸고 맹세했네
그때부터 우리는 인류가 영생을 누리지 못한다고 맹세했네.
그리고 이제 우리는 길가메시를 보네.
어머니가 그런데도 우리는 그에게 자비를 보일 수 없네!
길가메시는, 귀신의 형상으로, 죽어서 저승에서   M-170
[저승의 통치자,] 그림자들의 수장이 되리!
[그는 재판을 하리,] 그는 판결을 내리리
[그의 말은] 닝기시지다와 두무지의 [말만큼 무게감 있으리.]
[그러자 젊은 왕,] 길가메시 [왕] ….'   M-174

                               * * *

꿈의 신 시시그, 우투의 아들은,   (M-180)
저승, 어둠의 공간에서 그에게 빛을 공급하리. N_1 v-5
이름을 얻는 수만큼의 인간들이
장차 그들의 (장례용) 조각상이 만들어질 때
전사-젊은이들과 구경꾼들이 문간에, 반원으로 둘러서리
그리고 그 앞에서 씨름 경기와 힘겨루기를 펼치리라.
횃불의 달, 귀신들의 축제에서 N_1 v-10
그가 없으면 그들 앞에 빛이 주어지지 않으리."

신들의 아버지, 위대한 산 엔릴이
꿈에서 길가메시 왕과 *대화했네.*
"오 길가메시, 내가 너의 운명을 왕의 운명으로 만들었으나, 그것
        을 영생의 [운명으로] 만들지는 않았노라.]

N₁ v-15   사람이, *어떤 삶을 살더라도*, 상심하지 말지니

절망하지 말라, 마음 아파하지 말라!

인류의 죽음은 *그렇게 온다*, 내 너에게 말했거늘

탯줄이 끊길 때 (정해진) 것이 *그렇게 온다*, 내 너에게 말했거늘.

죽어야 하는 인간의 가장 어두운 날이 너를 덮쳤도다

N₁ v-20   죽어야 하는 인간이 가는 유일한 곳이 너를 덮쳤도다

맞설 수 없는 파고가 너를 덮쳤도다

피할 수 없는 싸움이 너를 덮쳤도다

맞설 수 없는 전쟁이 너를 덮쳤도다

동정 없는 싸움이 너를 덮쳤도다!

M-190   그러나 (분노로) 응어리진 마음으로 위대한 도시에 내려가지 말지니

그것이 우투 앞에서 열리게 하라

그것이 야자잎맥처럼 풀리고 양파처럼 벗겨지게 하라!

N₁ v-28   위대한 아눈나 신들이 장례 잔치에 앉아 있을 때 나아가라

고위직 사제들이 누워 있는, *하위직* 사제들이 누워 있는 곳으로

M-195   *루마* 사제들과 *닌딩기르* 여사제들이 누워 있는 곳으로

구다 사제들이 누워 있는, 아마포를 입은 사제들이 누워 있는 곳
        으로

여사제들이 누워 있는, '진정한 자'가 누워 있는 곳으로

네 부친이 있는 곳 그리고 네 조부들

네 모친, 네 누이들, 네 *형제자매들*

M-200   네 소중한 친구, 네 동생

N₄ rev.-2´   네 친구 엔키두, 네 [동행자] 청년이 누워 있는 곳으로!

(거기) 위대한 도시에, 통치자들과 왕들이 살지

거기 군대 대장들이 홀로 누워 있네

거기 부대 지휘관들이 홀로 누워 있네.

M-205   위대한 도시 아랄리에서 사람이 …

들어간 자들은 [나오지 않네.]

누이의 집에서 누이가 너에게 나오리라

형제자매의 집에서 형제자매가 너에게 나오리라

너의 사람이 네게 오리, 네 소중한 이가 너에게 오리라.   N₄ rev.-10´

네 성읍의 장로들이 너에게 오리!   M-210

    ……이 너에게 오리

    ……이 너에게 오리

    ……이 너에게 오리!

절망하지 말라, 상심하지 말라,

이제 [너는] 아눈나 신들 속에 [속하리니]

[너는] 위대한 신들 바로 다음으로 [꼽히리]

[너는 저승의 통치자로 활약하며]

[너는 재판을 하리, 판결을 내리리]   M-215

[너의 말]은 [닝기시지다와 두무지의 말만큼] 무게감이 있으리.”   N₁ vi.-1

[젊은 왕,] 길가메시 [왕]

[쿨랍의 왕]이 그 [꿈을] 말한 후

그에게 이 말을 들은 [조언자들이]

[길가메시에게] 대답했네.   N₁ vi.-5

“[길가메시 왕이여, 무슨] 연유로 눈물을 흘리시나이까?

어떤 이유로 …?

[죽음은 그 이를] 붙잡지 [*않았나이다*], 어머니 여신은 아직 그를

       낳지 않았나이다!

[*처음 인간의 씨앗이*] … 나온 [이후로,]

……… 존재하지 않나이다.   N₁ vi.-10

심지어 … 씨름꾼은 *투망*에 잡힐 수 있나니!

하늘의 새가, 그물에 *가로막히*면, 그 손을 벗어나지 못하나니!

깊은 곳의 물고기는 …을 보고 … 더 이상 *급히 가지* 않나니
젊은 어부가 그물을 드리울 때, 그것이 안에 걸립니다!

N₁ vi.-15   누구일지라도, 인간은 … 저승의 한가운데서 올라오지 못하니
옛적부터 누가 (그런 것을) 보았나이까?
당신과 같은 운명을 가진 왕은 거기 없으리라.
이름을 얻은 수만큼의 인간이
그가 … 당신과 [같은] 운명을 지닌 사람이 어디 있나이까?
저승의 통치권은 [*당신 것이 되겠고*]

N₁ vi.-20   당신, 당신의 혼백[*은 아눈나 신들 속에 속해*]
당신은 재판을 하고, [당신은 판결을 내리리니]
[당신의 말은 닝기시지다와 두무지의 말만큼 무게감 있을진저.]"

* * *

M-235   …처럼 건축가는 그의 무덤을 설계했네.
그들이 혼란스러워하자, 그의 신 엔키가
그들에게 꿈의 해결책을 보여주었네.
그 환시를 우르루갈이 풀었네, 다른 인간이 풀지 않았네!

왕은 인력을 성읍에 소집했네

M-240   사신이 나라에 뿔을 불었네.
"우루크여, 일어나라! 유프라테스강을 열라!
쿨랍이여, 일어나라! 유프라테스에서 물을 퍼내라!"
우루크의 징집된 인력은 대홍수였네
쿨랍의 징집된 인력은 짙게 낀 안개였네!

M-245   *심지어* 한 달의 중반도 지나지 *않았네*
닷새도 아니었네, 열흘도 아니었네

그들은 유프라테스강을 열었네, 그들은 강에서 물을 퍼냈네
조약돌이 놀라서 태양신을 바라보았네.
그러다 유프라테스의 바닥에서 흙이 말라 갈라졌네.
그는 돌로 묘를 지었네   M-250
그는 돌로 그 벽을 지었네
그는 입구에 돌문을 세웠네.
창살과 문지방은 가장 단단한 섬록암이었네
빗장은 가장 단단한 섬록암이었네
들보는 금으로 만들고   M-255
그 … 안으로 그는 육중한 돌덩이를 옮겼네
      … 그는 육중한 돌덩이를 옮겼네
… 그는 온갖 종류의 …을 놔두었네
[그래서] ……… 장차
………을 발견하지 [못할 터였네]
… 찾는 이는 그 포좌(砲座)를 발견하지 못할 터였네.   M-260
    [그렇게 젊은 왕,] 길가메시 [왕은]
우루크 한가운데 공고한 *방*을 만들었네.

그의 사랑하는 부인, 그의 사랑하는 자식   N₃-1
그의 사랑하는 큰 부인과 둘째 부인
그의 사랑하는 음유시인, 집사장과 …
그의 사랑하는 이발사, [그의 사랑하는]…   (M-265)
[그의 사랑하는] 시종들과 하인들   N₃-5
[그의] 사랑하는 물품들 …
우루크 가운데서 궁전 검열에 [임하는] 것처럼, 다 제자리에 놓였네.
길가메시, 닌순 여신의 아들은
에레쉬키갈에게 그들의 알현 선물을 내놓았네

N₃-10   남타르에게 그들의 공물을 내놓았네

(M-270)   딤피쿡에게 그들이 놀랄 것을 내놓았네

비티에게 그들의 선물을 내놓았네

닝기시지다와 두무지에게 그들의 선물을 내놓았네

엔키와 닌키, 엔물과 닌물을 위해

N₃-15   엔두쿠가와 닌두쿠가를 위해

(M-275)   엔다슈림마와 닌다슈림마를 위해

에누틸라와 엔메샤라를 위해

엔릴의 어머니들과 아버지들을 위해

슐파에, 식탁의 왕을 위해

N₃-20   샤칸과 닌후르상가를 위해

(M-280)   성스러운 고분의 아눈나 신들을 위해

성스러운 고분의 이기기 신들을 위해

죽은 [고*위직* 사제들]을 위해, 죽은 *하위직* 사제들을 [위해]

[죽은] *루마* 사제들과 *닌딩기르* 여사제들을 [위해]

N₃-25   [죽은] *구다* 사제들, 아마포를 입은 사제들을 [위해] 그리고 ⋯

(M-285)   그는 알현 선물들을 ⋯⋯

멋진 ⋯ 그는 ⋯⋯

그는 ⋯를 위한 그들의 선물들을 [내]놓았네⋯

그는 ⋯를 덮고 ⋯에 누웠네 ⋯

N₃-30   길가메시, 닌순 여신의 아들

거기 그는 (봉헌할) 물을 부었네.

* * *

⋯ 그들은 ⋯ (무덤) 안으로 가져갔네, 그들은 문간을 [봉인했네.]

N₁ viii-3   그들은 유프라테스강을 열었네

그 물이 흘렀네

물살이 그의 [안식처]를 (시야에서) 지웠네.   N₁ viii-5

[그때] 젊은 [왕,] 길가메시 왕 [때문에]

그 도시의 젊은이들은 자기 얼굴에 상처를 냈고

그 도시의 젊은 여인들은 자기 머리칼을 뽑았네.

그 도시의 늙은 남자들과 여인들은 제 ……을 입지 않고

흙먼지 속에서 굴렀네

소식을 듣자 그의 백성은 흙먼지 속에서 굴렀네.   M-295

그러자 젊은 [왕,] 길가메시 왕 때문에

분위기가 가라앉았네, 상심했네.

이름을 얻은 수만큼 많은 인간,

오래전부터 그들의 (장례) 동상이 만들어져

신들의 신전 안 예배소에 세워졌네.   M-300

그들의 이름을 어떻게 부르는지 잊지 않으리!

아루루 여신, 엔릴의 누나는,

그들의 이름을 위해 (인간들에게) 자손을 주었네.

그들의 동상은 오래전부터 만들어졌고 (그들의 이름은 여전히)

　　　땅에서 불리네.

오 에레쉬키갈, 니나주의 어머니여, 칭송이 자자하도다!   M-305

다른 원고는 다르게 마무리된다.

길가메시, 닌순 여신의 아들

앞으로 올 모든 세월 내내 닌투는 그에게 걸맞는 왕을 갖지 못하리   N₃-40

그에게 저항하지도, 그를 능가하지도 못하리!

오 길가메시, 쿨랍의 왕, 칭송이 자자하도다!

3부

바빌로니아 길가메시 서사시의
구버전 파편들

이 장에 모은 태블릿들과 파편들의 연대는 고바빌로니아와 중기 바빌로니아 시기로 대략 기원전 18세기에서 20세기이다. 1부에 나오는 표준 판본보다 수 세기 거슬러 올라간다. 이는 세월이 흘러도 서사시에는 큰 변화가 없었음을 보여준다. 기원전 20세기 파편 구절들은 소소한 어휘 변화가 있을 뿐 전반적으로 표준본과 동일하다고 볼 수 있다. 즉, 큰 변화는 거의 없다. 표준본 순서대로 배치된 이 초기 텍스트는 작성 연대에 훨씬 가까운 시기에 시의 형태와 내용이 어떠했는지를 보여주는, 현존하는 뼈대로 보면 되겠다.

프롤로그

고바빌로니아 프롤로그는 표준본에 남아 태블릿 I 29행부터 시작된다. "다른 모든 왕을 능가하는"이라는 구절로 시작하는 구버전은 펜실베이니아 태블릿에 나오며, 고바빌로니아 시기의 시 제목이 되었다. 이전 프롤로그는 이 책의 태블릿 I 29-48행에 나온다.

모든 왕을 능가하는, 영웅다운 키
　　용맹스러운 우루크의 후예, 맹렬한 야생 황소!　　　　　　　I-30
앞에서는 선봉장이었고
　　뒤에서는 동지들이 신뢰할 수 있는 이!

휘하 전사들을 엄호하는 든든한 방패
　　석축을 때리는 격류!
거룩한 야생 암소, 닌순 여신의 젖을 빤　　　　　　　　　　　I-35
　　루갈반다의 야생 황소, 천하장사 기운을 지닌 길가메시!

장신으로, 당당하고 기개 있는 길가메시
　산속에 길을 내고
고지대 비탈에 샘을 파고
광활한 바다를 건너 해 뜨는 곳으로 갔네.

생을 찾아 세상을 헤매다
　강력한 힘을 뚫고 '머나먼 자' 우타나피쉬티에게 닿았네
대홍수로 파괴된 신전들을 복구하고
　사람들을 위해 세상 의례들을 마련했지.

I-45　그 누가 왕의 지위에 대적하고
　길가메시처럼 "짐이 왕이다"라고 선포할 수 있을까?
태어난 날부터 그의 이름은 길가메시,
　삼분의 이는 신이요, 삼분의 일은 인간이었네.

엔키두의 창조

이 서판은 1949년 니푸르의 태블릿 힐에서 출토되어, 시카고 대학교 오리엔탈 박물관이 소장 중이다. 도제 필경사가 연습한 학교 습작 서판으로, 연대는 기원전 14세기 초에서 13세기 말 사이로 추정한다. 니푸르가 한창 번성하고 부흥하던 시기였다. 신들이 어머니 여신에게 길가메시를 상대할 만한 엔키두의 창조를 맡기는 에피소드가 아주 간략하게 나온다.

"그들에게 [아루루], 위대한 이를 부르게 [하소서]
  [그녀가 그들을 창조해서,] 인류가 그렇게 많으니.
[그녀에게] 그의 [*맞수를*], 기운이 장사인 이를 [창조하게 하소서]
  [그리고] 그가 [그와] 우열을 겨루게 [하소서], 우루크가 쉴 수
      있도록!"
그들은 자매를, [아루루를 불렀네]   5
  [*아누* 신은] … 그녀에게 말했네
"인간을 창조한 것은 아루루, [그대였느니]
  [이제 그의 *맞수를*, 기운이 장사인 이를 창조하라]

[그가 그와 우열을 겨루게 하라, 우루크가 쉴 수 있도록!]"

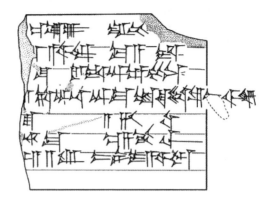

[17] 그들에게 아루루, 위대한 이를 부르게 하소서

엔키두가 인간이 되다

이 파편은 기원전 18세기 초에 남부 바빌로니아에서 작성된 고바빌로니아 태블릿의 상단이다. 현재 코넬 대학교에서 소장 중이다. 텍스트의 맨 앞과 뒷부분만 남아 있다. 2018년 발간된 텍스트는, 고바빌로니아 펜실베이니아 태블릿과 기원전 10세기 표준본 모두와 흡사한 초기 판본의 존재를 제시하고 있기에 중요하다. 태블릿 도입부는 성교하며 첫 주를 보낸 후 매춘부가 엔키두에게 청원하는 내용과 관계 있다. 표준판 태블릿 I 200-214행과 무척 비슷하다. 마지막 부분은 엔키두가 우루크 시에 도착하는 내용이며, 펜실베이니아 태블릿 174-189행과 비슷한데, 따로 번역하지 않았다.

전면

[그의 무리가 움직이는데도] 엔키두는 다리에 힘이 빠졌네
   엔키두에게는 이성과 뛰어난 이해력이 [있었네].

그는 [매춘부] 앞에 몸을 [구부리고 앉았네]

(이전의) 그의 자세가 아니었네

매춘부가 그에게, 엔키두에게 말하는 [동안]
　매춘부의 말에 그의 정신이 팔렸네.

5　"오세요, 엔키두, 제가 당신을 우루크 시로 모셔다드릴게요
　　[신성한 신전, 아누의 집]으로!
　[일어나세요,] 엔키두, 우루크 시로 당신을 [안내할게요]
　　신성한 에안나, [이쉬타르의 집]으로

　[거기서 길가메시는] 기운이 천하장사이고
　　[*뿔 한 쌍이*] 난 야생 황소 같지요."
　[그녀가 그에게 말했고] 그녀의 말은 [환심을 샀네]
　　그는 고지대를 통틀어 최고 강심장이었지.

길가메시가 엔키두의 꿈을 꾸다: 엔키두가 우루크에 도착하다

흔히 '길가메시 P'로 알려진 펜실베이니아 태블릿의 출처는 남부 바빌로니아이며, 연대는 기원전 18세기 후반으로 거슬러 올라간다. 1914년 필라델피아의 대학 박물관이 구입했다. 이 서사시가 고대에 〈모든 왕을 능가하는〉으로 알려진 고바빌로니아 판본이다. 텍스트는, 언어와 에피소드 순서가 일부 다르긴 해도 표준판 태블릿 I-II와 비슷하다. 그중 여러 부분이 1부에서 태블릿 II를 복구하는 데 이용되었다. 현재 술레이마니아 박물관에 소장된 다른 고바빌로니아 태블릿 파편은 텍스트가 흡사해 따로 번역하지 않았다.

길가메시는 어머니인 닌순 여신에게 꿈 이야기를 하고 여신은 해몽한다. 여기서 샴카툼으로 나오는 매춘부는 엔키두와 두 번째로 사랑을 나눈 뒤 엔키두에게 야생을 떠나 우루크로 가서 인간 사회에서 자리를 잡으라고 권한다. 그들은 목동들의 야영지에 도착하고 거기서 엔키두는 빵과 맥주를 접한다. 그는 씻고 몸을 다듬고 옷을 입고, 목동들의 야경꾼이 된다. 길가메시가 혼인식에서 '초야권'을 누린다는 정황을 행인에게 들은 엔키두는 우루크로 떠난다. 그가 우루크에 도착할 무렵, 청년들이 왕에게 도전할 대표를 뽑는 것 같다. 엔키두가 이 역할을 맡았다고 봐도 무방하겠다. 점토판은 길가메시의 왕권이 합당하다고 인정하면서 끝난다.

길가메시는 일어나서 꿈을 이야기하며
　　모친에게 말하되
"어머니, 밤을 보내는 동안
5　　저는 청년들 속을 보무도 당당히 걸었나이다.

그때 하늘의 별들이 명확해지더니
　　하늘 한 덩이가 제 앞에 떨어졌나이다.
제가 그것을 집었으나 제게는 너무 무겁더이다
　　그것을 밀었으나 움직일 수가 없었나이다.

10　우루크 땅이 그것 주위에 모였고
　　청년들은 그 발에 입맞추었나이다
저는 이마를 댔고, 그들이 제가 미는 걸 거들었나이다
　　저는 그것을 집어 어머니께 가져왔나이다."

15　매사 지혜로운, 길가메시의 어머니가
　　길가메시에게 말하기를
"길가메시, 분명코 너와 비슷한 사람이
　　야생에서 태어났고, 고지대가 그를 키웠구나.

20　너는 그를 만날 것이고 너는 기뻐하리라
　　청년들이 그의 발에 입맞추리
너는 그를 끌어안고 그를 내게 데려오리."
　　그는 누웠고, 다른 꿈을 꾸었네.

25　그가 일어나 어머니에게 말하기를
　　"어머니, 제가 다른 꿈을 꾸었나이다

… 우루크 광장의 거리에서
　인파가 모인 가운데 도끼 한 자루가 놓여 있었나이다.　　　　　30

도끼 자체는 기이한 형태였고
　저는 그것을 보았고 즐거웠나이다
아내처럼 그것을 사랑하고 쓰다듬고 끌어안았나이다
　저는 그것을 집어 옆구리에 걸쳤나이다."²²　　　　　35

매사 지혜로운, 길가메시의 어머니가
　[길가메시]에게 [말하기를]　　　　　38

펜실베이니아 태블릿의 짧은 공백은 시랜드 태블릿(4부)으로 메울 수 있다.

"*길가메시, 네가 본 도끼는 사람이니라
　그의 친구를 [구제할 이가 네게 올지니]　　　　　Sealand-40
[네가 그를 볼 것이고 네 마음은] 기쁠지라
　[너는 그를 끌어안고] 그를 내 앞에 [데려오리]
그러면 내가 그를 너와 동등하게 하리라."

길가메시가 꿈 이야기를 할 때
　엔키두는 매춘부 앞에 앉아 있었네.　　　　　P-45

두 사람이 같이 사랑을 나누기 시작했네
　그는 태어난 야생을 잊었네
이레 낮과 이레 밤 동안

───────
22.　또는, "저는 그것을 형제로 삼았나이다"로 옮길 수 있다—저자

50　엔키두는 발기해서 샴카툼과 짝지었네.

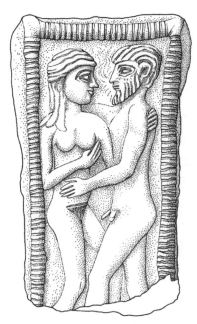

[18] 엔키두는 발기해서 샴카툼과 짝지었네

매춘부가 입을 열어
　　엔키두에게 말하기를
　“엔키두, 내가 당신을 보니 당신은 신과 같은데,
55　　어찌하여 동물들과 야생을 누비시나요?

　오세요, 제가 당신을 우루크 광장으로
　　성스러운 사원, 아누의 집으로 안내할게요!
　엔키두, 일어나세요, 제가 당신을
60　　에안나 신전, 아누의 집으로 모셔갈게요

그곳에서 [사내들은] 기술로 노동을 하니
　　당신도 *사내답게* 당신에게 *맞는 자리*를 찾을 거예요
당신은 목동이 없는 지역들에서 벗어나는 거예요."　　　　　　　65

그가 그녀의 말을 들었고 그녀의 말은 환심을 샀네
　　여인의 조언이 그의 가슴에 박혔네
그녀는 옷을 벗고 그에게 자기 옷의 일부를 입혔네　　　　　　70
　　나머지 옷은 자신이 걸쳤네.

그녀는 그의 손을 잡고, 신처럼 그를 이끌었네
　　목동들의 야영지, 양우리로 갔네　　　　　　　　　　　　75
목동들이 그의 주위에 모였네
　　마치 ⋯⋯⋯.

"[외형상 그는 길가메시의 모습이나]　　　　　　　　　　　　80
　　[신장이 더 작고 골격은 더 크구먼]
[확실히 고지대에서 태어난 사람이네]
　　동물의 젖을 빤 사람이야."　　　　　　　　　　　　　　　85

그들이 그 앞에 빵을 놓았네
　　그는 그것을 쳐다보았네, 물끄러미 빤히 보았네
빵을 어떻게 먹는지 엔키두는 몰랐네　　　　　　　　　　　90
　　맥주를 어떻게 마시는지 그는 배운 적이 없었네.

매춘부가 입을 열어
　　엔키두에게 말하기를　　　　　　　　　　　　　　　　　95
"엔키두, 빵을 먹어요, 생명의 양식이니,

맥주를 마셔요, 땅의 선물이니!"

100   엔키두는 배가 차도록 빵을 먹었네
        그는 맥주를 일곱 단지나 가득 마셨네
        자유로운 기분이 되자, 그는 노래를 부르기 시작했네
105   마음이 즐거워지고 얼굴이 환해졌네.

        이발사가 털이 많은 그의 몸을 가다듬었고
        기름을 바르니 그는 사람으로 변했네
110   그는 옷을 입고, 전사처럼 되었네
        그는 사자 떼와 싸우려고 무기를 들었네.

        밤에 목동들이 누워서 잠들자
115   그는 늑대 떼를 가격했네, 사자 떼를 쫓았네
        연로한 목동들은 누워 잤고
        그들의 야경꾼 엔키두는 [정신을 바싹] 차렸네.

120   어떤 사람이 *혼인식에 초대받아서*
        ....

여백이 이어지다가, 잠시 후 내용이 계속된다.

135   엔키두가 샴카툼과 쾌락을 맛보는 중이었네
        그가 눈을 들다가 그 사람을 보았네
        그러자 그가 매춘부에게 말하기를

140   "샴카툼, 저 사람을 데려오도록 하오.

왜 여기 왔는지 그의 사연을 알아보게 해주오.”
매춘부가 사내를 부르고
　　그에게 다가가서 말을 걸었네.

“이봐요, 어디로 급히 가시나요?　　　　　　　　　　　　145
　　무슨 일로 그리 힘들게 길을 가셔요?”
사내가 입을 열어
　　엔키두에게 말하기를

“나는 혼인 잔치에 초대받았소이다
　　부부의 연을 맺는 것이 사람들의 운명이니.　　　　　150
나는 혼인 잔치를 위해 맛있는 음식을
　　잔칫상에 올릴 것이외다.

우루크 시의 왕을 위해
　　먼저 선택한 이를 위해 *면사포가* 벗겨질 거요　　　155
길가메시, 우루크 시의 왕을 위해
　　먼저 선택한 이를 위해 *면사포가* 벗겨질 것이외다.

그는 예비 신부와 짝짓기를 할 것이오
　　그가 맨 먼저, 신랑은 이후에.　　　　　　　　　　160
신의 승낙으로 그렇게 정해졌소
　　그의 탯줄이 잘릴 때 그에게 그녀는 예정되었소.”

사내의 말에 그의 얼굴이 분노로 질렸네.　　　　　　　165

엔키두의 나머지 반응은 공백이고, 이후 텍스트가 다시 시작된다.

175   엔키두가 [먼저] 가고, 샴카툼이 뒤따르네
       그가 곧장 우루크 시로 들어갔네
          인파가 주위로 몰려들었네.
180   그가 우루크 시의 거리에서 멈추자
          다들 주변에 모여, 그에 대해 떠들었네.

       "외형상 그는 길가메시의 모습이나
185   신장이 더 작고, 골격은 더 크구먼.
       고지대에서 태어난 [사람이 분명해]
          동물의 젖을 빤 사람이야."

190   우루크에서 정기 희생제 축제가 열렸고
          청년들은 흥청망청 떠들고 승자를 정했네
       용모 출중한 이가
195   신 같은 길가메시의 맞수로 정해졌네.

       혼인의 여신을 위해 침대가 마련되었고
          길가메시는 밤에 처녀를 만났네
200   (엔키두가) 앞으로 나와, 거리에 서서
          길가메시의 길을 막았네.

204   …… 그들은 그에 *대해 떠들었네.*

                              * * *

       길가메시는 *문간* ……
210   그 앞에는 ……

그는 점점 분노해서 ······
엔키두가 그를 향해 다가가자
　　그들은 나라의 광장에서 서로 마주 섰네
엔키두가 발로 문을 막았네　　　　　　　　　　　　　　　　215
　　그는 길가메시가 들어가지 못하게 했네.

그들은 황소처럼 등을 굽히고 서로 부여잡았네
　　그들이 문설주를 치자, 벽이 흔들렸네　　　　　　　　　220
길가메시와 엔키두는 황소처럼 등을 굽히고 서로 부여잡았네
　　그들이 문설주를 치자, 벽이 흔들렸네.　　　　　　　225

길가메시가 한 발로 땅을 딛고 무릎을 꿇었네
　　분노가 가라앉자 그는 싸움을 중단했네　　　　　　　230
그가 싸움을 중단한 후
　　엔키두가 그에게, 길가메시에게 말하기를

"당신의 어머니는 당신을 특별한 이로 낳았나이다　　　235
　　우리의 야생 암소, 닌순 여신이!
당신은 전사들 저 높이 받들어지고
　　엔릴은 당신이 백성의 왕이 되도록 운명지었나이다!"　　240

엔키두가 길가메시의 형제가 되다: 삼나무 숲으로의 원정 준비

❖

1914년경 코네티컷주 뉴헤이븐의 '예일 바빌로니안 컬렉션'은 태블릿 하나를 매입했다. 흔히 '길가메시 Y'로 통하는 예일 태블릿은 펜실베이니아 태블릿과 같은 고바빌로니아 판본의 태블릿 III이다. 펜실베이니아 태블릿과 필체를 비롯해 여러 특징이 같으니, 출토지가 분명 같을 것이다. 텍스트는 표준판 태블릿 II-III과 다른 점이 있지만 거의 흡사하다. 일부는 1부에서 텍스트를 복구하는 데 이용되었다.

길가메시와 엔키두는 닌순의 예상대로 가까운 친구가 된다. 점토판이 훼손되어 파악되지 않지만 어떤 이유로 엔키두는 불행에 빠진다. 길가메시는 삼나무 숲에 오르는 원정을 제안하며 용기를 북돋운다. 거기서 괴물 같은 후와와를 죽이자고 한다. 고바빌로니아 태블릿들에는 '훔바바'로 나오는 인물이다. 엔키두는 길가메시에게, 후와와는 신들에게 삼나무 숲지기로 임명되었다고 경고한다. 길가메시는 죽음을 겁내느냐고 꾸짖으면서, 싸우다가 죽는 것은 영광이며 자신은 영원히 이름을 남기겠다고 강조한다. 그들은 대장간에 무기를 만들게 하고 길가메시는 우루크 회합을 소집한다. 원정 계획을 선포하자 장로들은 조심하라고 당부한다. 길가메시는 그들의 조언을 웃어넘긴다. 텍스트에 어느 정도 공백이 있고, 누군가가 안전한 여행을 기원한다. 아

마도 그의 모친 닌순일 것이다. 길가메시는 태양신에게 여행길에서 보호해
줄 것을 간구하고 그의 신격화된 아버지 루갈반다에게도 기도한다. 영웅들
은 장비를 짊어지고 장로들은 길가메시에게 축복하고 여행에 대해 조언한
다. 두 사람이 떠나자, 엔키두는 길가메시에게 청년들을 도시로 돌려보내라
고 말한다. 그렇게 둘이서만 떠난다.

시작 부분 소실

"왜 이 일을 하고 싶습니까?
　… 무엇이든 … 그리도 원하십니까?　　　　　　　　　　　　　　　15
제가 ………
　나라에서 이루어진 적 없는 업적이니."

그들은 서로에게 입 맞추고 친구가 되었네.

공백 이후 문단은 길가메시의 말로 시작된다. 현재 노르웨이에 있는 파편의
도움으로 구절을 채울 수 있다.

"나는 친구를 찾았네, 나는 [꿈에서] 조언자를 보았네
　엔키두, 나는 꿈에서 조언자를 보았네!"　　　　　　　　　　　　25
엔키두가 그녀에게, 매춘부에게 말했네
　"가자, 매춘부여, 내가 그대에게 호의를 베풀리라
그대가 나를 [나라]의 도시 우루크로 데려왔으므로
　그대가 내게 멋진 동반자요 친구를 알려주었으므로."

긴 공백 후 텍스트가 다시 시작된다.

71   [그의] 눈에 눈물이 [차오르고]
         마음은 점점 서글퍼져서, *꺼질 듯* 한숨지었네
      엔키두의 [눈에] 눈물이 차오르고
75   마음은 [점점 서글퍼져서, *꺼질 듯*] 한숨지었네.

      [길가메시는] 그에게 얼굴을 숙이고
         엔키두에게 [말하기를]
80   "내 [친구], [어이하여] 그대의 눈에 눈물이 [차오르고]
         [마음은 점점 슬퍼지고, 그리 *꺼질 듯*] 한숨짓는가?"

      엔키두가 [입을] 열어
         길가메시에게 말하기를
85   "친구여, 슬픔으로 내 목의 힘줄이 뭉쳤고,
         내 팔이 늘어지고 힘이 빠져나갔네."

      길가메시가 입을 열어
90   엔키두에게 말하기를

                    * * *

97   "흉악한 후와와를 ……
         … [그가 힘을] 더 쓰지 못하도록 [우리] 그를 베어버리세!

100   [후와와가] 사는 삼나무 [숲에서]
         그의 거처에서 그를 급습[하세!]"
      엔키두가 입을 열어
105   길가메시에게 말하기를

"친구여, 나는 고지대에서 그를 알았다네
　　당시 나는 동물 떼와 여기저기 돌아다녔지
숲은 초지가 60리그나 되는데
　　누가 그 속에서 모험을 하겠나?

후와와, 그의 목소리는 대홍수요,　　　　　　　　　　　110
　　그의 말은 불꽃이고, 그의 숨결은 죽음이라네!
그대는 이 일을 왜 하고 싶어 하는가?
　　후와와가 매복한다면 승산 없는 싸움이거늘!"　　　115

길가메시가 입을 열어
　　엔키두에게 말하기를
"친구, 나는 [숲의] 능선을 오를 걸세."　　　　　　　　119

＊ ＊ ＊

엔키두가 입을 열어　　　　　　　　　　　　　　　　127
　　길가메시에게 말하기를

"친구여, 우리가 어떻게 [삼나무] 숲에 갈 수 있는가?　　130
　　그것을 지키는 신은, 강력하고 잠도 안 자는 웨르라네
후와와는 웨르[에게 임명받았네]
　　아다드가 서열 1위 그리고 훔바바가 [2위네.]　　　135

[삼나무들을] 안전하게 지키려고
　　[엔릴]은 [그에게] '일곱 공포'를 부여했네."
길가메시가 입을 열어

엔키두에게 이르기를

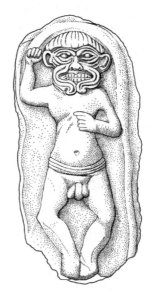

[19] 그의 말은 불이요 그의 숨결은 죽음이네!

140   "친구, 하늘까지 오를 수 있는 사람이 누가 있는가?
        오직 신들만 햇빛 속에서 영원히 [산다네]
        인간은 생애가 정해져서
        그가 무슨 일을 하든, 그것은 지나는 바람일 뿐이네.

        여기서 자네는 죽음을 두려워하는군!
145   자네의 강한 용기는 어찌된 건가?
        내가 자네 앞에서 걷게 해주게
        그러면 자네는 내게 '두려움 없이 계속 가게!'라고 외칠 수 있네.

        내가 쓰러진다면 내 이름을 떨치게 해주게
150   '길가메시는 흉악한 후와와와 싸움에 임했노라!'

자네는 야생에서 태어나고 자랐네
　사자가 자네를 공격했네, 자네는 온갖 경험을 했지.

남자 어른들은 자네를 보면 달아났네
　저녁[에는] 자네를 ……　　　　　　　　　　　　　　　155
[왜 이제] 겁쟁이처럼 말하는가?
　[자네의] 줏대 없는 [말이] 나를 심란하게 하는군.

내가 출발하게 해주게, 내가 삼나무를 쓰러뜨리겠네!
　불멸의 [이름을] 영원히 세우겠네!　　　　　　　　160
[가세] 친구, 서둘러 대장간으로 가세
　우리 앞에서 [우리에게 도끼를] 만들라고 하세!"

그들은 서로 손을 잡고 서둘러 대장간으로 갔네
　거기서 대장장이들은 앉아서 상의했네
그들은 큰 도끼와　　　　　　　　　　　　　　　　165
　각각 무게가 3달란트인 손도끼를 만들었네.

그들은 멋진 단검들을 만들었네
　칼의 무게는 각각 두 달란트
칼 손잡이 장식은 반 달란트 반
　단검의 황금 외장이 각각 반 달란트였네　　　　　　170
길가메시와 엔키두는 각자 열 달란트씩 지녔네.

그가 우루크의 일곱 겹문을 지나
　[회합을] 소집하자, 군중이 모여들었네
우루크 시의 거리에서 …

175   길가메시가 왕좌에 [*앉았네.*]

    [우루크] 시의 [거리에서]
      그 앞에 [군중이] 앉았네.
    [*그러자 길가메시가*]
      [우르크] 광장의 [장로들에게] 말하기를

180   "[내 말을 들으시오, 우루크] 시의 [장로들이여!]
      [*나는 흉악한 후와와에게 가는 길을 밟겠소*]
    인간들이 말하는, 나라에 계속 회자되는
      이름을 가진 신을 만나겠소.

    삼나무 숲에서 그를 물리쳐서
185   우루크의 자손이 강하다는 것을 세상에 알리겠소!
    내가 출발하게 해주시오, 내가 삼나무를 쓰러뜨려
      불멸의 이름을 영원히 세우겠소!"

    우르크 시의 장로들은
190   길가메시에게 답했네
    "폐하는 젊어서 감정에 치우치시나이다, 길가메시
      자신이 하는 일을 다 알지 못하시나이다.

    후와와는 요상한 면을 가졌다고 들었나이다
      누가 그의 무기와 대적할 수 있으리요?
195   숲은 초지가 60[리그]나 되는데
      누가 그 속에서 모험을 하리요?

후와와, 그의 목소리는 대홍수요
   그의 말은 불꽃이고, 그의 숨결은 죽음이거늘!
왜 당신은 이 일을 하고 싶어 하시나이까?
   후와와가 매복했다면 승산 없는 싸움이거늘!"   200

길가메시는 고문관들의 말을 들었네
   그는 웃으면서 친구를 쳐다보았네
"이제, 친구, 어찌나 [*내가 겁나는지*!]
   그가 두려워서 내가 [*마음을 바꾸어야*] 되겠나?"   204

* * *

텍스트는 원정을 축복하면서 다시 시작한다.

   "신이 당신의 발이 [가장 곧은길]을 [밟게] 하시기를!   213

그가 당신의 [*걸음으로*] 여정을 완수해서
   우르크 [시]의 선창에 안전하게 복귀하게 하시기를!"   215
길가메시가 태양신 [앞에] 무릎을 꿇었고
   그가 말한 …….

"오 샤마쉬여, 제가 [후와와의 집]으로 가려 하니
   제가 그곳을 무사히 떠나게 하소서, 저를 살아 [있게 하소서!]
저를 [우루크의] 선창에 다시 데려오소서!   220
   [제게] 당신의 보호를 허하소서!"

길가메시가 ……를 불렀네

223   그의 지침은 ………

더 공백이 이어진 후 길가메시가 그의 신, 루갈반다에게 바치는 기도로 텍스트는 이어진다.

[그의] 뺨[을 타고] 눈물이 줄줄 흘렀네
230   "나의 신이여, [저는] 가보지 않은 여정에 [오르려 하오니]
나의 신이여, 저는 그것의 …을 모르나이다.

[제가] 무사히 집에 [오게 하사]
행복한 마음으로 당신의 얼굴을 [바라보게 하소서!]
[제가] 당신을 기쁘게 할 집을 지어드리겠나이다
235   [제가] 당신을 여러 왕좌에 앉게 하겠나이다!"

그의 장비를 ………
멋진 단검들을 ……
활과 화살통을 ……
손에 [이것들을 들었네.]

240   [길가메시는] 도끼를 집어들었고
안샨의 활[과 함께] 화살통을 [받았네]
허리띠에 단검을 [넣고]
여행을 시작할 [채비가 *그렇게 갖춰졌네.*]

245   [*청년들이*] 길가메시에게 다가왔네
"… 당신께서 도시에 돌려보내셨나이다."
장로들이 길가메시를 축복하고 여행을 위한 조언을 했네

"길가메시, 자신의 힘에만 의지하지 [마소서!]
눈을 날카롭게 뜨고, 단단히 방비하소서!   250

엔키두가 앞서 걷게 [하소서]
　그는 길에 통달했고, 그 길을 많이 다녔나이다
[그는] 숲으로 가는 길들과
　후와와의 모든 계책을 [아나니.]

'앞에 가는 자는 동반자의 안전을 지키네   255
　눈이 날카로운 자는 그의 사람을 [지키리!]'
샤마쉬께서 당신이 승리하도록 허락하시기를
　당신의 눈은 당신께서 말한 일을 목격하게 되기를!

그가 닫힌 길들을 당신에게 여시기를
　그가 당신의 발걸음을 위해 길을 준비하시기를!   260
당신의 발걸음을 위해 산을 준비하시기를
　밤이 당신에게 기운 차릴 것을 가져다주기를!

루갈반다께서 당신의 승리에 도움을 주시기를
　어린아이처럼 승리를 거두시기를!   265
당신이 가려고 애쓰는 후와와의 강에서
　발을 씻으소서!

밤을 보내려 야영할 때, 우물을 파소서
　늘 당신의 물병에 생수가 담기기를!
시원한 물을 샤마쉬에게 바쳐야 하나니   270
　또 당신의 [신] 루갈반다를 기억하소서."

엔키두가 입을 열어

　길가메시에게 말하기를

"*마음을 둔* 곳에서 여행이 시작되니

　그대의 마음에 두려움을 두지 말고, 눈을 내게 두게!

275　숲[에서] 나는 그의 거처와

　　후와와가 돌아다니는 [길들도] 알았네

　[*군중에게*] 말해 그들을 집에 돌려보내게!"

　　　............

　"......[저들은] 나와 가면 [안 되네]

280　　자네에게 ...."

군중은 행복한 마음으로 ...

　　... 그들은 그의 말을 [들었네.]

청년들은 *뜨거운 기도를 드렸네* ...

　"가십시오, 길가메시, 부디 ......

285　당신의 신께서 [당신 앞에] 가시기를!

　[샤마쉬께서] 당신이 [승리]하도록 허락하시기를!"

길가메시와 엔키두는 *나아갔고* ....

조각 일부만 남은 행이 몇 행 이어진다. 직후에 태블릿이 끝났을 것이다.

삼나무 숲으로 가는 길에서 꾼
첫 번째와 두 번째 꿈

길가메시 토판 세 장이 노르웨이의 스퀘엔 콜렉션(Schøyen Collection)에 있다. 두 장은 2003년에 처음으로 출판되고, 2009년에 다시 출판되었다. 모두 고바빌로니아 시다.

두 번째 장은 남부 바빌로니아에서 나온 작은 파편으로, 연대는 기원전 18세기 초로 추정된다. 코넬 파편과 상당히 비슷하다. 전면의 구절들은 예일 태블릿의 24ff를 복구하는 데 이용되었다. 후면은 예일 태블릿 151-53행 그대로이며, 텍스트는 여기에 다시 반복하지 않겠다. 세 번째 장은 온전한 태블릿으로, 1세기쯤 후로 추정된다. 그 텍스트는 삼나무 숲 원정을 다루며, 길가메시의 첫 두 꿈과 엔키두의 해몽이 나온다. 일부가 1장에서 태블릿 IV 54와 109행 표준본 복구에 쓰였다.

길가메시는 누워서 쉬고 있었네
　밤이 꿈을 불러왔네.
한밤중에 그는 놀라며 깼네
　그는 일어나 친구에게 말했네.

"친구여, 내가 꿈을 꾸었네!
　　왜 나를 깨우지 않았나? 정말 무서웠는데!
5　나는 어깨로 산을 떠받쳤네
　　산이 내게 쏟아져 나를 짓눌렀네.

힘이 빠지는 느낌이 내 다리를 감쌌고
　　두려운 광휘가 내 팔을 압도했네.
사자 같은 사내가 내게 다가왔네
10　　땅에서 환하게 빛났고 최고로 [출중한] 외모였네.

그가 내 팔뚝을 잡았네
　　산 밑에서 그가 나를 끌어당겼네."
엔키두는 꿈을 해몽해서
　　길가메시에게 말하기를

"이제, 내 친구여, 우리가 찾아가는 이는
15　　그는 그만큼 이상한 산이 아닌가?
이제, 우리가 찾아가는 후와와는
　　그는 그만큼 이상한 산이 아닌가?

자네와 그가 만나면, 그러면 그대의 임무는 오직 하나
　　전사의 의식, 사내의 임무.
그는 그대에게 분노를 터뜨릴 테고
20　　그에 대한 두려움이 그대의 다리를 휘감겠지.

하지만 그대가 본 이는 태양신 샤마쉬 왕이었네
　　위기의 순간에 그가 자네의 손을 잡을 걸세."

길가메시는 반가웠지, 그의 꿈은 상서로운 징조였네
  그의 마음이 즐거워졌네, 얼굴이 환하게 빛났네.

만 하루, 이틀, 사흘의 여정   25
  그들은 에블라의 땅에 더 가까워졌네.
길가메시는 능선 꼭대기에 올라갔네
  그가 산 전체를 응시했네.

그는 무릎에 턱을 괴었네
  사람들에게 잠이 쏟아지듯, 잠이 그를 덮쳤네.   30
한밤중에 그는 놀라서 깼네
  그가 일어나서 친구에게 말했네.

"친구여, 내가 다른 꿈을 꾸었네
  이전에 꾼 꿈보다 더 무서웠네.
폭풍우 신이 그르렁대자, 땅이 흔들렸고
  햇빛이 점점 가려져서 어둠이 내렸네.   35

번개가 내려쳤고, 불길이 일어났네
  불꽃이 활활 타고, 죽음이 쏟아져내렸지.
아다드의 천둥이 나를 망연자실하게 했고
  낮이 어두워지자, 나는 어디로 가는지 몰랐네.

마침내 높이 치솟았던 불꽃이 사그라들었고   40
  모든 불길이 꺼져서 재로 변했네.
침침한 빛이 환해졌고, 신이 빛났네
  … 그가 여기로 이끌어 ……."

[엔키두]가 [꿈을] 해몽해서
　　길가메시에게 말하기를
"아다드가 천둥쳤네 ……
45　　… 그리고 그대에게 분노가 일어나겠지.

그대의 … 그를 대적해 …
　　… 그리고 그대의 눈이 밝아질 걸세
그대에게 비친 [그] 광명이 불길을 [끌 걸세]
50　　그리고 그의 무기를 그대가 재로 만들 걸세.
그대의 꿈은 길몽이네, 신이 그대와 함께하시니,
　　그대는 곧 계획을 이룰 걸세."

그들이 밤낮으로 서둘러
55　　하므란에 가까이 가자, 산꼭대기에 *주저앉았네*
그 [산]에 사는 아모리 족은
　　매일 후와와의 음성을 들었네.

그는, 삼나무 지기는 그들을 보았네
　　그는 접근하는 모든 것을 내쫓네
60　　[후와와, 그] 삼나무 지기
　　그는 모든 접근에 퇴짜를 놓네.

[엔키두가] 눈을 [들어] 삼나무를 봤네
　　그 [웅장함]이 고지대를 덮었네
그의 얼굴이 잘린 두상처럼 창백해졌네
　　공포가 그의 가슴 깊이 들어왔네.

길가메시가 그에게 얼굴을 숙이고
    엔키두에게 말하기를   65
"친구여, 왜 자네 얼굴이 창백해지고
    공포가 가슴 깊이 들어왔나?"

엔키두가 입을 열어
    길가메시에게 말하기를
"친구여, 나는 눈을 들었고 삼나무를 봤네
    그 웅장함이 고지대를 덮었지.   70

누가 그 신을 견딜 수 있으리요
    신들 중에서 가장 강력한 무기를 가졌는데?
우리가 그 후와와를 견딜 수 있을까
    세상에서 가장 강력한 무기를 가졌는데?

친구여, 그래서 내 얼굴이 창백해지고   75
    공포가 가슴 깊이 들어왔네."
길가메시가 입을 열어
    엔키두에게 말하기를

"열정이 *내* 능력으로 나를 이끌어오지 않았나?
    *태양신*이 내게 '[내가 너와] 함께 가리니!'라고 말했네
두려워 말게, 엔키두여, 나를 주시하게!   80
    나는 자네가 몰랐던 싸움을 벌일 걸세."

그들은 밤을 보낼 채비를 했네, 그들은 누웠네
    자다가 깨서, 그는 꿈을 이야기했네

"친구여, 내가 세 번째 꿈을 꾸었네!"

삼나무 숲으로 가는 길에서 꾼
세 번째와 네 번째 꿈

고바빌로니아 니푸르 태블릿은 1951~1952년 시즌에 니푸르의 '태블릿 힐'에서 출토되었다. 더 정확히는 필사 학교로도 사용된 사저의 뒷방에서였다. 시대는 기원전 18세기 중반, 특히 세기말로 접어들며 경제 위기로 남부 바빌로니아가 쇠락하기 직전이었다. 그즈음 학교는 문을 닫고 빈집이 되었다. 현재이 태블릿은 바그다드의 이라크 박물관에 있다. 이것은 견습생의 습작으로, 삼나무 숲에 가까워져서 길가메시가 꿈꾸는 에피소드를 다룬다. 두 단락으로 나뉜 내용은, 이미 1장에서 표준판 태블릿 IV의 142행, 네 번째 꿈을 말하고 해몽하는 대목을 복구하는 데 사용되었다.

"친구, 우리는 숲에 한층 가까워지고
　꿈들은 곧 벌어질 싸움에 맞아떨어지네
자네는 꿈에서, 그리도 두렵게 생각하는 후와와,
　즉, 신의 광휘를 볼 것이네.

자네는 황소처럼 뿔을 잡고 그를 공격해서　　　　　　　　　5

힘으로 그의 머리를 내려칠 것이네.
자네가 본 노인은 자네의 강력한 신이요
자네를 잉태시킨 이, 루갈반다 님이시네."

"친구여, 나는 네 번째 꿈을 꾸었네
10   이것은 다른 세 번의 꿈을 능가하네!
나는 하늘에서 사자-새를 보았네
새가 구름처럼 떠올라 우리 위로 솟구쳤네.

[20] 나는 하늘에서 사자-새를 보았네

그것은 …였고, 얼굴이 뒤틀리고
입은 불이요 숨결은 죽음이었네.
15   [또 한] 사내가 [있었는데], 생김새가 이상했네
꿈에서 그는 … 그리고 거기 서 있었네.

[그가] 새의 날개들을 [묶고] 내 팔을 잡더니

　…… 그것을 내 [앞에] 팽개쳤네

그 위에 ………."　　　　　　　　　　　　　　　　　　　19

＊　＊　＊

"[그대는 하늘에서 사자-새를,]　　　　　　　　　　　　20´

　새가 구름[처럼 떠올라] 우리 위로 솟구치는 것을 [보았네.]

그것은 …였고, 얼굴이 뒤틀리고

　입은 불이요 숨결은 죽음이었네

그대는 그것의 장엄한 광휘가 두려울 거고

　내가 그것의 발을 … 그리고 자네가 떠오르게 하겠네!　　25´

그대가 본 이는 강력한 샤마쉬였네."

삼나무 숲에 가는 길에 꾼
다른 꿈

❦

고바빌로니아 길가메시 태블릿 두 개는 텔 하르말의 어느 사저에서 출토되었다. 이곳은 바그다드의 동쪽 변두리인 고대 샴두품 지구다. 이 태블릿들은 현재 이라크 박물관에 있다. 둘 다 발굴 3기인 1947년 8월에 복구되었고 연대는 기원전 18세기 초에 해당한다. 니푸르 태블릿처럼 필경사의 습작으로 보인다.

하나는 길가메시와 엔키두가 삼나무 숲에 도착하면서 나눈 대화지만, 상태가 아주 나쁘고, 연결해서 번역하기가 대부분 불가능하다. 둘 중 더 읽을 만한 태블릿에는 길가메시가 삼나무 숲으로 가는 길에 꾼 꿈 하나와 엔키두의 해몽이 담겨 있다. 대부분은 이미 1장에서 표준판본 IV 183행의 공백 보충에 활용되었다.

"산꼭대기 바위에 올라가서 …을 보네
    나는 신들의 잠을 빼앗겼네!
친구, 나는 꿈을 꾸었네
    얼마나 *불길하던지*, 얼마나 *황량하던지*, 얼마나 모호하던지!

난 야생 황소와 씨름하는데   5
　　황소의 포효에 땅이 갈라졌네
그것이 일으킨 먼지 구름이 하늘 깊숙이 뿌려졌네
　　그리고 나는, 그것 앞으로 *고꾸라졌지*.

……를 붙잡고 내 양팔을 감쌌네.
　　… 그가 [나를] 꺼내 … *완력*으로 …
내 뺨 …, 내 …
　　[그는] 내게 가죽 부대에 든 물을 [마시게 해주더군.]"

"친구여, 우리가 맞설 [신]   10
　　그는 황소가 아니네, 그는 전혀 다르다네
　　그대가 본 *야생* 황소는 빛나는 샤마쉬였네
　　그가 위태로운 순간에 우리 손을 잡으리니.

그대에게 가죽 부대에 든 물을 마시게 해준 이는
　　그대를 아끼는 그대의 신, 루갈반다 님이었네   15
우리는 힘을 모아서 특별한 일을 하리니
　　나라에 없던 위업일세!"

삼나무 숲지기를 베다

이 태블릿은 현재 시카고 대학교의 오리엔탈 박물관 태블릿 컬렉션이 소장 중이다. 1935년 고대 네렙툼인 이스칼리(Ishchali)에서 출토된 필경 학교 습작이다. 이 바그다드 동쪽의 디얄라 강변 마을에서 출토된 서판의 연대는 기원전 18세기 초다. 텍스트는 길가메시가 숲지기 후와와를 격퇴한 대목으로 표준판본 태블릿 V와 다른 대목이 상당수 있지만, 얼추 비슷하다. 엔키두는 적을 살려두지 말라고 조언하지만, 길가메시는 후와와를 수호하는 신비한 빛 '후광'을 추적하고 싶어 한다. 그런 일은 나중에 하면 된다고 엔키두는 조언한다. 주인공들은 후와와를 죽인다. 그의 하인과 이후 일곱 후광도 없앤다. 그런 다음 신성한 숲을 훼손하고 삼나무를 쓰러뜨린다.

도입부는 훼손됨

6′ 엔키두가 그에게, 길가메시에게 말하기를
  "자네의 신들이 [*증오하는 괴물*,] 후와와를 공격하게!
  ············

[*내 친구여, 어이하여*] 그에게 자비심을 보이나?"

길가메시가 그에게, 엔키두에게 [말하기를]   10′
　"자, 친구여, 우린 승리를 쟁취해야 하네
후광들이 덤불 속에서 빠져나가네
　후광들이 빠져나가네, 그 광채가 *점점 흐려지네.*"

엔키두가 그에게, 길가메시에게 말하기를
　"친구, 새 한 마리를 잡으면 그 새끼들은 어디로 가나?   15′
후광들은 차후에 찾아보기로 하세
　덤불 속에서 새끼들이 이리 뛰고 저리 뛰니!

그를 다시 가격하게, *그와 함께* 부하를 베어버리게!"
　길가메시는 동반자의 말을 들었네
그는 도끼를 손에 쥐고   20′
　허리춤에서 단검을 빼들었네.

길가메시가 그의 목을 가격했네
　그의 친구 엔키두가 *격려했지*
그는 ……… 그가 쓰러졌네
　협곡들에 그의 피가 흘러내렸네.   25′

숲지기 후와와를 그는 땅바닥에 쓰러뜨렸네
　2리그 거리까지 …
그와 함께 그는 ……를 베었고
　그는 숲을 ……

30´ 그는 괴물을, 숲지기를 베었네
　　숲지기의 비명이 시리온과 레바논 산봉우리들을 *쪼갰네*
　　… 산들이 흔들렸고
　　… 산등성이가 전부 떨었네.

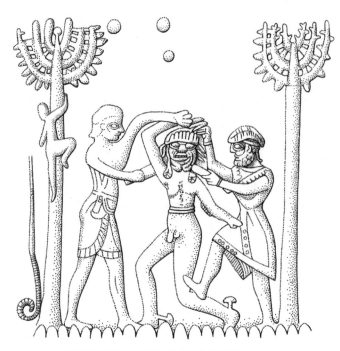

[21] 숲지기 후와와를 그는 땅바닥에 쓰러뜨렸네

　　그는 괴물을, 숲지기를 베었네
35´ 　절단 난 ……
　　그는 일곱 [광휘를] 전부 베어내자마자
　　　무게가 *2달란트*인 전투용 그물과 8달란트인 단검

　　10달란트를 채비해서
　　　숲을 토벌하러 내려갔네

그는 신들의 은신처를 발견했네
 길가메시는 나무들을 쓰러뜨렸고 엔키두는 *목재*를 추렸네.

엔키두가 그에게, 길가메시에게 말하기를   40´
 "··· 길가메시여, 삼나무를 쓰러뜨리게!"

심하게 훼손된 몇 행이 더 나온 후 태블릿이 갈라졌다.

삼나무 숲에서
쓰러진 나무들

—❖—

이 고바빌로니아 태블릿은 이라크 박물관에 있다. 기증이나 몰수로 습득한
유물로, 이라크 모처라는 사실 외에는 출처가 알려지지 않았다. 손상 정도가
심한 편이다. 해독 가능한 텍스트는 삼나무가 쓰러지는 에피소드를 다루었
기에 앞의 태블릿과 약간 겹친다.

17 … 그는 삼나무 숲을 짓밟으며 들어갔네
     그는 신들의 비밀 거주지를 발견했네.
    야생에서 태어난 이는 어떻게 조언할지 알았네
     그가 친구에게 말했네.

20 "그대의 힘만으로 그대는 숲지기를 베었네
     무엇이 자네에게 불명예를 안길 수 있을까? [삼나무] 숲을 낮
      게 만들게!
    나를 위해 높은 삼나무를 찾아주게
     꼭대기가 천상만큼 높은 것을!

내가 너비가 갈대 길이만 한 문을 만들겠네

　　회전축이 *필요 없게 하겠네*, 경첩으로 움직이게 하겠네.

옆면이 1큐빗, 너비는 갈대 길이가 될 걸세 25

　　이방인이 가까이 오지 못하게 하겠네, 신이 [그것을] 아끼게 하
　　겠네.

유프라테스가 그것을 엔릴의 집으로 가져다주리

　　니푸르 사람들이 그것을 기뻐하리!

엔릴 신이 그것을 즐거워하리!"

엔키두가 사냥꾼과
매춘부를 저주하다

1922년에서 1934년까지 레너드 울리 경이 현대 나시리야 서쪽인 남바빌로니아 칼데아의 우르를 발굴할 때 출토된 서판이다. 태블릿 연대는 기원전 12세기로 추정된다. 텍스트는 표준판본과 매우 유사하지만, 더 오래된 판본의 요약본으로 보인다. 엔키두가 임종하는 에피소드인데, 그는 덫 사냥꾼과 매춘부를 저주했다가, 다시 매춘부를 축복하고 저승 꿈을 이야기한다. 따라서 텍스트가 태블릿 VII 90-171행과 유사해 내용 복구에 도움이 된다. 현재 영국 박물관에 있다.

첫 새벽의 빛나는 광휘에,
   엔키두는 고개를 들고, 샤마쉬에게 한탄했네.
햇빛 아래서 그는 눈물을 흘렸네.
   "샤마쉬여, 당신께 사냥꾼, 덫 사냥꾼으로 인해 간청하나이다.

5   덫 사냥꾼으로 *말하자면*, 나를 내 친구만큼 빼어나지 못하게 한 자이니

사냥꾼이 그의 친구만큼 얻지 못하게 하소서!
그의 이득을 삭감하소서! 그의 수입을 줄이소서!
　당신의 면전에서 그의 몫이 깎이기를 바라나이다!"

그는 성에 차게 사냥꾼을 저주한 후에
　매춘부 또한 저주하기로 했네　　　　　　　　　　　　　10
"오라, 샴하트, 내가 너의 운명을 정하리니
　내가 강력한 저주로 너를 저주하리라
내 저주가 지금부터 앞으로 네게 미치리!

너는 기쁨을 주는 가정을 얻지 못하리니
　젊은 여인들의 *방*에 너는 앉지 못하리!　　　　　　　　15
네 가장 좋은 옷은 땅에 더럽혀지리!
　네 잔치옷은 취한들이 흙 속에서 더럽히리!

너는 가재도구와 냄비가 있는 집을 갖지 못하리
　[네 집은 도공의] *점토 채취장* [노릇을 할 것이므로]!
너는 [침실도, 가족 사당도,] 성스러운 [*난로도*] 갖지 못하리!　　20
　네 방에서 침대, 의자나 탁자, 자랑스러워하는 사람들을 보지
　　못하리!

딱딱한 의자가 네가 기쁨을 얻을 침대이리!
　도공의 교차로가 네가 앉는 자리가 되리!
네가 자는 곳은 폐허더미이리!
　성벽의 그늘이 네가 선 자리가 되리!　　　　　　　　　25

가시와 덤불이 네 발의 살갗을 벗기리!

취한 자와 취하지 않은 자가 네 뺨을 갈기리!
거리의 [오합지졸이] 네 매춘굴에 모여들리!
[네 술집에서] 싸움이 일어나리!

30   [부인들이] 고소인이 *되어* [너를] 고소하리!
       어느 인부도 [네 집 지붕에 회반죽을 발라주지 않으리!]
      [네 침실에 들]개 떼가 누우리!
33   [네 집에서는 결코] 잔치가 벌어지지 [않으리!]

                    * * *

      네가 순결한 나를 약하게 만들었기 [때문에]
40   [그렇지,] 야생에서 순결한 나를 네가 약하게 만들었지!"
      [샤마쉬가] 그의 말을 [들었고]
42   [당장] 하늘에서 [소리를] 외쳤네.

짧은 공백 후 텍스트가 다시 시작되면서 엔키두가 말한다.

48   "오라, 샴하트, [내가] 네 [운명을 정해주겠다]
       너를 저주한 내 입은 너를 축복하기도 하리라.

50   통치자들이 너를 사랑하고 귀족들도 그러하리!
       1리그 거리에서 사내들이 제 허벅지를 때리고,
      2리그 거리에서 그들은 머리를 저으리!

      어느 병사도 너를 위해 허리띠를 푸는 데 더디지 않고,
       그는 손톱과 목걸이를 네게 주리!

금귀고리로 네 귀를 꾸미리니!   55

[22] 통치자들이 너를 사랑하고 귀족들도 그러하리!

신들 중 가장 재주 있는 이쉬타르는 네가 안정된 가정과
　잔뜩 [쌓인] 재물을 가진 사내에게 다가가게 하리!
그의 아내는 일곱 자식의 어미이건만, 너 때문에 버려지리!"

길가메시는 그 앞에 앉아 있었네.
　그가 마음에 둔 것을 궁리하면서　　　　　　　　　　60
엔키두가 그에게 말하기를

　"내 친구여, 지난밤 내 꿈에 확실히 뭔가가 있었네
하늘에 천둥이 치고, 땅은 메아리쳤네
　그리고 내가 거기 그것들 사이에 서 있었지.

65   한 사람이 있는데, 침울한 표정이었고
       으르렁대는 사자-새와 똑같은 모습이었네.
    [그의] 손은 사자의 앞발이었고
       [그의] 손톱은 매의 발톱이었지.

    그가 내 머리채를 잡더군, 그가 나를 *제압했지*."

길가메시,
세상의 끝에서

엔키두의 죽음에 절망한 길가메시는 영생의 비밀을 찾아 야생을 헤맨다. 태양신은 하늘에서 그에게 말을 걸어 그의 원정이 부질없다고 충고한다. 길가메시는 안식하는 삶을 거부한다. 곧 죽음이 영원한 휴식을 가져오리란 사실을 알기에 그는 최대한 생명을 연장하려고 한다. 중간에 내용이 끊긴 후 길가메시는 시두리에게 친구가 죽은 경위와 그로 인해 죽음에 대한 두려움을 알게 됐노라고 설명한다. 여인숙 주인은, 신들만이 영생할 수 있다고 설명한다. 인간의 소임은 사는 동안 즐기고, 후손을 남길 가정을 일구는 것이라고 말한다. 하지만 길가메시는 이 말에 설득되지 않고 원정을 계속하겠노라 고집한다.

두 번째 공백 이후 텍스트가 다시 시작되면서, 길가메시는 뱃사공 수르수나부(여기 나오는 이름이 나중에 우르-샤나비가 된다)의 석상 선원을 깨부순다. 수르수나부가 자기소개를 하자, 길가메시는 여행에 대해 말하면서, 여기서는 우타나이쉬팀(Uta-naishtim)으로 나오는 불멸의 우타나피쉬티를 찾게 도와달라고 청한다. 수르수나부는 그에게 석상 인간들이 바다를 건널 수 있는 수단이었지만, 항해를 하려면 삿대를 준비하라고 이른다.

이 태블릿은 이어지는 파편 두 개로 구성되는데 하나는 현재 런던에 있는 영국 박물관에, 다른 하나는 베를린의 중근동 박물관에 있다. 파편들은 1902년 바그다드에서 매입되었고 바빌론 유프라테스강 상류의 시파르에서 출토되었다. 태블릿 연대는 기원전 18~17세기다. 필사 학교의 습작이 아니라, 양쪽에 각기 두 단으로 쓰인 서고용 태블릿이다. 따라서 별개의 텍스트가 아닌, 전체 사서시 판본의 일부일 것이다. 여기 적힌 텍스트는 표준판 태블릿 IX-X의 일부와 다른 점이 있긴 해도 유사하다. 몇 행은 1장에서 표준본을 보충하는 데(가령, 태블릿 IX 18행에 col. i 삽입) 이용되었다.

도입부 소실

i-2′ [그는] 사자 가죽을 걸쳤고 그 고기를 먹었네.
길가메시는 이전에 없었던 우물들을 [*파서*]
[그는] 물을 *마셨*고, 그러면서 바람들을 쫓아냈네.

i-5′ 샤마쉬가 점점 걱정되어, *몸을 굽히*고
길가메시에게 말했네.
"길가메시여, 어디서 헤매느냐?
네가 찾는 삶을 너는 결코 찾지 못하리라."

길가메시는 그에게, 영웅 샤마쉬에게 말했네.
i-10′ "*방랑이* 끝난 후, 야생을 다 돌아다닌 후
제가 저승에 들면 휴식이 부족하리까?
거기 누워 무구한 세월 잠들 것이거늘!

제 눈이 태양을 보고 빛을 흠뻑 받게 하소서!
어둠이 *숨으면*, 빛이 얼마나 남으리까?

언제 망자들이 태양 빛을 볼 수 있으리까?"   i-15′

긴 공백 이후 길가메시가 여인숙 주인에게 말하면서 텍스트가 재개된다.

"[내 친구, 내가 그다지도 애틋하게 사랑했지]
    나와 함께 온갖 위험을 겪어냈던 사람   ii-1′
엔키두, 내가 그다지도 애틋하게 사랑했지
    나와 함께 온갖 위험을 겪어냈던 사람.

죽어야 하는 운명이 그를 휘감았소
    난 그를 두고 밤낮으로 통곡했지   ii-5′
내가 그의 시신을 매장하지 않자
    '아마도 내 친구가 내 곡소리에 일어나리라!'

엿새 낮과 이레 밤을 통곡하자
    결국 그의 콧구멍에서 구더기가 나왔소
그가 떠난 후 난 생명을 찾지 못하고   ii-10′
    덫 사냥꾼처럼 야생에서 방랑했소.

오 여인숙 주인장, 나는 당신의 얼굴을 봤지만
    내가 그리도 두려워하는 죽음은 만나지 않을 것 같소."
여인숙 주인이 그에게, 길가메시에게 말하기를
    "오 길가메시, 당신은 어디를 헤매고 있소?   iii-1

당신이 찾는 생명을 당신은 찾지 못할 거요
    신들이 인류를 창조했을 때
그들은 인류에게 죽음을 나누어 주었고

iii-5   생명은 그들이 차지했소.

하지만 그대, 길가메시, 당신의 배를 두둑이 채우고
　　밤낮으로 항상 즐기시오!
매일 재미나게 지내고
　　밤낮으로 춤추고 노시오!

iii-10   의복을 깨끗하게 하고
　　머리를 감고, 물속에서 목욕하시오!
당신의 손을 잡은 아이를 지긋이 바라보고,
　　아내가 반복해서 당신의 포옹을 누리게 하시오!

그것이 [*유한한 인간들의*] 숙명이니
iii-15   사는 사람은 ………"
길가메시가 그녀에게, [주모에게 말하기를]

"오 여인숙 주인장, 왜 [*이렇게*] 말하시오?
　　내 마음은 내 친구 때문에 [*여전히 몹시*] 아프다오.
오 선술집 주인장, 왜 [*이렇게*] 말하시오?
iii-20   내 마음은 엔키두 때문에 [*여전히 몹시*] 아프다오.

허나 당신은 [*바다의*] 해안에 사니, 오 여인숙 주인장,
　　당신은 [*그것을 건널 방도를*] 다 알고 있소.
내게 길을 알려주시오, [*오 내게 알려주시오!*]
　　될 일이라면 [나는] 바다를 [건널 거요!]"

iii-25   여인숙 주인이 그에게, [길가메시에게] 말하기를

"오 길가메시, [전에는] 아무도 당신 같은 사람이 없었소!
[*샤마쉬 외에*] 누가 [*그 길을*] 여행할 수 있으리오?"]

[23] 샤마쉬 외에 누가 그 길을 여행할 수 있으리오?

더 공백이 이어진 후, 길가메시가 석상 인간들과 뱃사공과 만나는 이야기로
옮겨 간다.

… 그리고 그가 분노에 차서 [석상 인간들을] 짓뭉갰네.   iv-1
[길가메시가] 돌아와서 그 위에 버티고 섰네
   그때 수르수나부가 그의 눈을 응시했네.

수르수나부가 그에게, 길가메시에게 말하기를
   "말해보오, 그대 이름이 무엇인지?
나는 머나먼 자 우타나이쉬팀의 수르수나부요."
   길가메시가 그에게, 수르수나부에게 말하기를

"내 이름은 길가메시,

우루크-에안나에서 왔소

iv-10 산들을,

태양이 뜨는 숨은 길을 빙 돌아왔소.

오 수르수나부, 이제 난 당신을 만났소

내가 머나먼 자 우타나이쉬팀을 보게 해주시오!"

수르수나부가 그에게, 길가메시에게 말하기를

"…………

iv-15 머나먼 자 [우타나이쉬팀에게 *닿으려면*]

… 당신은 배로 여행해야 하오

… 그러면 내가 당신을 그에게 데려가겠소."

[그들은 앉아서], 둘이 그 이야기를 나누었네

iv-20 *그리고 다시 그는 그에게 말했네*

수르수나부가 그에게, 길가메시에게 말하기를

"오 길가메시, 내가 건널 수 있게 석상 인간들이 허락했소

나는 죽음의 물을 건드리면 안 되기 때문이오.

당신은 화가 나서 그들을 짓뭉갰소.

iv-25 석상 인간들이 나와 함께 있어 나를 건너게 해주었는데.

오 길가메시, 손에 도끼를 드시오

각각 60큐빗인 삿대 3백 개를 잘라 오시오.

…… 그것들에 돌기를 붙이시오 …

나머지는 소실됨

고바빌로니아 판본에 표준판 태블릿 XI에 나오는 것 같은 대홍수 이야기가 나온다는 증거는 아직 없다. 하지만 고바빌로니아에는 이와 관련해 최소 두 가지 이야기가 존재했다. 아트람하시스의 시에는 대홍수가 3인칭으로 서술된다. 최근 증거는 어빙 핑켈의 책 『노아 이전의 방주』(*The Ark before Noah*, 2014)에 나온다.

4부

다양한 바빌로니아 파편들

3부에 제시된 바빌로니아에서 나온 고바빌로니아와 중기 바빌로니아 파편들 외에 바빌로니아 외의 지역에서 나온 초기 시들 몇 편이 남아 있다. 시리아, 아나톨리아, 팔레스타인 같은 곳이다. 서문에서 설명했듯 이 문건에는 바빌로니아 문학에 대한 지식이 담겨 있다. 거기에는 근동 전역에서 설형문자가 사용되었던 시기에 메소포타미아에서 먼 곳에서 기록된 길가메시 판본들도 포함되어 있다. 이런 판본들은 무척 다양한데, 바빌로니아 판본과 상당히 비슷한 것도 있고 대략만 비슷한 것도 있다. 여기 덧붙이는 실랜드 태블릿은, 고바빌로니아의 길가메시 서사 텍스트가 담긴 동부나 남부 바빌로니아에서 발견되었고 이름도 각기 다르다.

우가리트 태블릿들

1994년 시리아 해안의 라스 샴라에서 바빌로니아 길가메시의 파편 세 개와 온전한 태블릿 한 장이 발견되었다. 고대 우가리트 지역의 '우르테누의 집'이라는 가옥에서 나왔다. 연대는 늦어도 기원전 12세기로 2007년 출판되었다. 판독 가능한 파편 세 개는 표준본(태블릿 IV-V)과 관련이 있지만, 텍스트 손상이 심해 시 파악에는 도움이 안 된다. 숲의 왕 훔바바가 구명하는 구절은 해독이 가능해서 1부의 태블릿 V를 복구하는 데 이용했다. 온전한 태블릿은 독특한 판본의 시 도입부를 담고 있다. 표준본 태블릿 I에서 대부분 구절이 파악되지만, 다수가 예기치 않은 순서로 나온다. 기억의 오류에서 비롯된 현상일 것이다.

심연을, 나라의 근간을 본 사람,
　　합당한 방도를 알고, 매사에 현명했지!
길가메시, 그는 심연을, 나라의 근간을 보았지,
　　합당한 방도를 알았고 매사에 현명했지!
그는 만방에서 권좌를 탐색했네　　　　　　　　　　5

모든 지혜를 알았지.

그는 우투르-나파쉬티(Uttur-napishti)까지 먼길을 여행하고

대양을, 넓은 바다를 건너 해 뜨는 곳으로 갔네.

그는 대홍수 이전 이야기를 안고 돌아왔네.

10   그는 멀리 여행했고, 지치고 아픔에 시달렸네

석판들이 그를 위해, 모든 노고를 위해 세워졌네.

길가메시는 어떤 젊은 신부도 신랑에게 탈 없이 보내주지 않네

그는 그들의 야생 황소, 그들은 암소라네.

그들의 하소연에 이쉬타르 여신이 마음을 썼네

15   무시무시한 소요가 아누의 천상까지 닿았네.

모든 왕을 능가하는, 영웅다운 키의,

용맹스러운 우루크의 후예, *맹렬한 야생 황소!*

길가메시, 영웅다운 키의,

용맹스러운 우루크의 후예, 맹렬한 야생 황소!

20   오 길가메시, 우루크의 성벽에 올라 앞뒤로 거닐라

토대를 살피라, 조적작업을 점검하라!

점토판이 든 삼나무 궤짝을 열라

청동 걸쇠를 **빼라!**

청금석 판을 꺼내 들고 낭독하라.

25   하여, "그 벽돌은 가마에서 굽지 않았나?

일곱 현인이 그 토대에 깃들이지 않았나?

도시는 1제곱마일, 대추야자 숲이 1제곱마일, 점토 채취장이 1제
곱마일, 이쉬타르 신전이 0.5제곱마일, 이렇게 우루크의
*공간*은 3과 0.5제곱마일."

길가메시는 차례로 50명의 동반자와 격투했고

매일 젊은이들을 제압했네

30   그는 우루크의 젊은이들을 경고 없이 공포에 **빠뜨렸네.**

그의 머리칼은 보리처럼 무성하게 자랐고
  치아는 뜨는 태양처럼 빛났네
  그는 청금석 색깔의 양모처럼 검은 곱슬머리를 가졌네.
그의 키는 11큐빗이었네
  그의 가슴너비는 4큐빗이었네.   35
그의 발은 3큐빗, 다리는 갈대 길이였네
  뺨에 늘어진 곱슬한 털이 3큐빗이었네.
그의 얼굴의 ….

하투사 파편들

히타이트 제국의 수도였던 하투사(현 아나톨리아 중부, 보가즈쾨이 혹은 보가즈칼레)에서는 세 가지 파편이 출토되었다. 기원전 13세기로 추정하는 태블릿(Bo_2)이 1906-1907년에 처음 발견되어, 현재 베를린의 근동 박물관에 있다. 이 태블릿의 겉면에는 삼나무 숲 원정에 오른 길가메시의 두 번째 꿈이 나오고, 내용은 고바빌로니아 태블릿 스코엔$_2$(3부 참조)와 흡사하다. 태블릿 뒷면은 이쉬타르와 하늘의 황소 에피소드인데 심하게 훼손된 상태이므로 이 책에는 실리지 않는다.

두 번째로 1934년, 길가메시의 꿈이 나오는 작은 파편이 발견되어, 앙카라의 아나톨리아 문명 박물관에 있다. 파편이 너무 작아 제대로 번역할 수 없는 상태다. 그러다가 1983년 서고용 서판 몇 개가 나왔고, 펜실베이니아와 예일 태블릿들에 나오는 고바빌로니아 판본과 비슷한 텍스트가 담겨 있다(여기서는 Bo_1). 파편들 중 두 개의 연대는 기원전 1400년경으로 여기 실린다. 파편(a)는 펜실베이니아 태블릿 51-102행, 파편(d)는 예일 태블릿 183-195행과 유사하다.

1983년 발견된 파편들, 1: Bo₁ 파편(a)

엔키두는 매춘부의 유혹을 받고, 그녀는 야생을 떠나 사람들 사이에 자리잡으라고 그를 부추긴다. 그녀는 자기 옷의 일부를 그에게 입힌다. 두 사람은 목동들의 야영지에 들어가고, 거기서 목동들은 그를 보고 감탄한다. 엔키두는 인간처럼 먹고 마시는 법을 배운다.

[매춘부가 입을 열어]
　　엔키두[에게 말하기를]

"당신은 잘생겼어요, [엔키두, *당신은 신과 비슷한데*]
　　[어찌하여] 야수들과 야생을 [누비고 다니나요?]
…… 당신은 신과 비슷한데
　　인간들 중 [*누가 당신만큼 빛나리오?*]"

[매춘부가 입을 열어]
　　엔키두에게 [말하기를]　　　　　　　　　　　5
"가세요, 엔키드, 제가 [목동들의 야영지로]
　　양우리가 있는 곳으로 [당신을 안내할게요.]"

그녀는 옷을 벗어 그에게 입혔네
　　[나머지 옷은 자신이 걸쳤네]
그녀는 그의 손을 잡고, 신처럼 그 앞에서 [걸어]
　　[목동들의 야영지,] 양우리[가 있는 곳으로 갔네.]

[목동들이 그를 둘러싸고 모였고]
　　[그] 무리는 자기들끼리 [*떠들어댔네*]

"이 자는 체구가 길가메시와 비슷하군]
10   그러나 키는 더 작고, 골격은 [더 크군.]

고지대에서 [태어난] 자가 [확실하군]
   동물의 젖을 [먹고 자란 이가.]"
[그들이 그 앞에 빵을 놓아주었네]
   [그는] 빵을 쳐다보았네, 그는 당황했네.

[그들이 그 앞에 맥주를 놓아주었네]
   [그는 맥주를 쳐다보았네,] 그는 당황했네.
[매춘부가 입을 열어]
   [엔키두에게 말하기를]

"빵을 먹어요, 엔키두, [신에게 어울리니!]
15   [맥주를 마셔요,] 왕에게 어울리니!"
   [엔키두는 배부르도록 빵을 먹었지]
   [그는] 맥주 일곱 [병을 전부 다] 마셨네.

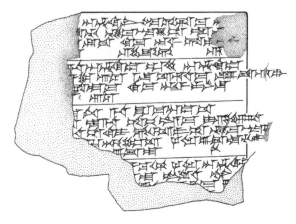

[24] 빵을 먹어요, 엔키두, 신에게 어울리니!

1983년 발견된 파편들, 2: Bo₁ 파편(d)

길가메시가 우루크의 장로들에게 원정을 선포하자, 그들은 그에게 위험성을 조언한다.

"[나는 사람들에게 회자되는 신을,]
  온 땅이 [계속] 말하는 [이름의 주인을] 만나겠소.

[삼나무 숲에서 그를 정복하겠소]
  [온 땅]에 [우루크의 자손이 강하다는 것을] 알리겠소
[출발하게 해주오, 나는 삼나무를 무너뜨리겠소!]
  영원한 [이름을 영구히 남기겠소!]"

[우루크의 장로들이 *길가메시에게 대답하되*]
  "왜 [이 일을 하고자] 하시나이까?
후와와의 매복은 [이기지 못할 싸움]일진대,
  [*누가 그의 무기에 맞설 수 있겠나이까?*]
[그 숲은 *60*]리그 [야생]이거늘."

1906-1907년에 발견된 태블릿: Bo₂

삼나무 숲으로 가는 길에 길가메시는 두 번째 꿈을 꾼다. 엔키두가 해몽하고 좋은 징조라고 위로한다.

시작 부분 소실

i-5′   그들은 서로 손을 잡고 계속 길을 갔네.

[그들은] 밤을 지낼 [채비를 했네], 그들은 누웠네.

밤에 쏟아지는 잠이 [길가메시]를 옭아맸네.

한밤중에 [그의] 꿈이 그를 버렸네.

[그는 일어나서] 엔키두에게 꿈 이야기를 하길

"[내] 친구여, [나는 꿈을 꾸었네!]

자네가 나를 깨우지 않았다면 왜 [내가 깼을까?]

i-10′   엔키두, 내 친구, 내가 꿈을 꾸었네!

자네가 나를 깨우지 [않았다면] 왜 [내가 깼을까?]

내 두 번째 꿈은 첫 번째를 뛰어[넘네.]

친구여, 꿈에서 산이 …

그것이 나를 내팽개쳤네, 그것이 내 발을 잡고서 …

무시무시한 광휘가 [내 팔을] 제압했네.

i-15′   [사자 같은] 한 사내가 [내게 다가왔네]

나라에서 가장 잘생긴 자로, 그 용모는 …

산 아래[에서] 그가 나를 끌어내서 …

그는 내게 마실 물을 주었고 내 심장은 [고요해]졌네.

그가 [내] 발을 땅 [위에] 놓았네."

i-20′   엔키두가 그에게 [말하여]

길가메시에게 [이르기를]

"친구여, 우리가 찾아가는 [것은]

그처럼 이상한 [산이 아닌가?]

[우리가 찾아가는] 후와와는

그처럼 이상한 산이 아닌가?

가세 [그대의] 두려움일랑 *밀쳐두게* …."

에마르 파편들

1974년 시리아 내 유프라테스강 중류의 텔 메스케네에 길가메시 태블릿 파편 두 개가 출토됐다. 고대에 에마르로 불린 이곳에서 출토된 파편들은 현재 알레포의 박물관에 있다. 이것들은 기원전 13세기와 12세기 초에 번성한 필사실에서 나왔다. 더 작은 파편에는 표준본 태블릿 V와 흡사한 몇 줄이 나오지만, 여기에 싣지는 않았다. 다른 파편들은 '이쉬타르와 하늘의 황소' 이야기이고, 따라서 표준판 태블릿 VI와 흡사하다.

이쉬타르 여신이 길가메시에게 청혼하고 그를 위해 마련된 권력과 부귀가 넘치는 삶을 묘사한다. 하지만 길가메시는 그녀를 조소하고 그녀의 과거 연인들이 겪은 운명을 이야기한다. 그의 모욕에 분노한 이쉬타르는 아버지에게 하늘의 황소를 달라고 청한다. 그가 황소를 주자, 이쉬타르는 우루크로 데려온다.

"[그대가 우리 집에 들어오면]
　　[문간과 발받침대]가 [그대의] 손에 입맞추리!
[왕들이 그대 앞에 무릎 꿇고,] *조신들이 [그대에게] 다가와*

[산과 저지대의 산물을] 그대에게 공물로 바치리!

[그대의 염소는 세쌍둥이를] 낳고, [그대의 암양은 쌍둥이를 낳으리]

i-5′ [어떤] 소도 [멍에를 맨 그대의 소를 능가하지 못]하리!"

[길가메시가] 말하려고 [입을 열어]

이쉬타르 [여신에게 이르기를]

"[내가] 당신과 [혼인한다면]

내가 몸과 [의복을] 소홀히 해야 하나

영양분과 *음식을 소홀히 [해야 하나?]*

* * *

[당신은] 얼음으로도 [굳지 않는 *서릿발*]

산들바람도 [외풍도] 머물지 않는 [박판을 댄 문]

i-15′ 귀를 … 하는 [코끼리]

운반자의 [손을 *더럽히는*] 역청

[*소지자의 손을*] 베는 물주머니

돌담을 파괴하는 [공격하는] 숫양

거리를 걸을 때 [주인의 발을 무는 신발!]

[당신의 어느 신랑이] 늙어갔소이까?"

* * *

"[당신의] 젊은 시절 [연인, 두무지]

당신은 그를 [해마다 한탄하게 했소이다]

[당신은 얼룩덜룩한] 후투티를 사랑했으나

i-25′ 이내 그의 [*즐거움에 물렸소이다!*]

[당신은] 그것을 때려 [날개를] 부러뜨렸으니

이제 새는 [숲에] 서서 "내 날개!"라고 울부짖소이다

당신은 … 수테아 사람을 연모했고

   당신의 집 … 당신의 … 당신 …

당신은 그를 매일 밤 천막에서 보내게 만들고

   싸움[판에서] 그의 무기를 부러뜨렸소이다   i-30′

당신은 외양간[에] 살 [때],

   당신을 위해 늘 양을 잡는 [양치기, 목동을]

[매일] 잉걸불에 구운 빵 더미를 당신에게 [주는] 그를

   사랑했으나 [그것들을 쳐서 늑대로] 만들었나니."   i-35′

* * *

[아누가 말]하려고 [입을 열어]

   이쉬타르 여신[에게 이르기를]

"흠, [하지만] 길가메시 [왕을 자극하여]

   그래서 그가 너에 대해 [중상하고] 모욕을 준 게 아니던가?"

[이쉬타르가] 말하려고 입을 열어

   아버지 아누에게 [이르기를]

"아버님, [제가] 길가메시를 처단하도록   ii-5′

   [제게 하늘의 황소를 주소서!]"

* * *

아누는 그녀가 하는 말을 [듣고]

   [하늘의 황소에 코를 꿴 밧줄을] 그녀의 손에 들려주었네

…………

   우루크에서 그것은 ……과 갈대를 … 않았네

그것이 [강으로 내려]가 …

ii-10′   [강이 족히 7큐빗은] 내려갔네.

메기도 태블릿

메기도 태블릿(Megiddo tablet)은 1950년대에 고대 팔레스타인 도시 메기도 (텔 알-무타살림)의 전쟁 전 발굴 폐기물더미에서 우연히 발견되었다. 현재 예루살렘의 이스라엘 박물관이 소장 중이다(수납번호 55-2). 파편 연대는 기원전 14세기경으로, 텍스트는 표준판의 태블릿 VII과 유사하다. 전면은 쇠락한 엔키두가 죽음에 붙들려 저승으로 끌려가는 두 번째 꿈 이야기다. 뒷면은 그의 임종과 죽음, 길가메시의 애도를 다룬다.

시작 부분 소실

앞면

엔키두가 [*머리를 들어* ……]
[*그가 길가메시*]에게 말했네 ……
"[내가] …… 베어 넘어뜨려
그대. [우리가 *삼나무 숲으로* …] 때 [*우리는*]   5′

산에 [올랐고], 우리가 삼나무 숲에 사는

[훔바바를 없앴고], [우리는 하늘의 황소를 잡아서]

[우리가] 그것을 베었네. ……의 포효에 …

… 이것 ……” “[꿈은]

10´ 좋고 길해서……

[그것은] 귀했고, 그것은 좋고, 그것은 ……

… 어려웠지.” “[내] 꿈에 [한 사람이 있었네]

키는 작고, …은 크고 [포효하는 사자-새 같은]

얼굴이었네. [그의 손은] 사자의 [앞발이었고,]

15´ [그의 손톱은] 독수리의 발톱이었지 … [침울한]

표정이었고, 모든 ………

독수리[의], [그의] 손 …….”

* * *

뒷면

“[그가 내] 머리채를 [잡더군, 그가 나를 제압해 …]

내 친구에게 ………

다잡게, 길가메시 …… [내 친구는]

[두려움이] 없었네, 그는 나를 저버리지 않았지 …

5´ 자네는 내가 누빌 수 있게 했네 …

[그들이] 내 이름을 [기념하기 위해] 생수를 [바치기를!] …

나를 구제한 내 친구 …” [엔키두는 하루 그리고 다음 날

[누워 앓았네.] 병석에 … [사흘] 그리고 나흘간

병석에 있었네. 그에게 ……

10´ 병세가 깊어졌네, 살이 ……

엔키두는 병석에 있었네 ……

그가 길가메시를 불렀네 ……

그가 울면서 일어났네 … [*길가메시가 흐느꼈네*]

비둘기처럼. 그의 … *어두워졌고* …

… 밤에 ………   15´

인간들 중 가장 중요한 …… [*길가메시가 흐느꼈네*]

친구를 위해 ………

"나는 애도하리 ………

그의 곁에 내가 ………."

나머지 부분은 소실

시랜드 태블릿

이 큰 조각의 연대는 남부와 동부 바빌로니아가 시랜드 왕들의 통치를 받던 기원전 16세기에서 15세기로 볼 수 있다. 그들의 지배 영토 어딘가에서 나왔을 것이다. 2007년 출판될 때는 개인 컬렉션에 포함되었지만, 이 글을 쓰는 지금은 워싱턴 DC의 바이블 박물관에 있다.

파편에 적힌 텍스트는 길가메시의 꿈을 어머니가 해몽하고, 엔키두가 목동 야영지에서 문명화되는 내용이다. 이 구절들은 펜실베이니아 태블릿과 이후 표준본 태블릿 I-II에 해당하며 약간의 내용이 추가된다. 하지만 텍스트에 놀라운 점이 있다. 다른 판본들에는 길가메시와 엔키두의 이름이 나오는 반면, 시랜드 태블릿에는 주인공 이름이 씬(Sîn, 길가메시)과 에아(Ea, 엔키두)라는 신들 이름으로 표기된다. 더불어 우루크 시는 한 번을 제외하면 인근 도시 우르로 나온다. 다른 이름으로 대체된 이유에 관해서는 알려진 바 없다.

   [매춘부가 그에게, 에아에게 말하기를]
"[*사람들이*] 당신의 얼굴을 보게 [하소서]
   [이제 현명한 *당신의 마음*은] 친구를 찾고 있나이다.

[에아여,] 당신이 고지대에서 오기 [전에]

　… 씐이 우르에서 꿈을 꾸었나이다."　　　　　　　　　　　　5

씐이 [누워서] 꿈을 꾸었네

　[그가] 일어나서 어머니에게 말했네.

"하늘의 별들이 또렷해지더니,

　하늘에서 돌 하나가 제 앞에 떨어졌나이다

제가 그것을 집었지만, 제게는 너무 무겁더이다　　　　　　　　10

　그것을 밀었지만 움직일 수 없었나이다.

우르 나라가 제 주위에 모였고

　젊은이들이 다 함께 그것을 들지 못하였나이다

제가 어깨로 떠받쳤고 그들이 제가 밀게 도왔나이다

　제가 그것을 집어서 어머니 안전에 가져왔나이다."　　　　　15

현명한 씐의 어머니가 해몽하여

　씐에게 말하기를

그리하여 "씐이여, 분명코 너와 같은 누군가가

　야생에서 태어났고 야생이 그를 키웠노라.

그의 힘은 하늘에서 떨어진 돌처럼 강력하고　　　　　　　　20

　그러니 내가 그를 너와 힘을 합치게 하리라

그가 누군지 모르기에 그들이 그 주위에 모일 것이요

　그에게 젊은이들이 입 맞추리.

너는 그를 볼 것이고 마음이 기쁘리

　너는 그를 끌어안고 그를 내 앞에 데려오리."　　　　　　　25

[씬은] 그녀에게 대답하여, 어머니에게 말하기를
　　"[친구가] 나오게 하소서, 그렇게 해서 그가 오게 하소서!

[그가] 하늘에서 떨어진 돌처럼 저에게 [들이닥치게 하소서]
　　그의 힘이 [강력하게 하소서!]
30　…… 그리고 그가 제 마음에 편안함을 가져오게 하소서!"

[씬이 누웠고] 꿈을 꾸었네
　　[그가 일어나서] 어머니에게 [말하기를]
"우르 시의 [거리에서 …]
　　[도끼가 놓여 있고] 군중이 주위에 모였더이다.

35　[제가 그것을 집어] 옆구리에 [찼나이다]
　　[도끼는 이상한] 모양이었고
　　[저는 그것을] 아내[처럼] 쓰다듬고 끌어안았나이다."

[현명한, 씬의 어머니가] 해몽하여
　　[씬에게 말하기를]
"씬이여, 네가 본 도끼는 사내다,
40　　그의 친구를 [구할 이가 너에게 오리라]
　　[너는 그를 볼 것이고 마음이] 기쁘리
　　[너는 그를 끌어안고] 그를 [내 앞에 데려오리."]

15행의 공백이 있다. 텍스트가 재개되면 매춘부가 다시 에아에게 말한다.

"당신은 미남이니, [에아여, 신과 똑같나이다]
　　왜 [동물들]처럼 [야생을 떠도나이까?]

몸에 [옷 …]을 걸치고   60
　　허리띠를 둘러 ……!
무기를 들고, 전사다워[*지/기를!*]
　　왜 당신은 …… 살고 있나이까?

당신은 왜 [동물들]처럼 [야생을 떠도나이까?]
　　당신은 우루크를 봐야 하나니 ……   65
사람들의 집, [아누]의 거처
　　거기서 젊은이들은 [*허리띠를*] 두르나니,

매일 야밤의 잠자리들 ……
　　잔치 음식에 당신은 ……
　　이제 당신은 [목동이 없는] 곳들에서 나가리다."   70

그녀의 말을 그가 들었네, [그녀의 말이] 환심을 샀네
　　여인의 조언이 [그의 심장을 파고들었네.]
그녀가 옷을 벗어, 일부를 [그에게 입혔네]
　　그리고 나머지를 [자기 몸에] 걸쳤네.

그가 옷을 입었네 ……   75
　　그가 기름을 발랐네 ……
그녀는 그의 손을 잡고, 목자들의 야영지에
　　[양]우리가 있는 곳으로, [신]처럼 [그를 이끌었네.]

목자들이 그를 보았고 ……
　　그들은 신 앞처럼 에아 앞에 [몸을 던져 엎드렸네.]   80
목자들이 [그] 앞에서 절했네

목동들이 [그 앞에] 자신을 낮추었네.

"이 사람은 [체구가] 씐의 [모습]이구나
 하지만 키는 더 작고 골격은 [더 크도다].
85   그는 [고지대]에서 태어났음이 틀림없도다."

[밤에] 졸린 목자들이 누웠네
 잠이 그들을 덮쳤네 ……
에아가 [그들의] 불침번, [정신 차려 깨어있는 사람]이었네.
 그는 줄곧 ………

90   [그는] 샴하트와 [쾌락을 맛보았네]
 그는 ………하지 않았네.

THE EPIC OF
GILGAMESH

해제 |

가장 완벽한 형태의
길가메시 서사시 번역본

_앤드류 조지

1. 폭군에서 지혜자로, 길가메시가 경험한 심연

1세기도 전에 처음으로 현대 언어로 번역된 후, 길가메시 서사시
는 최고의 문학 걸작으로 꼽혀왔다. 독일인 아시리아 연구가 아르투
웅다드가 번역한 초기 번역시는 1916년 라이너 마리아 릴케에게 깊
은 영감을 주었다. 시인은 환희와 경이로움에 사로잡혀 만나는 사람
모두에게 "길가메시는 정말 굉장해요!"라고 외쳤다. 릴케에게 이 서
사시는 처음이자 최상의 '다스 에포스 데르 토데스푸르흐트'(das Epos
der Todesfurcht), 즉 죽음의 두려움에 대한 서사시 였다. 이 공통의 주
제가 시 전체를 아우른다.

영생을 향한 인간의 열망을 살피면서, 시는 한 인간의 죽음에 맞
선 영웅적인 분투에 대해(처음에는 영광스러운 행위를 통한 불멸의 명성을
위해, 이후에는 불멸 자체를 위해), 불가피한 실패에 직면한 그의 절망에
대해, 지속하는 업적을 남겨 영원한 명성을 얻는 깨달음의 길에 대해
말한다. 동시에 시의 맨 끝에서 인간 사회는 그 자체로 영원하다는 위
안이 되는 개념을 슬며시 나타낸다.

죽음에 대한 두려움이 기본 주제이지만, 시는 그 이상을 다룬다.

한 인간의 지혜에 이르는 여정, 성공과 실패로 다져지는 과정을 다룬 이야기를 전하면서, 『길가메시 서사시』는 인간 상황을, 그 생사와 진실의 순간을 깨닫게 할 만한 심오한 통찰을 준다.

릴케 이후 수많은 사람이 『길가메시 서사시』의 마력에 끌렸고, 세월이 흐르면서 이야기는 여러 희곡과 소설, 그리고 최소 두 편의 오페라로 다양하게 개작되었다. 이제 적어도 16개 언어로 번역되었고 매년 번역은 늘어나 지난 십 년간만 해도 10~12종의 번역서가 출간되었다. 10종 중 2종은 영어 번역본이다. 왜 이렇게 많이 또 계속 번역되는 걸까?

두 질문 모두에 해당하는 답이 둘 있다. 우선 걸작은 늘 새로운 판본이 나오고, 인정받을 가치가 있는 한 계속 개정판이 나오기 마련이다. 『길가메시 서사시』뿐 아니라 호메로스(기원전 8세기경 그리스 서사시인. 『일리아스』, 『오디세이아』의 작가—옮긴이)와 에우리피데스(기원전 5세기경 그리스 비극시인—옮긴이)의 작품이 그렇다. 베르길리우스(기원전 1세기 로마시인—옮긴이)과 호라티우스, 볼테르와 괴테도 마찬가지다. 사실 이런 경향은 고전, 현대 막론하고 클래식 텍스트로 인정받으면 가리지 않는다.

하지만 고대 메소포타미아 문학작품을 비롯해 『길가메시 서사시』의 경우, 새 텍스트 발굴이 계속된다는 점이 다르다. 70년 전만 해도 40개 이하의 원고(필사본)로 텍스트를 재구성해야 해서 이야기에 큰 구멍들이 있었다. 하지만 이제는 복구한 원고가 갑절로 늘어나 구멍이 훨씬 줄었다. 세월이 흐르면서 쓸 만한 출처가 꾸준히 늘어나고 있다. 텍스트가 더 많이 파악되어 가면서, 어느 날 서사시는 먼 과거에 그랬던 것처럼 다시 완전해질 것이다. 새 원고가 발굴되는 대로, 앞서 모든 번역문처럼 이 번역본은 새로운 번역본으로 대체될 것이다. 그때까지는 출간, 미출간 불문하고 거의 모든 자료를 직접 연구한 이 번역본이 가장 완벽한 형태의 길가메시 서사시다. 그렇지만 아직 빈

구멍들이 남아 있고, 여전히 일부만 존재하는 행이 여럿 있어서, 사실 서사시는 구멍이 숭숭 난 수수께끼와 같다. 독자들은 서사시를 온전한 본문으로 읽을 수 있는 그리스어 및 라틴어 걸작들과 비교하지 말고, 아직 불완전하고 단편적인 원고지만 언젠가 다시 살아날 유골처럼 받아들여야 한다.

시의 저변에 깔린 또 다른 주제로는 왕의 의무, 선군이 해야 할 일과 하지 말아야 할 일에 대한 논쟁이다. 이 역시 바빌로니아와 아시리아 궁정의 관심사였을 것이다. 서사시의 윤리적 관심은 가족에 대한 책임이라는 교훈에서 여실히 드러난다. (야만에 대한 문명의 이득으로 표현되는) 선천성과 후천성 사이의 영원한 불화를 비롯해 우정의 보상, 영웅적 행위의 고귀함, 명예의 무한함도 다룬다. 길가메시의 사연에는 인류 역사 초기에 신들이 인류를 멸하려고 일으킨 대홍수 이야기와 망자들의 음울한 세계에 대한 장황한 묘사도 예술적으로 엮인다. 이 모든 것에서 길가메시는 문화적 영웅으로 등장한다. 그는 세상 끝에서 대홍수의 생존자 우타나피쉬티에게서 얻은 지혜 덕분에 나라의 사원들과 홍수 이전의 이상적인 제례들을 복원할 수 있었다. 이 영웅적 모험 중에 길가메시는 사막에 최초로 오아시스를 파고, 최초로 레바논산에서 삼나무를 쓰러뜨렸다. 또 최초로 야생 황소를 죽이는 기술, 항해술, 산호를 캐러 잠수하는 기술을 발견했다.

서사시의 주요 주제들 사이에는 매혹적인 순간이 넘쳐나고, 소소하고 우연한 사건들이 상상력을 일으키거나 분위기를 가볍게 하는 역할을 자주 한다. 왜 사원에서는 고아를 받아들이는지, 어쩌다 바빌로니아 달력에서는 설날이 이틀이 되었는지, 레반트 열곡은 어떻게 갈라졌는지, 난쟁이들은 어떻게 생겼는지, 왜 유목민은 천막에서 사는지, 사회의 가혹한 끄트머리에서 근근이 연명하는 매춘부도 있는데 왜 어떤 매춘부는 호사를 누리며 사는지, 어쩌다 비둘기와 제비는 인간의 동반자가 되었고 까마귀는 그렇지 않은지, 왜 뱀은 허물을 벗는지 등을 텍스트는 지나가듯 소개한다.

2. 서사시의 배경 및 이 책의 구성

서사시의 핵심 배경은 수메르 땅의 고대 도시국가 우루크다. 당대 최대 도시인 우루크를 통치하던 전제군주 길가메시는 어머니가 닌순 여신이어서 반신(半神)이었지만, 그는 영생할 수 없었다. 길가메시는 위대한 전설적인 인물 중 하나였다. 그의 오랜 업적은 태고의 토대 위에 우루크 성벽을 재건축한 일이었고, 그의 무용은 북부 도시국가 키시의 패권에 종지부를 찍었다.

초기 전승에서 길가메시는 신들의 일원으로 등장하고, 기원전 30세기 후반기에 숭배받았다. 이후 전승에서는 수메르어 시에서 설명하듯 그는 지옥에서 망자들을 다스리는 역할로 나온다. 길가메시는 고대인들이 기록한 군왕 명부에도 있으므로, 아서 왕처럼 실존했을 가능성이 있다. 그 지역의 역사 전승은 그렇게 본다. 수메르 왕들 명부에도 길가메시가 우루크 제1왕조의 5대 왕으로 등장하기 때문이다. 그러니 1세기쯤 전으로 보는 견해도 있지만, 기원전 2750년경에 활약했을 것이다. 하지만 왕들 명부를 보면 그의 통치 기간은 터무니없게도 126년이었고, 메소포타미아 역사의 그늘진 가장자리에 속한다. 호메로스 시대의 서사시에서 보듯, 당시 신들은 인간사에 개인적으로 관심을 갖고 인간과 직접 소통하기도 했다.

신들 중 최고봉은, 멀리 천궁에 있는 하늘 신 아누, 땅 위 신전에서 신들과 인간의 일을 관장하는 더 중요한 엔릴, 지하 담수(Ocean Below)에 살면서 일곱 현자를 보내 인류를 개화시키는 총명한 에아로 이루어진 3인조였다. 그 외에 신들의 귀부인이던 친절한 어머니 여신은 에아의 도움으로 처음으로 인간을 창조했고, 폭풍 신인 폭력적인 아다드, 엔릴의 위엄 있는 아들이자 달 신인 씬(Sin)이 있었다. 달(月)의 자녀들로는 태양신으로 여행자들의 수호신이자 길가메시의 특별한 보호자였던 샤마쉬, 바빌론의 비너스인 격렬한 이쉬타르가 있었다. 이쉬타르는 성애와 전쟁을 관장했고, 그 방면에 지치지 않는 열정을 지녔다. 에아의 물 세계 아래, 지옥 깊은 곳의 음울한 망자 세계에는 그 여왕 에레쉬키갈이 살았다. 비통한 에레쉬키갈은 엎드려 끝없이 애도했고, 그녀의 대리자인 소름끼치는 남타르와 무너진 가문의 식솔이 그녀를 시중들었다.

인간은 도시에 살면서 땅을 경작했다. 관개용수가 닿지 않는 거친 시골 땅에서 목동들은 늑대와 사자를 막으면서 가축에게 풀을 뜯게 했다. 더 멀리 있던 '야생', 즉 황량한 시골에는 사냥꾼, 추방자, 산적 떼가 드나들었다.

어떤 이상한 야생 인간이 이곳을 배회했다는 전설이 있었다. 영양 떼가 일족으로 여겼다는 그의 이름은 엔키두였다. 몇 달간 야생을 지나고 산 몇 개를 넘자, 신들이 산다는 신성한 삼나무 숲이 나왔다. 신들을 위해 악령 훔바바가 산을 지켰다. 일곱 겹의 신비한 후광을 지니고 자신을 방어하는 훔바바는 번뜩이고 무서웠다. 반인 반 전갈인 괴물 같은 파수꾼들이 지키는 세상 끝 어딘가에는 마슈라는 쌍둥이 산이 있었고, 거기서 해가 뜨고 졌다. 더 멀리 '태양 길'의 다른 쪽 끝에는 유명한 '보석 정원'이 있고, 인근 땅을 에워싼 건널 수 없는 바다 옆 여관에는 신비로운 여신 시두리(Shiduri)가 살았다. 여신은 너울 뒤에서 지혜를 나눠 주었다. 바다 건너에는 무시무시한 '죽음의 물'이 있었고 그 뒤로 유프라테스와 티그리스강이 심연에서 다시 솟구치는 곳에 외톨이 섬이 있었다.

이 섬에, 인간들의 은신처 바깥 멀리, 뱃사공 우르-샤나비 혼자만 찾아가는 그곳에 '머나먼 자' 우타나피쉬티(Uta-napishti the Distant)가 살았다. 그는 인류사 초기에 엔릴이 보낸 대홍수에서 살아남았고 그

결과 영생을 얻은 고대 왕이었다. 다른 권력자들(신들, 악령들, 전설적인 반신들)이 바빌로니아의 우주에 거했고, 이들은 바빌로니아 길가메시 서사시에서도 주요 등장인물이다.

『길가메시 서사시』 원고들은 점토판 형태로 고대 메소포타미아 도시인 레반트와 아나톨리아에서 출토되었다. 방석 모양의 매끈한 점토판 양면에는 쐐기 모양의 설형문자가 새겨져 있다. 특히 현재 이라크 지역의 모든 유적지에서 점토판이 출토되고 있다. 설형문자는 기원전 3000년경 메소포타미아 아래 지역에서 발명되었고, 당시 주요 도시 기관, 왕궁, 사원들이 감당해야 할 행정은 인간의 암기력으로는 버텨내지 못할 만큼 복잡해졌다. 문자는 어느 회계원의 '비망록'에서 문자 체계로 지독히 더디게 발전했다. 이 문자로 단순한 어휘와 숫자뿐만 아니라 지성이 담긴 창의성을 온전히 표현할 수 있었다. 또 점토는 팽개쳐지거나 건물 잔해 속에 묻히더라도 쉽게 파손되지 않기에, 고고학자들은 설형문자가 박힌 다량의 점토판을 찾아낸다. 이 문건들은 3천 년에 걸쳐 작성되었으며, 단순한 잡담에서부터 가장 정교한 과학과 문학 작품까지 망라되어 있다.

길가메시 이야기가 적힌 문학 구절들은 서로 다른 서너 시기에 서너 가지 언어로 출토된다. 일부 현대어 번역본들이 서사시가 보여주는 지대한 다양성을 무시하는 바람에 독자들은 내용과 보존 상태에 관해 오해하기도 한다. 이 책에 실린 번역본들은 각각의 시대, 장소, 언어로 분류한 텍스트들을 번역했기에, 독자는 우선 각 텍스트 자체를 감상할 수 있다. 텍스트는 총 4부로 번역된다.

요약하자면 1부 텍스트는 기원전 10세기에 바빌로니아와 아시리아의 표준어였던 아카드어로 되어 있고, 몇 군데 공백은 더 오래된 자료로 채워졌다. 이것을 고전적인 길가메시 서사시로 본다. 바빌로니아와 아시리아인에게는 〈심연을 본 사람〉(He who saw the Deep)으로 알려졌다. 이 책에서는 이 텍스트를 표준본으로 삼는다.

2부는 수메르어 시 다섯 편으로, 기원전 18세기에 바빌로니아 필경 견습생들이 만든 필사본으로 알려졌지만, 그보다 이전 작품인 것이 확실하다.

3부는 아카드어로 된 더 오래된 자료의 번역본이며, 〈모든 왕을 능가하는〉(Surpassing all other kings)이란 제목이 붙은 시가 실제로 쓰인 시대와 그와 가까운 시대에 남았던 시를 뼈대로 해서 구성됐다.

4부는 3부에 없는 기원전 20세기의 아카드어 파편들이 실렸고, 고대 서쪽 지역(레반트와 아나톨리아)에서 나온 시 조각들이 포함된다. 길가메시의 다른 텍스트와 여러 부분과의 연관성을 이해하려면, 장구한 고대 메소포타미아 문학사의 맥락을 함께 보아야 한다. 전반적인 이해를 위해 해제의 "4. 길가메시와 고대 메소포타미아 문학" 항목을 참조하라.

3. 신화, 종교, 지혜의 맥락으로 본 서사시

1) 신화의 옷을 입었지만, 인간의 자립과 성장에 관한 이야기

길가메시 서사시는 발생 배경에 대한 특별한 지식 없이도 읽고 즐길 수 있는, 흔치 않은 바빌로니아 문학 작품이다. 등장인물 이름이 낯설고 장소가 기묘하지만, 주제 중에는 평범한 인생 경험도 있기에 주인공을 이끄는 요소가 이해되고 그의 포부와 슬픔, 절망도 쉽게 공감할 수 있다.

아시리아 학자 윌리엄 L. 모런은 최근 길가메시 이야기를 인간 세상의 이야기로 해석하면서, '인간의 가치를 지향하고', '인간의 한계를 인정'하는 것이 특징이라고 했다. 이런 관점으로 사람들은 이 서사시를 '고대 인본주의 문건'[1]으로 묘사하게 되었다. 고대인에게도 길가메시는 신보다는 인간 이야기라는 것이다. 시의 시작과 끝이 명시

하듯, 길가메시는 신의 관계보다 인간의 성취를 더 기린다.

길가메시 이야기는 분명 허구지만, 모건의 진단은 이 서사시를 신화로 읽지 말라는 경고이기도 하다. 무엇이 신화이고 아닌지 합의된 견해가 없고, 고대 메소포타미아 신화 텍스트는 상당히 다채롭다. 일부, 특히 더 오래된 텍스트들은 한 가지 신화만 말한다. 다른 텍스트에서는 두 가지 이상의 신화들이 합쳐진다. 이런 신화적인 글의 특징은 두 가지다. 하나는 이야기가 신이나 신들의 행위에 집중된다는 부분과, 다른 하나는 자연계나 사회의 어떤 특징에 관한 기원을 설명할 목적이라는 사실이다.

길가메시 서사시에는 신이 많이 등장하지만, 주인공을 제외하면 존재감이 미미하다. 신들을 비 호감적으로 비유하기도 한다. 가령 태블릿 XI에서 시인은 신들을 개와 파리 떼에 비유한다. 우주의 지배자들이 썩은 고기를 먹는 동물들이라도 되는 듯이. 대체로 이들 시의 역할은 기원 설명에 있지 않다. 시는 인간의 조건을 있는 그대로 살피는 데 더 관심을 둔다. 이런 점들로 볼 때 이 서사시는 신화가 아니다.

물론 여러 신화가 들어 있는 건 사실이고(태블릿 XI에 허물 벗는 뱀 신화가 꼽히고, 대홍수 이야기는 가장 유명하다) 당대 신화에 대한 암시가 많다. 특히 태블릿 VI에서 길가메시가 이쉬타르 여신과 의절하는 일화가 그렇다. 하지만 그런 신화들은 대개 이야기 중간에 우연히 등장할 뿐, 서사시는 신화적인 부분을 나열하는 수준을 훨씬 넘어선다. 예를 들면, 오비디우스(1세기경 로마의 시인—옮긴이)의 『변신 이야기』와는 다르다. 그럼에도 길가메시 텍스트는 신화적인 글들과 묶어 연구되기 일쑤고, 고대 메소포타미아 신화를 다룬 문헌들도 여기에 예외

---

1. William L. Moran, 'The Epic of Gilgamesh: a document of ancient humanism', *Bulletin, Canadian Society for Mesopotamian Studies* 22 (Toronto, 1991), pp.15-22. 해제의 모든 각주는 저자의 것이다.

가 없다. 그 이유는 G. S. 커크의 글에 잘 설명되어 있다. 커크는 중요
한 신화 연구에서 길가메시를 길게 다루었다. "무엇보다 [이 서사시는]
장구한 지성적인 내력을 가졌음에도 먼 과거에 대한 환상을 표출해
신화적인 분위기를 풍긴다. 의미 있는 영생을 감정적으로 탐구하는
부류와 같다. 우리가 경험하다시피 적어도 그리스 신화들은 그런 양
상을 보이지 않는 경우가 많다."[2]

위에서 정의한 의미처럼 신화적이지 않다면 이 시는 뭘까? 모런의
"고대 인본주의 문건"이라는 구절을 다시 새겨봄직하다. 이 서사시는
종교시가 아니라는 사실을 강조하기 때문이다. 적어도 존 헨리 뉴먼
(영국 성공회 사제로 고교회주의를 주장하는 옥스퍼드 운동을 주도했다—옮긴
이)의 〈게론티우스의 꿈〉 같은 시와는 다르다. 두 편 다 죽음의 공포와
씨름하니 서로 비교해볼 만하다. 게론티우스는 임종하면서 죽음의 전
차가 다가오는 것을 느끼고 한탄한다.

> 망령이
> 내 문을 두드리며 부르네.
> 이처럼 날 두렵게 하고 위축시킨
> 존재가 찾아온 적은 없었네.

길가메시가 읊었을 만한 구절이다. 고뇌에 찬 게론티우스는 신의
손에 자신을 맡기고, 종교시에서 고통받는 신자의 의탁 부분은 절절
하다. 바빌로니아 시가에도 병이나 임박한 죽음 앞에서 고통받는 사
람이 신비로운 신들의 자비에 의탁하고 용서와 화해를 구하는 경우가
많다. 하지만 길가메시는 공포와 고통 속에서 신들의 도움을 '거절하

---

2.   G. S. Kirk, *Myth: its Meaning and Function in Ancient and Other Cultures* (Cambridge: Cambridge University Press and Berkeley: University of California Press, 1970), Chapter IV.

고'(특히 그를 보호하는 신 샤마쉬의 좋은 충고를 일축한다) 마지막에도 창조자보다는 자기 업적에서 위안을 구한다. 길가메시가 동행에게 자신을 유명하게 한 기념비를 자랑스럽게 보여주는 것으로 시는 끝난다.

> 우르-샤나비여, 우루크 성벽에 올라가 이리저리 거니시오!
> 그 토대를 살피시오, 벽돌 작업을 점검해보오!
> 벽돌은 가마에서 구워지지 않았던가?
> 일곱 현자가 그 기초를 놓은 것이 아닌가?

바빌로니아 전승을 보면, 원래 토대 위에 성벽을 재축성한 사람이 길가메시였고, 명성을 안겨준 이 영구적인 기념비는 그의 위안이 될 터였다.

고(故) 소르킬드 야콥슨은 고대 메소포타미아 종교에 관한 통찰력 있는 글을 쓴 수메르학자였다. 그는 이 서사시를 "현실에 맞서는 법을 배우는 이야기, '성장'에 대한 이야기"[3]로 묘사했다. 길가메시는 뭐든 할 수 있고 견제를 인정하지 않는 미숙한 젊은이로 시작한다. 그러다 결국 죽음의 힘과 현실을 받아들이고, 철든 성숙에 이른다.

하지만 이 서사시는 그 이상이다. 영웅의 자취를 기록하면서 시인은 젊음과 늙음, 승리와 절망, 인간과 신, 삶과 죽음을 심오하게 반추한다. 시인은 길가메시의 영광스러운 행위뿐 아니라 가망 없는 탐구를 지속하게 하는 고통과 고생에도 주목한다. 프롤로그에서 시인은 "길가메시가 겪은 모든 진통을 읽어보라"고 한다. 이 서사시에는 후대에 전하는 메시지가 담겨 있다. 즉, 성숙함은 성공처럼 실패를 통해

---

3. Thorkild Jacobsen, 'The Gilgamesh ipic: romantic and tragic vision', in Tzvi Abusch, John Huehnergard and Piotr Steinkeller (eds.), *Lingering over Words. Studies in Ancient Near Eastern Literature in Honor of William L. Moran,* Harvard Semitic Studies 37 (Atlanta: Scholars Press, 1990), pp.231-49.

얻어진다. 인생은 필연적으로 힘든 것이지만 사람은 그로 인해 더 현명해진다. 이처럼 인간이 처한 상황에 관한 진실을 탐구한다.

사실, 이 서사시는 독자가 배우기를 기대하는 작품이라고 명시되어 있다. 프롤로그에서 시인은, 우리가 읽을 수 있도록 주인공 길가메시가 시를 돌에 쓴 것을 믿으라고 청한다. 달리 말해, 이 서사시는 한 위대한 영웅이 "3인칭 화법으로 쓴 자서전"이라고 생각해야 한다. 길가메시 왕이 후대를 위해 남긴 말이라는 뜻이다. 따라서 이 시는 "왕의 지혜"라는 문학 장르와 관련 있다. 왕들은 많은 조언자를 거느리고 특별한 장식을 한 채로 의례를 치르므로 지혜롭고 영민할 것이라는 기대를 받았다.

고대 근동에는 군왕이나 명사가 자기 아들이나 후계자에게 가르침을 주려는 목적으로 남긴 금언이 많다. 성서의 잠언은 아들에게 주는 "솔로몬 왕의 지혜"이고, 현명한 전도서 기자는 자신을 "예루살렘에 있는 이스라엘 왕 다윗의 아들"로 소개한다. 이런 글 몇 종류가 고대 이집트에도 남아 있고, 가장 잘 알려진 것은 "아멘-엠-오페트"(Amen-em-Opet)이다. 고대 메소포타미아에서 지혜문학은 "슈루파크의 가르침"으로 대표된다. 수메르어 글로 현존 문학 중 가장 오래된 축에 들며, 기원전 26세기경 처음으로 사본이 등장했다. 이 텍스트에서 우바르-투투의 아들인 현자 슈루파크는 아들 지우수드라에게 조언한다. 지우수드라는 바빌로니아인들에게 아트람하시스(Atram-hasis), 곧 우타나피쉬티라는 이름으로 알려졌고, 대홍수에서 생존해 세상 끝에서 길가메시에게 현명한 조언을 했다.

길가메시 서사시는 "허구적인 왕의 자서전"으로 묘사되는 바빌로니아어 텍스트들과 비교될 수 있다. 다른 예는 "나람-씬에 대한 쿠타의 전설"인데, 이 텍스트에서 고바빌로니아의 시인은 기원전 30세기 유명한 아카드 왕을 차용해, 신들의 지시를 거스르는 통치의 결과가 어떠한지를 후대 통치자들에게 경고한다. 이야기에서 나람-씬(Naram-Sin)은 신들의 동의 없이 전쟁터에 나서는 실수를 저질렀다. 그의 자서전에 나오는 다음 명령은 길가메시의 프롤로그에 필적한다.

> 군주든 왕자든 그 누구든
>> 신들이 왕위를 수행하도록 선택한 자여.
> 그대를 위해 석판함과 글을 새긴 석판을 만들었나니,
> 그대를 위해 쿠타에,
>> 이-메슬람 신전의 네르갈 지하실에 안치했노라.
> 이 석판을 보라
>> 이 석판이 하는 말에 귀 기울이라.[4]

나람-씬에 관한 텍스트가 후대 통치자들에게 주는 교훈 중 하나가 인내심이다. 신들을 기다리라, 신들의 승낙 없이는 아무 일도 하지 말라. 그리고 길가메시 서사시는 영웅이 헛된 것을 추구한다는 메시지를 남긴다. 영생 추구는 어리석고, 인간의 운명인 필멸을 인정하고 온전하게 즐기는 게 본분이다. 나람-씬의 자서전에서 시인은 "그대의 여인을 품는 의무를 다하라"고 이른다. 3부의 고바빌로니아 길가메시에서 시두리는 길가메시에게 똑같이 말한다.

> 하지만 그대, 길가메시, 당신의 배를 두둑이 채우고
>> 밤낮으로 항상 즐기시오!
> 매일 재미나게 지내고
>> 밤낮으로 춤추고 노시오!

---

4. Cuthean Legend, ll. 147-53. 전문 번역은 다음을 참조하라. Foster, *From Distant Days*, pp.171-7.

의복을 깨끗하게 하고

　　머리를 감고, 물속에서 목욕하시오!

당신의 손을 잡은 아이를 지긋이 바라보고,

　　아내가 반복해서 당신의 포옹을 누리게 하시오!

　전도서 기자도 똑같이 충고한다. "너는 가서 기쁨으로 네 음식물을 먹고 즐거운 마음으로 네 포도주를 마실지어다. … 네 의복을 항상 희게 하며 네 머리에 향기름을 그치지 아니하게 할지니라. 네가 사랑하는 아내와 함께 즐겁게 살지어다"(전도서 9장). 인간의 헛된 노력은 허무하니 가족에게서 기쁨을 찾으라는 주제는 다른 고대 근동 지역에서 발견된 지혜문학에서도 전형적으로 등장한다.

　고대 세계에서 종교는 지금과 달리 지적 활동에 많이 스며들어 있었다. '지혜'로 읽히지만 결국 이 서사시에는 심오한 종교적 메시지가 담겼다. 이 시가 바라보는 인간과 왕의 소임은 신들의 요구와 일치한다. 신들의 의지에 따르라, 신들의 의도대로 네 역할을 이행하라는 고대 메소포타미아의 종교관을 그대로 가져왔다. 그래서 다른 지식 없이 시 자체로 읽을 수도 있지만, 약간의 지식이 있다면 길가메시를 더욱 풍성하게 이해할 수 있다. 신과 왕과 인간의 관계가 표현된 신화에 관해 바빌로니아인은 우주와 종교를 어떻게 이해했는지, 어떤 신앙으로 신성에 접근하는지를 살펴보면 좋겠다.

2) 메소포타미아 종교 배경과 길가메시의 독특성

　수메르어와 아카드어로 된 고대 메소포타미아 자료들을 보면, 바빌로니아인은 인류가 신들을 섬기기 위해 창조되었다고 믿었다. 인류 창조 전에는, 남부 메소포타미아에 신들만 살았고, 신들은 스스로 일해서 먹고 입어야 했다고 신화는 말한다. 땅의 주인인 엔릴의 지휘 하에 하급 신들은 먹거리를 재배하고 추수하고 땅을 갈아야 했다. 가장 고된 일은 농토에 물을 댈 강과 수로를 파는 일이었다.[5] 티그리스와 유프라테스도 신들이 판 강들이었다.

결국, 노동을 감당 못하자 신들은 반발했다. 재주 많은 신 에아(아트람-하시스의 시에서는 '엔키'로 불린다)는 대체 인력을 흙으로 만드는 최초의 기술을 고안했고, 이 새 존재 스스로 번식할 수단도 만들었다. 최초의 인간들은 어머니 여신의 자궁에서 태어나 "엔릴이 부과한 임무인 굴레를 매고 신들의 흙 바구니를 나르는" 운명을 받았다. 이 창조 행위는 필요에 따라 반복될 수 있었다. 그런데 길가메시 태블릿 I에서, 길가메시에게 필적할 상대가 필요해지자 그저 인간의 번식으로 내놓을 수는 없었다.

> 아루루 여신, 그녀는 손을 씻고
>> 진흙 한 웅큼을 떼어 야생에 던졌네
> 그녀는 야생에서 엔키두를, 영웅을,
>> 니누르타가 힘껏 치댄, 침묵의 자녀를 창조했네.

그러니 엔키두는 어머니의 산고 없이 태어난 '최초의 복제인간'인 셈이다.

아트람하시스의 시에 언급된 굴레와 흙 바구니는 땅을 파서 흙을 운반하는 수단으로, 엔릴 신이 인류에게 지운 짐을 상징한다. 하지만 이 짐은 흙 운반에 그치지 않고, 세상 신전들에서 신들을 섬기는 모든 일을 의미했다. 신들의 농토에 물을 대고 곡식을 키우고 가축을 치는 일부터 신들의 빵을 굽고 고기를 도축하고 신상에 옷을 입히는 일까지 맡는다는 관념이었다.

5.　이 신화는 아트람하시스의 시 〈신들이 인간이었을 때〉(When the Gods were man)의 첫 부분에서 온전하게 재현된다.

현실에서도 그랬다. 주요 바빌로니아 신들은 인간 모습의 조각상을 입고 호화로운 집에서 가족, 조신, 하인 들에 싸여 살았다. 땅과 하늘이 갈라진 직후 신들의 통치자는 주요 신들에게 땅을 분배해, 각각 도시 하나와 주변 영토를 할당했다. 신전이 하나 이상인 도시도 많았지만(바빌론에는 전통적으로 마흔네 개의 신전이 있었다) 도시와 주변은 원칙상 수호신의 소유였다. 원래 분배될 때 땅을 받은 신이 그 지역을 수호하면서 임의대로 이용할 수 있었다.

따라서 수호신은 시가지 중심부를 넓게 차지했다. 도시의 주요 신전은 신의 집 또는 더 나으면 궁전 역할을 했다. 주요 신들의 살림은 왕의 생활을 모델로 삼았기 때문이었다. 이 궁전에서 정성 가득한 의례들을 통해 신(여신)을 섬겼다. 신은 권좌에 앉아 정기적으로 음식 공양을 받고, 보석으로 짠 비싼 피륙을 둘렀다. 또 음악, 춤, 노래의 향연을 받았다. 남신의 경우 처소 가까이에 방 여러 칸으로 부인의 처소가 있어, 부부의 쾌락을 즐기기에 적합한 큰 침대가 마련되었다. 다른 가족들, 특히 장남에게는 방들이 달린 처소가 제공되었다. 신은 또한 조신들이 필요했고, 특히 명을 받드는 하급 신을 대신이나 장관으로 삼았으며, 그들 역시 하급 남녀 신들을 신하로 부렸다.

최고위에서 미미한 지위까지 모든 신이 사원에 거주하면서 제사를 받았다. 고기와 향을 제물로 봉헌 받았고, 기도와 노래가 제사 의식을 이루었다. 대형 바빌로니아 신전들은 예배소 몇 곳과 여러 작은 사당으로 이루어져(바빌론의 마르두크 신전은 사당이 백 개 이상이었다) 거기서 공들인 제례를 올렸다. 관념적으로는 신이 여러 신으로 이루어진 신하들의 섬김을 받았다. 하지만 현실은, 신전 업무에 투입된 인력이 신의 시중을 들었다. 흔히 이들을 사제로 불렀지만, 그들 모두에게 적합한 호칭은 아니다.

대형 신전들은 경제활동의 중심지이기도 했다. 머나먼 과거에는 신들이 토지를 나누었다는 믿음에 따라, 많은 신전이 넓은 경작지를 소유하고 그것을 소작농들에게 빌려준다. 신전들은 소, 양, 염소도 대규모로 소유했다. 일부 신전들은 물건 제작과 필경 교육을 비롯해 여러 사회적·상업적인 활동을 펼쳤다. 그런 신전들은 상당수의 인력을 고용했고, 개별적으로 계약하거나 신전에 소속된 이들도 있었다. 후자에 속하는 과부, 고아, 기아(棄兒) 같은 이들은 신분을 밝히는 표지(상징물)를 달았다. 길가메시의 모친이 엔키두를 입양하면서, 신전에서 성장한 고아들은 훗날 엔키두 같은 '우수한' 기아로 간주되었다.

  "오 강력한 엔키두여, 너는 내 자궁에서 나오지 않으나
    이제부터 네 일족은 길가메시의 신봉자,
  여사제, 신전 노예, 신전의 여인들과 함께하리."
    그녀는 엔키두의 목에 상징물을 달았네.

  신전 토지, 작업장, 인력 관리 업무는 신전 관리자들이 의례와 더불어 책임졌다. 옳고 합당한 처사였다. 에아 신이 인간을 창조한 목적은, 땅을 경작하고 가축을 치고, 신들의 편의, 만족, 이익에 필요한 모든 활동을 떠맡기려는 것이었다. 기원전 30세기부터 바빌로니아 문명이 사멸되고 오랜 시간 후 이슬람교가 도래할 때까지 이 관념은 지속한다. 그러다가 코란 51장에서는 이 오랜 믿음을 거부한다고 주장한다. "내가 신령들(정령들)과 인간들을 창조한 목적은, 그들이 내게 복종하는 것 말고는 없다. 나는 그들에게 생계를 구하지 않는다. 그들은 나를 먹이지 않을 것이다."
  에아가 인간을 창조할 때 오류가 있었다. 이러한 오류는 신들이 필요해서 만든 것이 무척 불완전한 도구였음을 말해준다. 가령, 에아가 어머니 신에게 인간을 만들 재료로 준 진흙에는 신의 피가 섞여 생기(영)가 있었다.

한 신을 죽여서

　　그로 인해 신들이 정화되게 하라.

신들의 어머니가

　　그의 살과 피를 진흙에 섞게 하라.

장차 신의 살에서 영이 생겨나게 하고,

　　거기서 두근대는 심장소리를 듣자.[6]

　인류 탄생에 신의 요소가 가미된 것은, 동물과 달리 인간에게 자의식과 이성이 있는 이유를 설명해준다. 또 바빌로니아인의 신앙에서 인간이 사후에 혼백이나 저승에서 그림자로 사는 이유도 말해준다. 엔키두의 저승 꿈, 태블릿 VII, 수메르어 시 〈길가메시와 저승〉 장면들이 유명하다. 그런데 피를 얻으려고 처형한 신이 최고 신이 아닌 게 문제였다. 최소한 하나의 전승에서 그는 반란자들의 우두머리로 반란을 선동한 신이었다. 그렇다면 인류가 멋대로 구는 것도 이해가 된다. 태블릿 XI에서 우타나피쉬티는 아내에게 '인간은 정직하지 않소, 그대를 속일 것이오'라고 말하고, 길가메시는 그에게 거짓말을 함으로써 인간의 나쁜 면을 입증한다.

　창조 신화에 요약된 반항적이고 멋대로인 본성은 초기 인간사에서도 드러난다. 몇 가지 수메르어 문학작품을 보면, 처음에 인류는 들판의 야수처럼 털 난 벌거숭이로 돌아다니면서 목숨을 부지하려고 풀을 뜯어먹었다. 기원전 4세기 그리스어로 글을 쓴 바빌로니아 학자 베로수스는, 이 단계에서 인간들은 "야수와 똑같이 법 없이 살았다"[7]고 언급했다. 즉 정부나 도시, 사회 시설 없이 살았다. 길가메시 서사시의 태블릿 I에서 엔키두의 창조 역시 이런 전통을 암시한다.

---

6. Atram-hasis, I, 208-17.
7. Stanley Mayer Burstein, *The Babyloniaca of Berrossus* (Malibu: Undena Publication, 1978).

그는 아무 종족도, 심지어 나라도 모르네.

동물들의 신처럼 털로 덮인 채

　그는 영양 떼와 함께 풀을 뜯네.

인류 초창기 야만성에 대한 신화는, 도시에 사는 신들의 도구가 되기 위해 인류가 창조되었다는 전승과 상충한다. 하지만 여러 문명 신화는 구전이고 그 기원이 다양하므로, 상황이 다른 전승이 공존할 수 있다. 알려진 대로 창세기의 처음 두 장은 신의 인간 창조를 아주 다르게 설명한다. 바빌로니아 신화를 보면 인류 문명은 하늘로부터 왕권을 보낸 신들의 작업이었다. 특히 에아 신은 에리두(우르 남쪽에 있던 고대 수메리아 도시. 에아가 수호신이었다—옮긴이)와 다른 도시에 일곱 현자를 파견했고, 도시 생활을 위한 모든 기술과 솜씨를 함께 보냈다. 서사시의 프롤로그를 보면, 이들이 우루크에 성벽을 설립했다. "일곱 현자가 그 기초를 놓은 것이 아닌가?" 현자들 중 으뜸은 바다에서 솟은 어부 오안네스-아다파였다. 그렇게 정부, 사회, 일이 인간들에게 주어졌다.

최초의 인류가 법도 없이 누볐고 왕들에 복속되지 않았다는 전승은 왕들에 대한 신화를 낳았다. 왕들은 외모, 능력, 의무에 있어 보통 인간들과 확연히 다른 존재로 창조되었다는 신화다. 이 부분은 바빌론에서 출토된 점토판 한 장에 잘 드러나 있다. 기록 연대는 기원전 10세기 중후반이지만, 기원전 7세기 아시리아의 대관식 기도에도 이 문구가 인용되었다. 텍스트 자체는 더 오래되었을 것이다. 텍스트에서 에아 신과 어머니 신은 진흙으로 인간을 만들고, 이 내용은 아트람하시스의 시와 다른 신화적인 텍스트에도 들어 있다. 그런데 두 신은 우월한 존재를 창조해 통치 수단들을 준다.

에아가 말하려고 입을 열어, 신들의 여신에게 이르네.

'그대는 위대한 신들의 자매인 벨레트-일리,

그대는 인간인 남자를 창조했네.

이제 왕을, 인간 보좌관을 짓기를!

외모 전체를 멋지게 해주고

완벽한 얼굴과 잘 다듬어진 몸을 만들기를!

신들의 여신은 왕을, 인간 보좌관을 지었네!

그들은 왕에게 [위대한] 신들을 위해 싸우는 임무를 주었네.

아누는 그에게 왕관을 주었네, 엔릴은 그에게 왕좌를 주었네.

네르갈은 그에게 무기를 주었네, 니누르타는 그에게 찬란한 관을 주
었네.

신들의 여신은 그에게 (근엄한) 외모를 주었네,

누스카는 보좌관들을 임명해 그 앞에 세웠네.[8]

싸울 준비는 됐지만 신의 권고에 따르는, 용모 준수한 왕의 이미지
는 길가메시 서사시의 특징이다. 영웅은 신들의 손으로 완벽한 외모
와 늠름한 체격으로 빚어진다. 태블릿 I에서 시인은 그 이야기를 들
려준다.

그의 형상을 그린 것은 신들의 여신이었고

몸을 완성한 이는 누딤무드 신이었지.

키가 크자 용모가 출중했고

세속의 잣대로는 최고 미남이었네

이뿐 아니라 왕으로서 그는 믿음직한 보좌관을 본능적으로 요구

---

8. 최근에 발견된 이 텍스트의 유일한 판본은 다음이다. Werner R. Mayer, 'Ein Mythos von
der Erschaffung des Menschen und des Königs', *Orientalia 56* (Rome: Pontificio Istituto
Biblico, 1987), pp. 55–68.

한다. 같은 태블릿의 마지막에 그는 예언된 엔키두의 등장을 열렬히
기대한다.

> 제게 조언해줄 친구를 찾게 하소서
> 저는 조언해줄 친구를 얻을 것이옵니다!

신들을 위해 싸우는 일, 즉 적의 침범을 막고 내란을 진압해 지상
의 법과 질서를 유지하는 일 외에 바빌로니아 왕의 기본 의무는 신전
들의 보수와 운영을 감독하고, 음식 공양 및 제물을 공급하는 일이었
다. 바빌로니아 신전들의 건축과 재건축 제사 중 올리는 기도문 앞부
분을 다룬 신화가 있다. 거기서 에아 신은 신들이 집에서 편안하도록
세상을 만든다. 그러면서 "신은 공급의 소임을 맡을 왕을 창조했고,
노동력이 될 인간들을 창조"[9]했다. 이것을 염두에 두고 태블릿 X(II
280 이하)에서 우타나피쉬티가 길가메시에게 하는 조언의 두 번째 부
분을 이해해야 한다. 이 부분은 많이 훼손되었지만 핵심은 달과 별들
("밤의 신들")이 1년과 한 달의 규칙적인 흐름을 표시하듯, 왕은 신전
에 필요한 공물을 규칙적으로 공급해야 한다는 것이다.

3) 길가메시, 지혜자로 우뚝 서다

서사시에서 우타나피쉬티는 전형적인 현자의 역할을 맡고 있는데,
말하자면 그는 우주의 비밀(인생의 의미)을 알고 있다. 인간사에 관한
예부터 내려온 독특한 지식을 길가메시는 그토록 오랫동안 열정적으
로 쫓아온 것이다. 우타나피쉬티의 조언과 이야기는 서사시의 클라
이맥스에 해당하고, 태블릿 X과 XI에서 시인의 메시지는 가장 강력

---

9. 이 텍스트의 가장 최근 영역본은 다음을 참고하라. A. Sachs in James B. Pritchard (ed.),
    Ancient Near Eastern Texts Relating to the Old Testament (3rd edition, Princeton: Princeton
    University Press, 1969), pp. 341–42.

하게 표출되리라 기대한다. 신전에 공물을 공급하는 왕의 의무 말고, 늙은 현자는 무슨 말을 할까?

우선 우타나피쉬티는 왕들과 백치들의 운명을 비교한다. 백치는 얼간이, 멍청이, 동네 바보라는 뜻으로, 인간 사회에서 왕들과는 아주 먼 자리에 있다. 왕들은 웅장한 권좌에 앉아 최고급 음식을 섭취하지만, 백치들은 그 반대로 지낸다. 길가메시가 넝마 가죽을 걸치고 날고기를 먹으면서 돌아다닌 것은 왕이 아니라 백치나 할 짓이라는 뜻이 담겨 있다. 그의 탐험은 백치의 탐험이다. 왕으로 태어난 자는 왕답게 처신해야 하므로 이것은 비난받을 일이다. 또 자구하지 못하는 이들을 돕는 것이 왕의 의무라는 의미도 깔려 있다. 이미 설명했듯 우타나피쉬티의 조언 중 두 번째 대목은 왕에 대한 신들의 기대를 간추린 내용이다. 길가메시는 야생을 떠도는 대신, 그의 주인인 신들과 신하인 인간들을 보살펴야 했다. 우타나피쉬티의 조언 중 세 번째 부분—가장 중요한 대목—은 삶과 죽음, 길가메시가 추구하는 영생의 헛됨에 관한 주장이다. 고바빌로니아 서사시에서 길가메시는 시두리에게 비슷하지만 훨씬 짧은 설교를 들었다.

당신이 찾는 생명을 당신은 찾지 못할 거요
　신들이 인류를 창조했을 때
그들은 인류에게 죽음을 나누어 주었고
　생명은 그들이 차지했소.

이 구절과 뒤의 조언은 후대 서사시에서 길가메시와 시두리의 대화에는 나오지 않는다. 표준판본의 시인이 최고조에 이 지혜를 쓰려고 의도적으로 우타나피쉬티를 위해 남겨둔 것 같다. 우타나피쉬티가 말하듯, 신들의 회합에서 생과 죽음이 분배되었다. 이것은 초기 인간사에 대한 신화에도 나온다. 앞서 봤듯이 새로 창조된 인간은 반항심을 타고나게 되는 흠결이 있었다. 그리고 이 타고난 흠결은 교정될 수 없었다.

인류에게는 또 다른 단점이 있었는데, 아주 쉽게 번식해 인구수가 급속히 많아진 것이다. 아트람하시스의 시에 나오듯, 엔릴 신은 1200년 사이에 세 차례나 잠을 방해하는 인간의 소동에 신물이 났다. 그래서 먼저 역병, 다음은 가뭄, 마지막에는 기근으로 인구를 줄이려 했다. 매번 처음에는 성공해서 인구가 상당히 감소했다. 하지만 늘 에아 신의 방해를 받았다. 매번 에아 신은 슈루파크의 왕인 아트람하시스(우타나피쉬티의 다른 이름)에게 구제책을 알려주었다. 마침내 분개한 엔릴은 마지막 해결책을 내놓았고, 에아를 포함해 모든 신이 비밀을 지키기로 맹세했다. 엔릴은 대홍수를 보내 인류를 쓸어버릴 작정이었다. 하지만 에아 신이 아트람하시스에게 미리 경고했고, 아트람하시스는 특이한 방주를 만들어 에아의 지배영역인 '압수'를 항해할 수 있었다. 대홍수가 났지만, 아트람하시스는 방주에서 가족, 보물, 각종 기술자와 동물의 대표와 함께 안전하게 생존했다. 하지만 신들은 허기와 갈증에 시달렸다. 신전들에 물이 찼다. 그들을 먹고 마시게 해준 인류가 죽었다. 엔릴의 마지막 해결책은 치명적인 실수로 드러났다. 신들은 궁핍해져서 죽을 지경이었다.

한편, 물이 빠지고 방주는 높은 산꼭대기에 박혔다. 그러자 아트람하시스가 살아난 것에 감사해 향을 피우자 구수한 음식 냄새가 하늘로 올라갔고 신들은 먹으려고 서둘러 나왔다. 엔릴은 계획 실패에 대해 신들에게 항의하면서 에아를 지목했다. 에아 신은 여느 때처럼 현명하게 대홍수의 어리석음을 지적했다. 길가메시 서사시에 차용된 이야기에서, 에아는 모인 신들에게 생존자를 어떻게 처분할지 결정하라고 요구한다. 엔릴은 우타나피쉬티와 아내에게 '신들과 같은' 생명(영생불멸)을 주고 그들을 세상 끝으로 이주시킨다. 아트람하시스의 시에서는 글의 주제에 맞게 더 큰 과업을 맡는다. 아직 인간들의 소음 문제가 해결되지 않은 때였다. 에아가 제시한 해결책이 시의 클라이맥스를 이룬다. 그는 어머니 신에게 인류의 과도한 번식을 막을 수 있게 약간 다르게 인간을 설계하게 한다. 여자들은 임신과 불임을 모두 겪고, 사산과 영아 사망이 도입된다. 수녀 같은 여인 집단은 종교적인 요구로 순결을 지킬 것이다. 이런 식으로 잉태되는 태아 수가 줄어들고, 죽어서 태어나는 아기도 있고 어른이 되기 전에 죽는 아이도 있다. 하지만 인구수에 가장 큰 영향을 미칠 대대적인 변화는, 신들이 수명의 한계를 정했다는 점이다. 주요 부분이 훼손되어 이 대목은 텍스트에서 찾을 수 없지만, 그 주장의 강도로 추측할 수 있다. 틀림없이 엔키(에아 신의 수메르어 이름—옮긴이)는 어머니 신에게 죽음을 피할 수 없는 삶의 현실로 만들라고 명할 것이다.

> [그대,] 오 어머니 신, 운명을 만드는 이여,
>   사람들에게 [죽음을 부여하시오]![10]

여기에는 이런 의미가 있다. 이 변화 전에도 인간들은 신들처럼 폭력 행위, 질병, 신의 의지에 따라 죽을 수 있었지만 노령으로 자연사하지는 않았다. 하지만 대홍수 이후로는 사망이 인생의 당연지사가 된다. 인간사에서 중요한 이 순간은, 길가메시 서사시에서 우타나피쉬티가 말한 생사 이야기의 신화적 배경이다.

> 아눈나키, 위대한 신들이 회합을 소집했네
>   운명을 만드는 맘미툼이 그들과 운명을 정했네

---

10. Atram-hasis, III, vi, 47–48, as restored by W. G. Lambert, 'The theology of death', in B. Alster (ed.), *Death in Mesopotamia*, Mesopotamia 8 (Copenhagen: Akademisk Forlag, 1980), pp. 53–66.

생과 사 둘 다 그들은 정했네
　하지만 그들은 죽을 날을 밝히지 않나니.

이 인간 운명이 변한 내용은 새로 입수된 〈길가메시의 죽음〉 본문에서 확인된다. 엔키 신이 동료 안과 엔릴에게 말하는 장면이다.

회합이 대홍수로 쓸어버리게 한 후 …
지우수드라, 인류 중 한 명이, 여전히 살아 있었지!
그때부터 우리는 인류가 영생을 누리지 못한다고 맹세했네.

유일하게 인류의 새로운 운명을 면한 사람은 대홍수 생존자가 되어 영생하게 된다. 이렇게 된 경위, 즉 대홍수 이야기는 우타나피쉬티가 길가메시에게 주는 연속적인 교훈의 주제다.

하지만 우타나피쉬티도 말하듯, 그가 영생의 반열에 오른 것은 다시없을 특별 사건이었다. 길가메시가 '신들의 비밀'을, 우타나피쉬티가 신들과 더불어 영생을 얻은 경위를 알더라도 이제는 그 자취를 따를 수 없다. 길가메시의 탐험이 헛되다는 점을 강조하려고 우타나피쉬티는 죽음의 동생인 '잠'을 물리치라고 권한다. 그는 실패할 줄 알면서도 손님을 자극한다. 그러고서 우타나피쉬티는 길가메시에게 불로초를 찾게 한다. 그는 길가메시가 불로초를 잃게 될 것까지도 안다. 뱀이 불로초를 훔쳐 달아날 운명이다. "돌아가서 배를 물가에 두었더라면!"

온갖 고초를 겪은 끝에 자신이 죽을 운명임을 깨닫자 길가메시는 우타나피쉬티를 찾아온 걸 후회하며 한탄한다. 그리고 마침내 자신의 수준이 거기까지임을 깨닫자 운명과 화해하고 현명해진다. 프롤로그로 돌아가면 이런 구절을 발견한다. "그는 먼 길을 오며, 지쳤지만, 평안을 찾았네." 길가메시의 성장담은 현명해지는 영웅의 이야기다. 신들이 정한 계획 속에서 분수를 안다는 의미에서 현명해진다. 사실 이

것은 특별한 경험을 통해 현명해지는 모든 사람에 해당하는 이야기
다. 시인은 서두에 독자가 어떤 부분을 눈여겨봐야 하는지 밝힌다.

> 심연을, 나라의 근간을 본 사람,
>> [그는 합당한 방도를 알았고,] 매사에 현명했지!
> [길가메시, 그는] 심연을, 나라의 근간을 보았지
>> 그는 [합당한 방도를] 알았고, 매사에 현명했지!

주인공의 악행이 지속한 후에야 길가메시에게 변화가 찾아온다.
처음에 그는 매사에 잘못을 저지른다. 왕이지만 왕답게 처신하지 않
는다. 바빌로니아의 정신에 따르면, 고대 근동 전역과 마찬가지로 복
자가 양 떼를 인도하듯 왕은 백성을 인도하고 보호해야 했다. 왕은 공
평무사하게 백성을 다스려야 했다. 그와 거리가 먼 길가메시는 잔악
한 폭군이었고, 그 잔인성으로 백성에게 불만을 산다. 이상과 현실의
차이는 백성의 한탄에 은연중 드러난다.

> 그러나 그는 양우리-우루크의 목자,
>> 길가메시, 우글대는 [이들의 지도자.]
> 그가 그들의 목자이고 그들은 [그 소 떼입니다]

시인은 길가메시의 폭군 기질에 대해서는 설명하지 않는다. 폭군
인 것 이상을 알 필요가 없으니까. 확실한 것은 그의 요구로 인해 자
식의 도리와 배우자의 의무까지 가로막혔다는 점이었다. 딸은 어머
니를, 아들은 아버지를 도울 시간이 없고, 아내는 남편의 요구를 들어
줄 여력이 없게 되었다. 일부 평론가는 길가메시가 성학대를 저질렀
다고 추측했다. 고바빌로니아 판본의 엔키두처럼 바빌로니아인들은
길가메시의 우루크에서 '첫날밤의 권리'(초야권[初夜權], 군주가 결혼식

전에 신부를 먼저 취하는 권리—옮긴이)가 관례처럼 횡행한다는 사실을 듣고 경악했을 것이다.

 길가메시는 예비 신부와 짝짓기를 할 것이요
  그가 맨 먼저, 신랑은 이후에.

 유사 이래 바빌로니아에서 이런 일은 일어나지 않았다. 하지만 텍스트를 보면 신이 승낙한 행위였고 따라서 학대일 수 없었다.

 신의 승낙으로 그렇게 정해졌소
  그의 탯줄이 잘릴 때 그에게 그녀는 예정되었소.

 또 다른 추측은, 길가메시의 폭정이 우루크 성벽을 건설하면서 생긴 평판이라고 본다. 새 치수공사와 대규모 공공 건설이 그렇듯, 고대 메소포타미아에서도 성벽 공사에 공공 인력, 즉 시민들이 투입되었다. 아트람하시스의 시에 등장한 신들의 반란 신화처럼, 조직적인 노동력을 동원하는 정권은 가혹할 만치 무자비했던 것 같다.
 세 번째 추측은 길가메시와 저승을 다룬 수메르어 시에서 원인을 찾는다. 시에서 길가메시는 큰 육체노동을 요하는 경기에 끝없이 몰두해 우루크 청년들을 동원하고, 여인들은 종일 지친 남편의 시중을 들어야 했다. 어쩌면 이게 정확한 해석일 것이다. 바빌로니아 서사시에 나온 "그가 무기를 휘두르면 대적할 자가 없네"라는 구절로 미루어볼 때, 수메르보다는 아카드 전승에서 게임은 더욱 무술이 되었다. 아무튼, 도입부에서 길가메시는 준수한 왕의 외모를 갖추었지만, 이상적인 왕과는 거리가 멀었다.
 엔키두의 등장은 우루크 사람들에게 안도감을 주었지만, 길가메시를 현명하게 만들지 못한다. 젊은 치기 덩어리인 길가메시는 현자의 조언을 무시하고 위태로운 '삼나무 숲' 행을 감행한다. 거기서 그와 엔키두는 괴물 훔바바를 죽인다. 지상 최고 권력인 엔릴 신이 훔바바에게 삼나무를 지키는 소임을 맡긴 사실을 알고도 사고를 친다. 또 길가메시는 신들의 신성한 숲을 훼손한다. 신들의 권위를 무시하는 장면이 다음 일화의 핵심이고, 길가메시는 이유 없이 이쉬타르 여신을 모욕해 절연한 후, 여신이 자기를 대신해 복수해주길 바랐던 천상의 황소와 싸워 소를 죽인다. 명령을 거듭 위반하는 데 흥분한 신들은 엔키두에게 요절할 운명을 정한다. 훔바바가 죽으면서 저주를 퍼부어 운명대로 이루어진다.

이 시점에서 길가메시는 사적인 목적에 사로잡혀 군왕으로서 모든 책임을 벗어버리고 야생으로 나간다. 지혜와는 거리가 먼 그는 좋은 충고를 접할 때마다 거부하고, 분별없이 행동한다. 세상을 둘러싼 바다의 끝, 시두리의 여관에서 길가메시는 현명한 그녀와 조우한다. 길가메시가 폭력으로 위협하자, 시두리는 계속 길을 갈 방도를 알려준다. 그녀의 가르침에 따라 우타나피쉬티의 사공 우르-샤나비를 찾던 중, 길가메시는 우르-샤나비의 선원들인 신비한 석상들과 만나 그것을 깨부순다. 이런 행위로 여정은 더 위태로워진다. 우주의 바다 저편, 대홍수 영웅의 영역에 들어가서야 길가메시는 무모한 폭력 본능을 버리기 시작한다. 그제야 우타나피쉬티의 비밀을 무력으로 얻을 셈이었다고 인정한다.

나는 당신에게 싸움을 걸려는 의지로 충만했으나
그러나 이제 당신의 안전에서 제 손은 얌전히 있나이다.

거기 도착하자마자 길가메시의 자세가 달라지는 걸 보면, 우타나피쉬티의 영토는 프로스페로(셰익스피어 희곡 '템페스트'의 주인공—옮긴이)의 섬처럼 마법의 땅이다. 노인의 발밑에서 길가메시는 자신을 지혜롭게 할 교훈들을 배운다. 길가메시의 내면에 깃든 변화를 드러내는 징표로 우타나피쉬티는 더러워질 수 없는 마법의 옷을 입혀 집에 보낸다. 새 의복은 그의 새로운 마음가짐을 상징한다. 시두리는 "의복을 깨끗하게 하시오!"라고 조언했다. 전도서의 저자는 "너는 언제나 옷을 깨끗하게 입으라"(9:8)고 명한다.

길가메시가 세상 끝에서 얻은 명백한 지혜는 자신을 아는 것과 홍수 이야기다. 바빌로니아 전승에서는 다른 부류의 지혜도 얻었다. 시의 프롤로그에서 기리는 주인공은,

> 강력한 힘을 뚫고 '머나먼 자' 우타나피쉬티에게 닿았네
> 대홍수로 파괴된 신전들을 복구하고
> 사람들을 위해 세상 의례들을 마련했지.

여기서 대홍수와 관련해 설명이 필요한 신화가 있다. 왕의 계보를 통해 내려온 고대 역사 전통을 보면, 신들은 인간 왕위를 재설정해야 했다. 대홍수가 휩쓸고 하늘에서 왕권이 내려왔는데, 그 왕권[11]은 키시 도시에 있었다. 그 키시 왕조를 우루크 왕조가 계승했고, 길가메시가 5대 왕이었다. 왕들이 다시 통치하자 태고의 문명이 복구되었는데, 이는 신들이 명한 질서가 다시 가동되었다는 뜻이었다. 인류사가 시작될 때 인류의 번성에 필요한 모든 것—즉, 도시, 농사, 문명 기술—을 신들이 공급한다는 게 전통적인 믿음이었기 때문에 이는 중요했다. 더는 발견할 게 없었다. 인간 사회는 태고 모델대로 운영되면 그만이었다.

베로수스의 『바빌로니아학』(Babyloniaca, 기원전 280-270년 베로수스가 집필한 메소포타미아 최초의 역사기록—옮긴이)에 잘 드러나듯, 지우수

---

11. 고대에 '천상에서 내려온 왕권'으로 알려진 수메르 왕 계보. T. Jacobsen, *The Sumerian King List*, Assyriological Studies 11 (Chicago: University of Chicago Press, 1939).

드라(우타나피쉬티의 수메르어 이름)와 방주에 동승한 대홍수 생존자들
이 문명을 복구했다는 것이 고대의 관점이다. 이것은 길가메시 태블
릿 XI와 아트람하시스의 시에 기록된 대홍수 이야기에 명확히 드러
난다. 거기 방주에 탄 기술자들과 동물들에 대한 언급은, 어떻게 기술
자와 목부들의 기술(또한 동물 왕국)이 대홍수에서 살아남았는지를 설
명한다. 하지만 기원전 20세기 초 라가쉬라는 고장에는 신들이 한동
안 왕권을 유보했다는 전승도 있었다. 이 기간 신들은 인간들에게 농
지 관개와 경작을 맡기지 않았고 농사도 이루어지지 않았다.

> 대홍수가 휩쓴 후 …
> 안 신과 엔릴 신이 …
> 하늘에서 (다시 한번)
> 왕권, 왕관, 심지어 도시를 내려보내지 않았으니,
> 팽개쳐진 사람들이
> 곡괭이, 삽, 흙 바구니, 쟁기,
> 육지 생활을 하게 해줄 것을 (다시 한번) 마련하지 않았을 때
> 사람은 백 년간 의무 없는 소년으로 지냈고,
> 성장해서 다시 백 년을 보냈으나
> (허나 아직도) 일을 하지 않았네.[12]

이 무책임하고 게으른 상태에서 인류는 배를 곯고 번성하지 못했
다. 이 대목에서 점토판이 깨졌지만, 왕권과 질서 있는 삶을 재정립한
다는 대목이 있을 것이다. 다시 해독 가능한 부분에 가면 신들이 인류

---

12. 이 신화가 담긴 수메르어 텍스트 편집은 다음을 참조하라. E. Sollberger, 'The rulers of
Lagaš', *Journal of Cuneiform Studies* 21 (Cambridge, Mass.: American Schools of Oriental
Research, 1969), pp. 279–91.

에게 농사 기술을 다시 소개하고 있기 때문이다.

서사시에서 프롤로그의 핵심은, 대홍수 후 태고의 질서를, 특히 신들에게 영광을 돌리는 의례를 복구하는 데 길가메시가 핵심 역할을 한다는 것이다. 새로 발견된 〈길가메시의 죽음〉이라는 수메르어 시는 이 추측을 확인해준다. 임종하면서 길가메시는 꿈을 꾸고, 꿈에서 신들은 그의 영웅적인 업적을 말한다.

그대는 지우수드라의 거처로 찾아갔네!
머나먼 옛날부터 잊힌 수메르의 의식들,
그 의식들과 관습들, 그대는 그것들을 땅에 가져왔지.

길가메시가 대홍수 생존자를 찾아가는 여정과 종교 생활 복구 사이에는 관련성이 있다. 그래서 그가 여행에서 가져온 지혜는 개인적인 지식을 초월한 것이었다. 시인은 암시 정도로 그치려 했겠지만, 길가메시가 종교를 재문명화하는 책임을 지려 했던 건 분명했다. 여기서 그는 일곱 현자처럼 에아 신의 도구였다. 닌순이 태블릿 III에서 예언했듯 길가메시는 "지하 바다(압수)의 에아와 함께 지혜로워"졌기 때문이다. 서사시를 여는 어휘들은 서로 연관성이 있다. "심연을, 나라의 근간을 본 사람." '심연'(深淵)은 특히 지혜의 원천으로 에아의 영역을 상징한다. 이 원천에서 길가메시는 인간 사회와 정부를 떠받치는 심오한 진실들을 배웠다.

주인공이 죽음을 피하는 일에 몰두하는 시에서, 시인이 저승에 크게 관심을 두는 것은 지당하다. 태블릿 VII에는 저승을 다루는 부분이 길게 나온다. 임종하며 꾸는 꿈에서 엔키두는 죽음의 천사에게 저승으로 끌려가고, 거의 소실된 구절들에서 그가 거기서 본 것을 말한다. 태블릿 VIII의 후반부에 나오는 엔키두의 장례식과 경야(장례 중의 밤샘 의식―옮긴이)는 바빌로니아 고위층을 매장하기 전에 치르는 이상적인 의식이라 할 수 있다. 부록인 태블릿 XII에서는 망자의 운명에 대해 더 들려준다. 하지만 주제와 관련될지는 의심스럽다. 모든 바빌로니아인은 길가메시의 궁극적인 운명을 알고 있을 것이다. 그는 사후에 신성을 갖는 지배자 겸 저승의 판관이 된다. 수메르어 시 〈길가메시의 죽음〉에서 그는 모친의 신성 덕분에 신들에게 이 지위를 얻는다.

> 길가메시는 귀신의 형상으로 죽어 저승에서
> 저승의 통치자가, 그림자들의 수장이 되리!
> 재판을 하리, 판결을 내리리
> [너의 말]은 [닝기시지다와] 두무지의 [말만큼] 무게감 있으리.

저승의 신이 되는 길가메시의 운명은 서사시에서 짚어볼 부분이다. 그는 사후에 신들 속에 들어가리란 걸 모르지만, 어머니는 선견지명이 있어서 태블릿 III에서 샤마쉬에게 말한다.

> 그가 이르니나와 함께 검은 머리 사람들을 다스리지 않겠나이까?
> 그가 닝기시지다와 함께 돌아오지 않는 땅에서 살지 않겠나이까?

교육받은 바빌로니아인이라면 알겠지만, 생전에 신이 되지 못한 주인공이 사후에 신이 되는 것은 아이러니다.

4. 길가메시와 고대 메소포타미아 문학

1) 개요
기원전 2600년경, 메소포타미아에는 기록된 문헌이 이미 존재한다. 언어로 완전히 표현되지 않은 탓에 초기 점토판들은 읽기가 극히 어렵긴 해도, 적어도 이 시기 혹은 훨씬 전부터 메소포타미아 저지대에는 두 가지 언어를 쓰는 주민들이 거주했다. 하나는 알려진 언어 중에 친족 언어를 찾기 힘든 수메르어인데, 가장 초창기 글을 표기한 수단으로 보인다. 다른 하나는 아카드어로, 셈어족에 속하니 히브리어 및 아랍어와 관련 있다. 북부 도시들에서는 주로 수메르어, 남부 시골에서는 아카드어를 썼지만, 두 언어는 긴 세월 메소포타미아 저지대에서 나란히 쓰였다. 이 지리적 구분은 후대에 기술된 용어로, 그 전승을 보면 세칭 '검은 머리 사람들'의 고향은 메소포타미아 저지대의 남부 지역인 수메르와 북부 지역인 아카드, 두 군데로 구성된다. 기원전 30세기, 메소포타미아 저지대의 도시에서 문명화된 이중 언어 사용은 현대 벨기에의 프랑스어와 플라망어(네덜란드어에 가까운 언어—옮긴이) 사용 양상과 비슷했다.

2) 아카드어와 수메르어 점토판

아카드어 텍스트는 기원전 2300년경부터 대량으로 등장한다. 그 시기, 아카드어는 최초의 메소포타미아 대제국을 통치하는 도구가 되었다. 이 제국은 최고로 흥했을 때 아라비아만에서 레반트 시리아까지 뻗어 나갔다. 사르곤과 후계자들인 아카드의 왕들이 이 제국을 건설했다. 아카드는 현대의 바그다드 인근 도시였는데, 곧 주변 지역의 지명과 궁정에서 사용하는 언어의 명칭이 되었다. 전설에 따르면 사르곤은 모세처럼 '버려진 영아'였다.

> 내 어머니인 여사제는 나를 수태하고 비밀리에 출산했고,
> 나를 갈대 바구니에 담아 역청으로 봉인해,
> 나를 강에 띄웠고, 나는 거기서 일어나지 못했는데,
> 강이 나를 떠밀어내 물 긷는 아키에게 데려갔지.[13]

전설에 따르면 사르곤은 이쉬타르 여신의 총애를 받아 권세를 얻었다고 한다. 거의 백 년간 그의 왕조가 메소포타미아 남부의 도시 국가들과 북부의 여러 지역을 지배했다. 이 시기의 초기 아카드어 텍스트들에는 아주 적은 양의 문헌이 기록된다. 훨씬 많은 양이 문자화되지 않거나 오랜 후에야 문자화되었고 주로 구전되었다. 적어도 이 시기에 수메르어는 아카드어에 구어(口語)의 자리를 내준 듯하지만, 필기용 언어 기능으로는 오히려 기원전 30세기의 마지막 백 년간 수메르어 부흥기를 누렸다.

남부 도시 우르의 제3왕조 왕들 치하에서 메소포타미아의 넓은 지역이 단기간에 재통일되었다. 그중 가장 유명한 왕은 슐기(관례상 기원전 2094-2047)였다. 이 완벽한 군왕은 전사와 운동선수뿐만 아니라 학자로도 유명했고, 여러 업적 중 특히 지적이고 문화적인 치적들을 남겼다. 슐기 왕은 필사 학교 재학 시 학급에서 가장 출중했고 거기서 좋은 추억을 쌓았다. 나중에 예술의 열렬한 후원자가 되었고, 우르와 니푸르에 특별 도서관을 다수 설립했다고 한다. 덕분에 이 중앙 바빌로니아 북부 지역에서는 필경사들과 음유시인들이 수메르어 가곡집 원본들을 참조할 수 있었다. 그래서 슐기 왕은 그의 영광을 기리는 찬가들과 그의 치세를 다룬 수메르어 문학이 후손에게도 보존되리라 여겼다.

영원히 서판의 집은 변하지 않을 것이며,
영원히 배움의 집은 역할을 멈추지 않으리.[14]

---

13. 인용문 전문은 다음을 참조하라. Benjamin R. Foster, *From Distant Days: Myths, Tales and Poetry of Ancient Mesopotamia* (Bethesda, Md: CDL Press, 1995), pp.165-166: Birth Legend of Sargon. 이 인용문과 수메르어 및 아카드어로 된 다른 문학 작품들은 저자가 번역했다.

14. Shulgi Hyme B 314-15. 전문은 다음 참조. G. R. Castellino, *Two Šulgi Hymns* (BC), Studi semitici 42 (Rome: Istituto di Studi del Vicino Oriente, 1972).

이런 계몽적인 분위기에서 우르와 이후 이신(Isin) 왕조의 궁정은 많은 수메르어 문헌을 접했다. (길가메시 서사시 파편이 포함된) 점토판 일부가 남았지만, 우리는 당시 쓰인 점토판이 아니라, 바빌로니아의 필사 교과 과정을 통해 이 문헌에 대해 알게 되었다.

기원전 18세기 가장 유명한 통치자인 함무라비 왕(기원전 1792~1750)의 통치 후, 수메르와 아카드 지역은 바빌론의 통치를 받았다. 수메르와 아카드인들은 바빌론을 고향으로 칭하지 않았지만('바빌론'은 그리스어다), 이 시기 이후 관례상 바빌로니아인으로 불린다. 그 무렵 수메르어는 구어로 사멸되었지만, 문어로는 여전히 많이 쓰였다. 수메르어는 당시에도 천 년 이상 최초의 문어(文語) 자리를 지켜왔기에 기원전 20세기 초에도 주요 문어로 남아 있었다. 아카드어의 바빌로니아 사투리가 훨씬 더 많이 사용되었지만, 수메르어는 특별한 지위를 유지했다. 지적인 언어로 우월했기에 필경 학생들의 필수 이수과목이었다. 설형문자 쓰는 법, 심지어 아카드어로 쓰는 법을 익히려면 학생들은 수메르어를 배워야 했다. "수메르어를 모르는 필경사가 무슨 필경사인가?"라는 금언이 있을 정도였다.[15] 그런 필경사는 없었다. 이 시기에 부분이나마 교육에 사용된 언어는 수메르어였으니까. 모든 규칙을 위반한 어린 학생은 한탄했다.

문 반장은 "왜 내 허락 없이 나갔느냐"라고 말하면서 날 때렸다.
물 반장은 "왜 내 허락 없이 물을 먹었느냐"라고 말하면서 날 때렸다.
수메르어 반장은 "넌 아카드어로 말했어!"라고 말하면서 날 때렸다.
스승님은 "네 필체가 형편없구나!"라고 말하면서 날 때렸다.[16]

---

15.   Proverb Collection 2, no. 49; Edmund I. Gordon, *Sumerian Proverbs: Glimpses of Everyday Life in Ancient Mesopotamia* (Philadelphia: University Museum, 1959), p. 206.

예비 필경사는 수메르어 받아쓰기와 암기한 구절을 필사해 실력을 증명해야 했다. 학생이 통달해야 하는 최상급 수메르어 텍스트는 전통적인 수메르 문헌 전집이었다.

현존하는 수메르어 문헌 출처 대부분은 이 바빌로니아 필경 견습생들의 점토판이고, 다수는 교사들의 자택 유적지에서 발견되었다. 최대 규모의 발굴터 두 곳은 기원전 18세기 말에 버려진 필경사 구역이 있던 니푸르와 좀 더 오래된 그런 건물들이 있던 우르였다. 더 최근에는 같은 시기의 수메르 문헌 상당량이 니푸르 남쪽의 도시 이신과 동북 바빌로니아 지역인 디얄라 강변의 텔 하다드(고대의 메-투란[Mê-Turan])에서 출토되었다. 하지만 이 점토판 대부분은 출간되지 않은 채 남아 있다. 니푸르와 우르의 사저들은 슐기 왕이 설립한 왕립 서고는 아니었지만, 수메르 문헌을 후대에 전하도록 보존한다는 왕의 목표를 충실히 이행했다. 이제 4천 년이 지나 우리가 슐기 찬가를 다시 읽을 수 있으니, 그조차도 기대하지 못한 일일 것이다. 또 그의 수메르어 장서들이 필라델피아와 런던을 비롯한 머나먼 낯선 곳들에 점토판 장서로 살아 있으니, 왕이 보면 무척 놀랄 것이다.

3) 점토판의 발굴과 복원

수메르어 문헌집 복원은 제2차 대전 이전에 시작되어 여전히 진행 중이다. 니푸르에서 출토된 점토판의 작은 파편 수천 개를 구분하고 붙이고 읽는 초기 작업은 주로 필라델피아 대학박물관의 새뮤얼 노아 크레이머와 그 제자들이 주도했다. 크레이머는 동료들이 "일만 하

---

16. Schooldays, ll. 38-41. 글의 마지막 편집본은 Samuel N. Kramer, *Schooldays: A Sumerian Composition Relating to the Education of a Scribe* (Philadelphia: University Museum, 1949)였지만, 현재는 더 많은 사실이 밝혀졌다. 인용구는 Konrad Volk, 'Methoden altmesopotamischer Erziehung nach Quellen der altbabylonischen Zeit', Saeculum 47 (Freiburg and Munich: Verlag Karl Alber, 1996), p.200 참조.

고 놀 줄 모른다"라고 놀린 지루한 생활을 했지만, 4천 년 만에 처음으로 점토판을 읽는 일은 지루하지 않았을 테고, 그는 짜릿한 흥분을 맛봤을 것이다. 이것은 전혀 새로운 문학이자, 인류 역사상 가장 오래된 문학작품이었고, 그 존재는 학자들에게 경이로 다가왔다. 많은 수메르어 텍스트가 여전히 난해하고 다 이해된 상태가 아니지만, 이런 귀중한 문헌이 더 널리 알려지지 않은 것은 현대 학계의 큰 실패로 남아 있다.

대중에게 어느 정도 알려진 수메르어 텍스트 중에 길가메시에 대한 번역 시 다섯 편을 이 책 2부에 실었다. 이 시들은 아카드어로 된 바빌로니아 길가메시 서사시와는 다른, 공통된 주제가 없는 개별적인 이야기다. 아마 우르의 제3왕조 치하에서 처음 쓰였을 것이다. 그 왕들은 선대왕이자 조상인 전설적인 영웅 길가메시에게 특별한 유대감을 가졌다. 전통적인 수메르어 문헌 다수가 제3왕조의 궁정 연회에서 음유시인들이 읊은 노래일 것이다. 길가메시에 대한 수메르어 시들은 그런 유흥에 잘 어울린다. 기원전 18세기 사본으로 알긴 했지만, 발견된 텍스트들은 슐기 왕이 '서고'에 안치한 원자료에서 왔을 것이다. 그렇더라도 더 오래전에 구전되어온 시가일 가능성이 크다. 수메르어 시들은 어느 정도는 바빌로니아 서사시의 원천이었지만, 그 자체로도 음미할 만하다. 그 시들을 읽으면 4천 년 전 수메르 부흥기의 궁정 생활로 돌아갈 수 있다.

18세기 바빌로니아의 학교들에서 만든 방대한 수메르어 점토판들과 함께, 동시대 아카드어 문학도 발굴되었다. 이것을 '고(古)바빌로니아 문학'으로 부른다. 고바빌로니아 문학 점토판 몇 개는 수메르어 점토판과 같은 학교들에서 나왔고, 역시 견습 필경사들의 솜씨로 보인다. 2부에 실린 아카드어 길가메시 몇 대목도 거기 포함된다. 이 시기의 학교들에서 아카드어 문학을 공부한 것은 맞지만, 아카드어 점토판 수가 수메르어에 비해 극히 적은 것으로 볼 때 교과과정에는 포함되지 않았을 것이다. 학교들에서 발굴된 아카드어 시는 학생들이 재미 삼아 필사했거나 즉흥적으로 지었을 것이다.

이 연대의 다른 아카드어 점토판들이 출토되고 있지만 필경 학교 출토본들과 달리 출처가 분명치 않다. 일부는 학자 개인이 정교하게 써서 보존한 문헌이다. 그중 길가메시의 고바빌로니아 점토판 세 개가 있어, 이야기를 파악하는 데 우리에게 큰 도움이 되었다. 펜실베이니아 점토판, 예일 점토판, 시파르에서 나온 파편이 그렇다. 그 내용역시 3부에 번역되어 있다.

고바빌로니아 후기작으로 알려진 또 다른 바빌로니아 걸작은 아트람하시스(Atramhasis)의 위대한 시 〈신들이 인간이었을 때〉로, 창세부터 대홍수까지 인류 역사를 설명한다.[17] 길가메시 시인은 그 테스트에서 대홍수 신화를 풀어냈다. 또 이 텍스트는 성경 속 노아 홍수이야기의 모델이 되었다. 이 시기에 다른 아카드어 문헌이 등장하기 시작해, 바빌로니아의 과학, 내장 검시술(점술사들이 동물 내장으로 점을 치는 것—옮긴이), 점성술, 수학을 설명한다. 또 마법으로 퇴마하는 수메르어와 아카드어 주술문이 있었다. 그러니 고바빌로니아 시대는 아카드어 문헌이 많이 창작된 시기지만, 적어도 밝혀진 필경 학교의 커리큘럼은 너무 편협해 이런 다양성이 반영되지 않고 주로 수메르어 문헌만 다루었다.

고바빌로니아 길가메시 점토판을 보면, 이 시기에 이미 통합된 길가메시 서사시가 존재했음을 알 수 있다. 펜실베이니아 점토판을 보면, 서사시 제목은 "슈투르 엘리 샤르트"(Shūtur eli sharri) 즉 "모든 왕을 능가하는"이다. 고대 메소포타미아의 문학 작품들은 백지상태에서 창작된 게 아니니, 이 서사시도 구전 전승에서 시작되었다. 고바빌로니아 길가메시 토판은, 필경 학교 과목인 수메르어 시들과 몇 가지

---

17.   이 문구는 Foster, From Distant Days, pp.52-77 : Story of the Flood 참조.

일화와 주제가 비슷하지만 그 번역본은 아닌 게 분명하다.

고바빌로니아 텍스트들은 길가메시를 왕권, 명예, 죽음에 대한 두려움이라는 기본 주제들 위주의 이야기로 엮기 위해 길가메시를 대대적으로 개작한 증거물로 볼 수 있다. 그래서 고바빌로니아 서사시가 기본적으로 무명 시인 단독 작품이라고 의심하기도 한다. 서사시 〈모든 왕을 능가하는〉은 현재 보존된 대로 단편에 불과하지만, 이 시를 비롯해 다른 고바빌로니아 작품의 간결한 시풍과 성긴 이야기는 장황한 표준 판본보다 더 매력적이라는 세평이 있다. 특히, 펜실베이니아와 시파르 판의 일부 구절은 잊히지 않는다. 길가메시 서사시 표준본의 의미를 설명하려면 메소포타미아 문학에 관해 계속 이야기할 필요가 있다.

기원전 18세기 즈음, 필경 학교의 교육 내용에 획기적인 변화가 생겼다. 기원전 6세기 이후 학교 토판이 많이 출토되었지만, 학교의 필사 특징과 내용이 가장 잘 드러나는 것은 바빌로니아, 특히 바빌론, 우루크, 시파르, 아시리아에서 발굴된 기원전 10세기 서가 몇 곳의 장서들이다. 아시리아는 "아슈르의 땅"이라는 그리스어로, 기원전 10세기 초 근동 최대 제국의 본거지인 티그리스강 중류의 바빌로니아 북부에 위치한 작은 나라였다. 그중 최고의 서가는 아시리아의 마지막 위대한 왕 아슈르바니팔(기원전 668-627)이 니네베에 집대성한 점토판 장서였다.

앞서 술기 왕처럼 아슈르바니팔은 필경 전통을 익혔으며, 읽기와 쓰기에 특출한 재능을 보였다. 그가 다방면의 교육을 받으며 지적 발전과 무술 연마에 똑같이 매진했음이 이 요약문에 드러난다.

온 우주의 필경사인 니부 신은 나에게 그의 지식을 선물로 하사하셨다. (전쟁과 사냥의) 신들은 내 신체에 남자다운 강인함과 유례없는 힘을 하사하셨다.[18]

이것은 당시나 술기의 시대, 현재 불문하고 황태자에게 이상적인 교육상이다. 아슈르바니팔이 직접 쓴 서판은 없지만, 그가 열렬한 수집가였고 운 좋게도 그의 장서 다수가 분명히 현존한다. 왕실 도서관은 니네베의 성채에서 최소한 두 동을 차지했고, 중앙부에 4백 년 이상 전에 티그라트-필레세르 1세(기원전 1115-1077) 통치기에 쓰인 서판이 소량 있었다. 여기에 최소한 한 명의 저명한 아시리아 학자의 수집품이 더해졌고, 이후 많은 바빌로니아 학자들의 서고가 합쳐졌다. 이것들은 무참한 바빌로니아 대반란(기원전 652-648)에 이은 복구책의 일환이었다. 왕의 명령으로 바빌론과 인근 보르시파 같은 도시들에서 학자들은 자신의 서고와 대신전들의 도서관에 소장된 문헌들을 필사하는 작업에 착수했다. 이들은 아슈르바니팔 왕의 분노를 사지 않으려 했다. 학자들은 왕에게 아뢰었다. "소신들은 폐하의 명을 소홀히 하지 않을 것입니다." "불철주야 진력해서 폐하의 분부를 이행하겠나이다!"[19] 이들은 점토판뿐 아니라 밀랍을 바른 목판에 필사했다. 니네베의 필사실 역시 텍스트들을 베끼는 일에 몰두했다. 일부 필경사들은 전쟁포로나 정치범들이어서 쇠사슬에 묶인 채 작업했다.

아슈르바니팔의 명령으로 필사된 텍스트 중 길가메시 서사시가 있었고, 도서관은 4조의 완전한 필사본 서판을 보유했을 것이다. 물론 밀랍 위에 베낀 필사본은 훼손되었다. 기원전 612년 메디아와 바빌로니아 동맹이 니네베를 약탈한 후, 아슈르바니팔의 서사시 사본들은 다른 점토판들처럼 파괴되어 왕실 바닥에 2천 500년 가까이 그대로 묻혀 있었다.

---

18. 아슈르바니팔 점토판 L4, ll. 11-12. 전문은 Daniel David Luckenbill, *Ancient Records of Assyria and Babylonia 2* (Chicago:University of Chicago Press, 1927), pp. 378-82 참조.

19. Grant Frame and A. R. George, 'The royal libraries of Nineveh: New evidence for King Ashurbanipal's tablet collecting', *IRAQ* 67, 1 (London: British School of Archaeology in Iraq, 2005), pp. 265–84.

1850년과 1853년 니네베의 왕립 도서관들에서 최초로 설형문자 점토판이 발견되어 그 핵심 장서들이 영국박물관으로 옮겨졌다. 이 점토판들은 아시리아학의 기초 토대이자, 다양한 연구를 위한 중요한 원자료로 남아 있다. 서판의 첫 발견자는 젊은 오스틴 헨리 레어드(영국의 고고학자. 메소포타미아를 발굴하여 바빌로니아와 아시리아 문명을 밝히는 데 크게 기여했다―옮긴이)와 조수인 아시리아인 기독교도 호르무즈 라삼으로, 아슈르바니팔의 조부 센나케립이 건립한 "적수 없는 궁전" 유적지에서 아시리아 조각상을 찾기 위해 터널을 파던 중 발견했다. 3년 후 라삼은 영국박물관의 의뢰로 돌아와서, 아슈르바니팔의 "북쪽 궁전"에서 두 번째 유물을 발굴했다. 훨씬 후인 1879년에서 1882년, 그는 노고 끝에 바빌론과 시파르 같은 남부 유적지에서 출토된 바빌로니아 점토판 수만 장을 영국박물관에 안겨주었다. 레어드도, 라삼도 그 당시에는 아시리아 출토본을 해독하지 못했지만, 레어드는 자신이 '기록의 방'이라고 부른 책에서 "그 가치는 아무리 높이 평가해도 부족하다"라고 썼다. 그 말은 오늘날도 유효하며, 길가메시 서사시는 특히 그렇다.

니네베에서 레어드와 라삼이 밝힌 왕립 도서관의 중요성이 처음 널리 알려진 것은 1872년 출중한 조지 스미스(독학으로 아시리아학을 공부했으며 영국박물관에 고용되어 설형문자 해독에 기여했다―옮긴이)가 영국박물관에서 아시리아 점토판을 검토하다가 길가메시의 가장 유명한 대목이자, 보존이 잘된 대홍수 이야기를 처음 접하면서였다. 조지 스미스의 반응은 E. A. 윌리스 벗지(영국박물관 소속 이집트 및 오리엔트 전문가―옮긴이)의 설형문자 역사 연구서 『아시리아학의 탄생과 발전』(*The Rise and Progress of Assyriology*)에 나온다. "스미스는 점토판을 잡고 레

---

20. 이 인용은 아슈르바니팔의 것으로 추정하는 편지에 나온다. Frame and George, *IRAQ* 67, 1 (2005), p. 281.

디[점토판을 닦았던 관리위원]가 준비한 구절을 읽기 시작했고, 거기 나오기 바랐던 전설의 일부를 보자 '2천 년이란 망각의 세월이 지나고 처음으로 이 대목을 읽은 사람이 나네요'라고 말했다. 그는 서판을 탁자에 내려놓고 벌떡 일어나더니, 흥분해서 방안을 뛰어다니며 옷을 벗기 시작해 그 방에 있는 이들을 경악시켰다!" 새로운 발견을 공표했던 조지 스미스가 더 침착한 상태에서 옷을 갖춰 입었으면 더 좋았으련만. 성서고고학 협회에서 글래드스턴 수상이 참석한 가운데 진행했던 공식 발표에서 이런 일이 일어났다. 영국의 현직 수상이 바빌로니아 문학 관련 강연에 참석한 경우는 그때가 유일했다. 아시리아학이 도래했고 길가메시도 마찬가지였다.

고대 메소포타미아의 다른 점토판 서고들은 학자 개인 소유였고 그 가족과 제자들이 필사 수업으로 작업했던 경우가 많았던 것 같다. 반면 타의 추종을 불허하는 아슈르바니팔 왕의 도서관은 계획적으로 문헌을 취득하고 필사한 결과물이었다. 이렇게 공들인 목적은 신들을 흡족하게 할 최고의 통치술을 왕에게 제공하려는 것이었다. 아슈르바니팔 왕은 "치정에 도움이 될 만한 점토판을 내게 보내라"[20]라고 명했다. 통치 관련 조언이 담긴 『길가메시 서사시』는 헌납 대상이었지만, 니네베 도서관들의 장서 내용으로 볼 때 그 구절은 당시 필사 전통의 추세를 오롯이 드러내기도 한다.

당시 필사 전통은 고바빌로니아 시대의 견습생들이 필사한 텍스트들과는 사뭇 다른 텍스트로 이루어졌다. 당시에는 수메르어 문헌 다수가 거의 현존하지 않았다. 드물게 남은 문헌이 있더라도 예외 없이 아카드어 번역본이었다. 고바빌로니아 시기의 아카드어 문헌 필사본은 상당히 개작된 상태였고, 아카드어 텍스트가 다수 첨가되었다. 고위직들의 필사 전통도 여기 한몫했다. 점술 관련 문헌이 극도로 확장됐고, 퇴마 주술이 체계화되어 연속해서 맞추어졌다. 개작, 체계화, 확장 작업은 7백에서 4백 년 전인 기원전 20세기 말의 몇 세기에 걸쳐 여러 학자에게 맡겨졌다고 한다. 이 중(中)바빌로니아 시대 학자들의 노고 덕에 표준 판본이 나왔고, 천 년 후 설형문자 사멸 시까지 이 판본이 큰 변화 없이 존속했다.

4) 편집자 씬-리크-운니니

바빌로니아 길가메시 서사시는 편집자의 주목을 받았다. 전통적으로 '오 달신이여, 제 기도를 받아주소서!'라는 뜻의 씬-리크-운니니(Sîn-leqi-unninni)라는 학자가 서사시를 편집했다고 본다. 그의 직업은 퇴마사, 말하자면 기도, 주문, 마술 의식으로 악귀를 쫓는 기술자였다. 퇴마술은 병자를 치유하고 죄를 사하고, 악한 전조를 되돌리고, 성스러운 땅을 축성하는 아주 중요한 기술이었다. 씬-리크-운니니는, 10세기 후반에 흥했던 남부 바빌로니아에서 우루크의 몇몇 필경 명망가가 조상으로 섬긴 것 말고는 알려진 바가 없다. 예측컨대 그는 기원전 13세기에서 11세기 사이에 살았다. 고바빌로니아 시대에 이미 판본이 존재했으므로, 그가 바빌로니아 서사시의 작자였을 리는 없다. 하지만 아마도 최종 형태로 다듬었고, 따라서 10세기 서고들에 소장된 판본의 책임자라 하겠다. 그렇더라도 씬-리크-운니니가 살았던 시기와 7세기 사이에 그가 편집한 텍스트에는 소소한 수정이 추가되었을 가능성이 있다.

고대인들이 씬-리크-운니니의 솜씨로 봤던 장시는 고대어로는 "샤 나크바 이무루"(Sha naqba īmuru) 즉 〈심연을 본 사람〉으로 불리며, 시의 첫 행이 제목인 셈이다. 씬-리크-운니니의 수정본을 살피려면, 표준본과 더 오래된 판본의 공통 내용을 비교하면 된다. 후대의 서사시는 고바빌로니아 서사시 〈모든 왕을 능가하는〉과 어휘와 어순의 변화가 없거나 이런저런 미미한 변화만 주어졌기에 매 구절이 비슷하다. 또 후대의 텍스트는 반복이나 새 문구를 가미해 훨씬 확장되었고, 고바빌로니아 서사시의 일부가 빠지고 새 일화가 삽입되기도 했다.

〈모든 왕을 능가하는〉과 〈심연을 본 사람〉의 중간 단계는 씬-리크-운니니가 살던 시기의 바빌로니아 길가메시 원고에서 파악할 수 있다. 이 자료는 바빌로니아 내부와 외부에서 나온 텍스트들로 양분된다. 첫 그룹은 니푸르와 우르에서 출토된 점토판 두 장으로 이 책의 3부에 번역해 소개했다. 이 텍스트들은 씬-리크-운니니의 손을 거친 표준본과 흡사하지만, 차이점이 있다. 내용과 문체에 있어 이 점토판들이 씬-리크-운니니의 편집본보다 앞섰는지 후인지는 판단하기 어렵다.

두 번째 그룹은 바빌로니아 외부에서 출토된 점토판들로, 설명이 필요하다. 후기 철기시대의 전성기였던 기원전 14세기, 막강한 세력인 이집트 신왕국과 히타이트 제국이 동부 지중해를 지배했고, 당시 근동의 국제어는 아카드어였다. 아시리아와 바빌로니아 왕들이 파라오에게 아카드어 서신을 보내는 건 당연했지만, 파라오 역시 아카드어로 답신을 보낸 것은 주목할 만하다. 히타이트 왕과 파라오 역시 아카드어로 서신을 교환했고, 레반트 연안과 시리아의 지배자들이 군주와 연락할 때는, 가끔 가나안 사투리와 후르리어 숙어가 들어가긴 해도 주로 아카드어였다. 아카드어는 전통적인 수단으로, 점토판에 설형문자로 표기했다. 서신, 조약을 비롯한 문건들을 작성하기 위해 지방 필경사들은 설형문자를 배워야 했다. 그들은 관례대로 바빌로니아 필사 전통의 어휘들과 문헌들을 무턱대고 암기했다.

설형문자 문헌이 서쪽으로 간 것은 이때가 처음이 아니었다. 기원전 30세기 중반 처음으로 설형문자가 에블라와 시리아 내 지역으로 전파되었고, 필사 견습생들의 새 문물 습득을 위한 기술의 일환으로 수메르어와 아카드어 텍스트가 같이 갔다. 기원전 19세기 카네쉬와 카파도키아 내의 다른 아시리아 무역 거점들에서도 아카드어로 필기했다. 기원전 18세기에는 메소포타미아 쪽만 아니라 지중해 인근의 시리아에서도 아카드어가 널리 사용되었고, 팔레스타인 하솔에서도 아카드어 문건이 출토된다. 하지만 기원전 20세기 후반 설형문자 교육과 학문은 훨씬 널리 퍼졌다.

그 결과, 아나톨리아의 히타이트 수도인 하투사(현대의 보아즈쾨이), 상 이집트의 왕실 도시 파라오 아케나텐, 시리아 해안의 국가 우가리트(현재는 라스 샴라), 거대한 유프라테스 강변 시골 마을 에마르(텔 메스케네)에서 학술과 문학에 대한 아카드어 점토판들이 복사되었다(주요 지역만 언급해도 그렇다). 아마르나를 제외한 모든 지역에서 길가메시 점토판이 출토되었고, 팔레스타인의 메기도에서도 나왔다. 이 텍스트들은 4부에 번역되어 있다. 이 그룹에서 가장 오래된 하투사 출토본 일부는 펜실베이니아와 예일 점토판에 담긴 고바빌로니아 서사시와 비슷하고, 씬-리크-운니니 판본보다 확실히 앞선다. 에마르 출토품들은 몇 세기 뒤로 씬-리크-운니니와 훨씬 가깝지만, 역시 그보다 전인지 여부는 가늠하기 어렵다.

서쪽에서 출토된 다른 길가메시 텍스트들은 바빌로니아 서사시의 요약본이거나 재가공본이고, 지역에서 각색되었다. 사실 지금처럼 당시에도 서사시는 각종 상상력을 일으켜서 여러 지방어로 각색되었다. 지금까지 히타이트 판본과 후르리안 판본이 밝혀졌고, 둘 다 히타이트 수도의 수장고에서 발견되었다. 우리가 히타이트어는 꽤 잘 이해하는 반면 후르리어(Hurrian)는 여전히 해독이 어렵고, 두 길가메시 이야기 판본은 보존 상태가 나빠 알아보기 힘들다.

길가메시 텍스트는 엘람어로도 작성되었던 것 같다. 엘람어는 수시아나가 되었다가 현재 이란 후제스탄 지역에 거주하는 민족의 언어다. 엘람과 멀리 떨어진 아르메니아에서 발견된 점토판은 즉시 출간되었고 시간이 지나면서 번역되었다. 하지만 더 연구한 결과 이 텍스트는 길가메시와 무관한 개인 서신으로 밝혀졌다. 이런 사실을 두고 한 학자는 문건이 "여전히 엘람어는 고대 근동에서 가장 알려지지 않은 언어라는 사실을 잘 보여준다"라고 논평했다. 다행히 아카드어의 이해 토대는 훨씬 탄탄하다.

5) 길가메시 표준 판본에 관하여

바빌로니아 서사시의 표준 판본은 현존하는 총 73매로 정리된 상황이다. 니네베에 있는 아슈르바니팔 왕의 서고들에서 35매가 보존되었고, 다른 아시리아 도시 세 군데(아슈르, 칼라, 후지리나)에서 8매의 점토판과 파편들이 나왔다. 또 바빌로니아 도시들, 특히 바빌론과 우루크에서 30매가 출토되었다. 가장 오래된 것은 아슈르바니팔의 토판들이다. 지금까지 발견된 가장 최근 원고는 기원전 130년경, 바빌론의 신전 점성술사 견습생 벨-아헤-우수르(Bel-ahhe-us.ur, "오 주인이여, 형제들을 보호하소서!")가 썼다. 그즈음 막강했던 도시 바빌론은 세력과 인구가 많이 줄었지만, 주민들이 오래전부터 아카드어가 아닌 아람어와 그리스어를 썼던 곳이라 고대 신전은 설형문자 학문의 마지막 요새였다. 남은 문헌 73장으로 씬-리키-운니니 서사시의 큰 부분을 복원할 수 있지만, 여전히 공백은 상당하다. 이 공백을 메우기 위해 때로 더 오래된 아카드어 문헌에 의존해야 하고, 한 사건의 경우에는 히타이트 판본까지 동원해야 한다. 이 복원의 결과물이 1부 텍스트다. 다른 연대 텍스트들을 구분하기 위해, 표준 판본의 공백을 메우는 데 이용한 옛 자료는 편집 노트에 명확히 밝혔다.

표준 판본은 바빌로니아 전통에 따라 섹션(section, 쪽)으로 나뉜다. 섹션이란 '점토판 하나'에 관습적으로 담기는 텍스트를 의미하고, 이 '섹션 모음'을 바빌로니아 관례에 따라 '태블릿'(tablet, 판)으로 부른다. 서사시는 그런 11개의 태블릿 I-XI에 서술되어 있다.

20세기 후반에 바빌로니아 문헌은 '시리즈'라는 표준 연작 태블릿으로 정돈되었다. 사실 '길가메시 시리즈'는 11개가 아닌 12개의 판으로 구성된다. 마지막인 태블릿 XII는 수메르어 길가메시 시들 중 한 편의 후반부를 한 행씩 번역한 것이다. 수메르어 원(原) 텍스트는 다른 수메르어 길가메시 시들처럼 보존되지 못했고, 일부 번역만 10세기까지 살아남았다. 태블릿 XII가 서사시의 일부에 포함된다는 견해도 있었지만, 학자들 대부분은 그 텍스트에 속하지 않고 관련 자료라서 첨부되었다고 본다. 관련 자료를 취합한다는 원칙은 바빌로니아 학자들이 다른 텍스트들을 한 시리즈로 재편할 때 사용하는 기준이었다.

11개의 점토판에는 183행에서 326행까지 다양한 길이의 시가 적혀 있으니, 원 서사시는 3천 행쯤으로 본다. 현재 태블릿 I, VI, X, XI은 완전한 편이다. 소실되었지만 같은 문구에서 복원할 수 있는 행들을 제하면, 약 575행이 완전히 빠진 상태다. 이 행들은 한 단어도 복원되지 못했다는 뜻이다. 훼손이 심해 파악 불가인 부분은 그보다 훨씬 많아서, 자연스럽게 이어지는 구절은 현존하는 서사시의 5분의 4에 훨씬 못 미친다. 여기 실린 번역본의 경우 텍스트의 훼손 상태가 너무 심해 괄호와 빈 부분이 많다.

현대 편집자로서 공백을 무시하고 얼버무리거나 개별 파편들을 합하고 싶은 유혹이 있지만, 그런 식의 처리가 성인 독자들에게는 도움이 안 된다고 믿는다. 공백의 숫자와 범위 자체를 그대로 보여주는 게 중요하다. 아직 텍스트에 대해 알아낼 수 있는 부분이 얼마나 많은지 일깨우기 때문이다. 이 공백의 존재는 우리가 길가메시를 완전히 해독했다는 착각을 할 수 없게 한다. 우리가 길가메시에 대해 아는 것들은 확정적이지 않다. 새로운 텍스트가 발견되면 전체 문구의 해석이 바뀔 수도 있다. 그럼에도 현재 확보된 서사시는 릴케의 상상력에 불을 당겼던 당시 상태보다는 한결 온전하다. 그러므로 우리는 이 시를 호메로스의 서사시가 아니라, 흰개미가 일부 갉아먹었거나 화재로 반만 남은 두루마리 원고처럼 봐야 한다. 있는 그대로, '훼손된 걸작'으로 받아들이기를.

시간이 지나면 메소포타미아 유적과 세계 여러 박물관에서 나온

[25] 훼손된 걸작: 비교적 보존 상태가 양호한 길가메시 서사시 서판의 앞면

점토판들이 표준판의 여러 구멍을 채울 것이다. 아시리아학 전문가가 부족해 제대로 연구하지 못한 박물관 소장용 점토판이 수천 매에 달한다. 작은 파편이 어떤 원고에 속하는지 파악해 정확한 자리를 맞추는 일은 무척 까다롭고 고통스러운 작업이다. 조지 스미스 같은 천재도 정확히 파악하지 못한 경우가 있었다.

『데일리 텔레그래프』지는 1873년 길가메시 서사시의 대홍수 이야기에 관한 스미스의 강연에 깊이 감명받았다. 그래서 텍스트의 공백을 복구해보겠다는 기대에서 거액 1,000기니(1,050파운드)를 지원해 스미스가 영국박물관을 위해 니네베에서 발굴을 재개하게 했다. 이전 발굴자들과 비교할 때 스미스는 이 첫 번째 발굴에서 소량의 점토판('DT' 컬렉션)만 들고 귀국했다. 하지만 그중에 대홍수 부분이 있어 서사시의 중요한 공백을 메웠다. 이 일로 『데일리 텔레그래프』의 기대는 한껏 충족되었지만, 그 성공이 발굴의 족쇄가 되어버렸다. 기대하던 파편이 '신문사의 요구'를 정확히 충족시키자 예정보다 이르게 발굴 활동을 철회한다는 발표가 있었던 것이다.

　사실 홍수 이야기 점토판은 아트라하시스 시의 후기 판본일 뿐 길가메시의 일부가 아님을 이제는 안다. 하지만 스미스는 당시 그 사실을 몰랐다. 그의 판독은 당시로서는 최선이었고, 오랜 세월 의심받지 않았다. 1867년 영국박물관은 설형문자 해독의 선구자인 헨리 크레스위크 로린슨 경의 조수로 스미스를 고용했다. 조지 스미스는 길가메시를 발견하고 처음으로 번역하는 데 그치지 않았다. 그는 이제껏 아슈르바니팔의 서고들을 뒤진 학자 중 선두였다. 그후 130년간 아시리아 점토판 수천 점을 정리하고 합하고 분류하는 작업을 통해 바빌로니아 문헌에 대한 지식이 점점 쌓였다. 박물관들뿐 아니라 니네베와 여러 발굴 현장에서 계속되는 원고 발견과 분류 작업이야말로 길가메시가 (점토판에 설형문자로 쓰인 다른 텍스트와 함께) 그리스어, 라틴어 텍스트들과 차별되는 부분이다. 기록 수단의 내구성 덕에 이 서사시는 마침내 온전히 복원될 것이다. 시간문제일 뿐이다. 물론 우리 사회가 이런 작업을 계속 높이 평가하고 연구자들을 지원한다면 가능한 일이다.

연표 I

	정치 역사	지성의 역사	길가메시 연표
BC 3000	초기 수메르 도시 국가들 ↓	글자의 발명 최초의 수메르어 태블릿들 ↓	
2800	길가메시, 우루크 왕		우루크의 왕, 길가메시
2600	초기 수메르 도시 국가들 ↓	초기 수메르어 문학	길가메시, 신들의 명부에 오름 ↓
2400	고 아카드 제국 아카드의 사르곤		
2300	나람-씬 ↓	제국의 언어인 아카드어 ↓	길가메시 숭배
2200	우르 제3왕조		수메르어와 아카드어로 구전된 길가메시 시들?
2100	↓ 슐기	수메르어 부흥기 왕립 태블릿 서고들	수메르어 길가메시
2000	우르의 몰락 이신 왕조	수메르어 궁정 문학 구어 수메르어의 사멸	가장 오래된 필사본
1900	↓　　　　라르사 왕조 ↓		
1800	고바빌로니아 왕국 바빌론의 함무라비	우르와 니푸르의 필경 학교들	수메르어 길가메시 여러 필사본
1750	남 바빌로니아의 몰락	아카드어 문학 작품 창작	아카드어 파편들,
1700	↓		'모든 왕을 능가하는' 고바빌로니아 길가메시 서사시
1600	히타이트 족의 바빌론 함락 카시테 왕조	이 시기 현존 태블릿은 극소수	시랜드 태블릿
1500	↓		길가메시 서사시
1400	아마르나 시대	공통어인 아카드어 바빌로니아 문건 서부 전파	중기 바빌로니아 판본들 (아나톨리아, 팔레스타인, 시리아, 바빌로니아에서 필사)
1300			

	정치 역사	지성의 역사	길가메시 연표
1200		바빌로니아 문학의 조직과 편집 ↓	씬-리크-운니니의 바빌로니아 서사시 표준 판본 '심연을 본 자' 편집 ↓
1100	아시리아의 티글라트 필레세르 1세		
1000		이 시기 현존 태블릿은 극소 ↓	
900	신 아시리아 제국 ↓		
800		아시리아와 바빌로니아에 아람어 전파	
700	사르곤 2세 세나케리브 아슈르바니팔 니네베의 몰락	니네베의 왕립 도서관들	아시리아의 길가메시 서사시 필사본들
650			
600	신 바빌로니아 제국 네부카드네자르 2세 페르시아 제국 다리우스, 크세르크세스 ↓	구어 아카드어 사멸	
500		바빌로니아 문학이 필사되어 신전들과 학자들의 서고에 보존됨 ↓	우르와 바빌론의 길가메시 서사시 필사본들 ↓
400	알렉산더 대왕 그리스(헬레니즘) 시대		
300			
200	파르티아 시대 ↓		길가메시 서사시의 마지막 필사본들
BC 100	바빌론 몰락 ↓		
BC-AD		마지막 설형문자 태블릿들	
AD 100	로마 전쟁		

* BC 1100 이전 연대는 근사치

이미지 출처 및 해설 Ⅰ

[1] 설형문자 텍스트, 기원전 10세기 말, 바빌론. 영국 박물관 태블릿 파편. ME Rm 785+Rm 1017+34248+34357. 저자의 선묘.

[2] 설형문자 텍스트, 기원전 10세기 말, 우루크. 시카고 대학교 동양연구소 박물관, 태블릿 파편 A3444. 저자의 선묘.

[3] 신전에 앉은 태양신. 기원전 9세기, 시파르, 나부-아팔라-이디나 왕의 석회암 태블릿의 세부. 영국 박물관 ME 91000. 조애너 리처즈(테사 리카즈 이후)의 선묘.

[4] 설형문자 텍스트, 기원전 10세기 말, 바빌로니아. 영국 박물관 태블릿 파편 ME 93052. 저자 선묘.

[5] 길가메시와 엔키두가 훔바바를 베다. 청동 시툴라 상감, 기원전 10세기 초, 바빌로니아? 조애너 리처즈(E. 스트로멘거-네이젤 이후)의 선묘.

[6] 길가메시와 엔키두, 이쉬타르가 보는 중에 하늘의 황소를 처치하다. 원통 인장 각인, 기원전 10세기 초, 바빌로니아. 영국 박물관 봉인 ME 89435. 조애너 리처즈 선묘.

[7] 드러누운 사자 위에 성교와 전쟁의 여신 이쉬타르. 세부는 원통 인장 각인에서. 기원전 10세기 초, 아시리아. 영국 박물관 봉인 ME 89769. 조애너 리처즈 선묘.

[8] 설형 10세기 초, 아시리아 문자 텍스트, 기원전 8세기, 우르파 인근 술탄테페. 앙카라 아나톨리아 문명 박물관, 태블릿 SU 51/7. 저자 선묘.

[9] 전갈 인간. 원통 인장 각인의 세부, 기원전 10세기 초, 아시리아. 조애너 리처즈 선묘.

[10] 설형문자 텍스트, 기원전 3세기, 바빌론. 영국 박물관 태블릿 조각 ME Rm 751+34853+35546. 저자 선묘.

[11] 니네베의 북 왕궁 벽부조 세부, 기원전 7세기. 영국 박물관 석판 ME 124931. 조애너 리처즈 선묘.

[12] 라가시의 초창기 통치자인 에안나툼의 석회암 승전 현판 세부, 기원전 25세기, 기르수. 루브르 박물관. 조애너 리처즈 선묘.

[13] 길가메시와 엔키두가 후와와를 베다. 점토판, 기원전 20세기 초, 바빌로니아. 중근동 박물관, 베를린, VA 7246. 조애너 리차즈 선묘.

[14] 길가메시와 엔키두가 하늘의 황소를 처치하다. 점토판, 기원전 20세기 초, 바빌로니아. 중근동 박물관, 베를린, 조애너 리처즈 선묘.

[15] '왕실 기'로 알려진 모자이크 패널의 세부, 기원전 21세기, 우르. 영국 박물관, ME 121201. 조애너 리처즈 선묘.

[16] 레슬러들을 묘사한 석회암 판, 기원전 30세기 중반, 투툽. 이라크 박물관, 바그다드. 조애너 리처즈 선묘.

[17] 상형문자 텍스트, 기원전 14~13세기, 니푸르. 시카고 대학교 오리엔탈 연구소 박물관, 태블릿 A 29934. 저자 선묘.

[18] 포옹한 나체 커플. 점토판, 기원전 20세기 초, 수사. 루브르 박물관. 조애너 리처즈 선묘.

[19] 후와와. 점초판, 기원전 20세기 초, 바빌로니아. 루브르 박물관. 조애너 리처즈 선묘.

[20] 사자-새(안주). 부조 석상의 세부, 기원전 30세기 후반, 기르수. 루브르 박물관. 조애너 리처즈 선묘.

[21] 길가메시와 엔키두가 삼나무 숲에서 후와와를 베다. 라르사에서 출토된

토판들 합체, 기원전 20세기 초. 조애너 리처즈 선묘.

[22] 호객하는 매춘부인 듯한 '창가의 여인'을 묘사한 페니키아 공방의 상아 패널 세부. 기원전 10세기, 아시리아. 영국박물관, ME 118159. 조애너 리처즈 선묘.

[23] 세상의 끝에서 바다를 건너는 태양신, 원통 인장 각인의 세부, 기원전 30세기 말, 에쉬눈나. (테사 리카르즈 이후) 조애너 리처즈 선묘.

[24] 상형문자 텍스트, 기원전 14세기 초, 보가즈코이. 아나톨리아 문명 박물관, 앙카라. 태블릿 파편 Bo 83/625. 저자 선묘.

[25] 설형문자 텍스트, 기원전 7세기, 아슈르. 태블릿의 좌측 3분의 1은 베를린의 근동 박물관(태블릿 VAT 9667), 15조각을 재구성한 우측은 이스탄불의 고고학박물관(태블릿 A 122+123)에 있다. 저자의 선묘(線描).

간지르(GANZIR) 저승에 있는 일곱 개 문 중 첫 번째 문.

기르수(GIRSU) 동부 바빌로니아의 도시 국가. 현재 이라크 나시리야 북부에 있는 텔로를 가리킨다.

기파르(GIPAR) 에안나 신전 안에 있는 이난나의 사실(私室)들.

길가메시(GILGAMESH) 우루크의 전설적인 왕. 여신의 아들이지만 죽을 운명을 타고 났다. 사후에 저승의 판관이 되었다.

난나(NANNA) 수메르어로 달신의 이름.

남타르(NAMTAR) '파멸.' 에레쉬키갈의 장관이자 저승사자.

네르갈(NERGAL) 역병과 전쟁의 신. 후에 에레쉬키갈의 남편이 된다.

누딤무드(NUDIMMUD) '인간을 만드는 이.' 인류 창조에서 일익을 담당했음을 암시하는 에아 신의 이름.

눈갈(NUNGAL). 여신. 감옥의 수호신이자 엔릴의 여집사.

니나주(NINAZU) '의사 왕.' 에레쉬키갈의 아들.

니누르타(NINURTA) '땅의 주인.' 엔릴의 아들, 젊음의 힘에 관한 별칭, 신들의 챔피언이자 농업의 신.

니무쉬(NIMUSH) 자그로스 산맥의 높은 봉우리. 남부 쿠르디스탄의 술래이마니 근처 피르 오마르 구드룬(Pir Omar Gudrun)으로 추정된다.

니푸르(NIPPUR) 엔릴의 숭배 중심지. 현대의 누파르. 바빌로니아 중심부의 아파크(Afaq) 인근.

니사바(NISSABA) 곡식의 여신, 글쓰기와 회계의 수호신.

닌갈(NINGAL) '위대한 귀부인.' 달의 아내, 태양의 어머니.

닌순(NINSUN) '야생 암소.' 길가메시의 어머니였던 하급 여신.

닌슐루하(NINSHULUHHATUMMA) '청소하는 손들의 귀부인.' 에레쉬키갈 궁전의 일원.

닌투(NINTU) '출산하는 귀부인', 어머니 여신의 이름. 벨레트-일리 참조.

닌후르상가(NINHURSANGA) '고지대의 귀부인.' 어머니 여신의 이름. 벨레트-일리 참조.

닝기시지다(NINGISHZIDA) '진실 나무의 주인.' 저승의 시종, 에레쉬키갈의 궁전에서 고위직이었다.

두무지(DUMUZI) '든든한 아이.' 바빌로니아어로는 '탐무즈'이다. 이쉬타르의 연인이자 남편으로 매년 죽음의 벌을 받아 저승으로 내려간다.

딤피쿡(DIMPIKUG) 저승 신.

라르사(LARSA) 현대의 센케레(Senkereh). 우루크와 우르 사이의 지역으로 샤마쉬 숭배 센터가 있었다.

루갈가반갈(LUGALGABANGAL) '궤를 받은 주인', 길가메시의 음유시인.

루갈반다(LUGALBANDA) '작은 왕.' 우루크의 인간 왕이며, 후에 신격화되었다. 한 전승에서는 길가메시의 아버지, 다른 전승에서는 그의 수호신을 가리킨다.

마간(MAGAN) 걸프해 너머 먼 나라인데, 현대의 오만일 수도 있다.

마르둑(MARDUK) 바빌론의 신이자 에아의 아들이다. 퇴마 능력이 있다. 기원전 20세기 후반의 신학 개혁 작업을 거치며 신들의 왕이 되었다. 서사시의 배경이던 당시 우루크의 신들 속에서 그는 주변부였다.

마슈(MASHU) '쌍둥이 봉우리.' 태양이 뜨고 지는 산들.

맘미툼(MAMMITUM) 어머니 신의 이름, 인류의 창조자. 벨레트-일리 참조.

벨레트-세리(BELET-SERI) '사막의 귀부인.' 저승의 필경사. 에레쉬키갈을 위해 부적을 간직한다.

비부(BIBBU) 에레쉬키갈의 도축자 겸 요리사.

벨레트-일리(BELET-ILI) '신들의 귀부인.' 에아 그리고 인류를 창조한 어머니 여신. '아루루'로도 알려져 있는 대지의 어머니로 한때 하늘인 아누의 관심을 누렸다.

비르후르투라(BIRHURTURRA) 빌가메스(길가메시)의 개인 호위병. 이름의 글자와 뜻은 불명확하다.

비티(BITTI) 혹은 비두(Bidu)로도 불린다. '그는 연다!'라는 뜻으로 저승의 문지기이다.

빌가메스(BILGAMESCH) '그 조상은 영웅이다.' 길가메시의 더 옛 형태의 이름.

사자-새(LION-BIRD) 바빌로니아어로 안주(Anzû). 사자 머리를 지닌 독수리로 상상하기도 하는 신화적 존재. 때로 나는 종마로 상상되기도 한다. 산속에서 살다가 니누르타에게 패배했다.

샤마쉬(SHAMASH) 태양신, 정의의 중재자이자 여행자의 수호신으로, 모험에 나선 길가메시의 안위를 책임진다. 주로 시파르와 라르사에서 숭배했다.

샤칸(SHAKKAN) 영양, 야생 나귀 및 다른 동물들의 신.

샴카툼(SHAMKATUM) 샴하트의 더 오래된 이름의 형태.

샴하트(SHAMHAT) 우루크 출신의 매춘부. 엔키두를 유혹해 인간처럼 살게 만드는 임무를 맡았다. 그 이름의 의미는 '잘생긴'과 '가슴이 풍만한' 사이.

수르수나부(SURSUNABU) 우르-샤나비(Ur-shanabi)의 다른 이름.

슈루파크(SHURUPPAK) 현대의 파라. 니푸르와 우루크 사이의 고대 도시.

슐파에(SHULPAE) '헌신한 영웅.' 하급 신, 어머니 여신의 남편.

시두리(SHIDURI) '그녀는 내 성벽이다.' 세상 끝에서 양조장을 지킨 현명한 여신.

시리온(SIRION) 헤르몬산을 포함해 안티-레바논 산맥 지역.

시릴리(SILILI) 모든 말[馬]의 신화적 어머니. 길가메시 서사시에서만 증명됨.

씬(SÎN) 달의 신. 숭배지는 우르였다.

아누(ANU) 신들의 아버지. 하늘의 신이지만, 우루크의 거주자로 거기서는 이쉬타르의 아버지.

아눈나(ANUNNA) 아눈나키 참조.

아눈나키(ANUNNAKI) 신들의 두 부류 중 하나에 대한 전통적인 명칭. 후기에 '저승 신'들에게 이 명칭이 부여되었다. 이기기(Igigi) 참조.

아다드(ADAD) 폭풍우 신. 특히 시리아와 레바논에서 그의 우월한 능력을 숭배하면서 서사시는 아다드를 삼나무 숲과 연관짓는다.

아라타(ARATTA) 이란 고지대에 있는 도시 국가. 전통적으로 우루크의 맞수였다.

아래 바다(OCEAN BELOW) 땅 밑의 담수 바다. 거기서 우물과 샘물이 물을 얻는다. 에아의 우주 지배지로 바빌로니아어로는 '압수'(Apsû)다.

아랄리(ARALLI) 저승의 명칭.

아루루(ARURU) 어머니 여신 벨레트-일리(Belet-ili)의 다른 이름.

아사쿠(ASAKKU) 아작(Azag) 참조.

아야(AYA) 새벽의 여신. 샤마쉬의 신부.

아작(AZAG) 악령.

아트라하시스(ATRA-HASIS) '지혜를 능가하는.' 우타나피쉬티의 별칭. 이 책에서는 아트람하시스(Atram-hasis)로도 등장한다.

아카(AKKA) 키시의 왕. 길가메시의 사촌일 가능성이 있다.

안(AN) '하늘'. 수메르어로 천상의 이름을 뜻하며, 바빌로니아어의 아누(Anu)와 동일하다.

안샨(ANSHAN) 이란 남서부 지역.

안투(ANTU) 아누의 부인이자 우루크에서는 이쉬타르의 어머니이다.

압수(ABZU) "아래 바다" 항목 참조.

에누틸라(ENUTILA) 엔릴의 조상으로 저승에 거주한다.

에라칼(ERRAKAL) 무자비한 유린의 신으로서 네르갈의 현현.

에레쉬키갈(ERESHKIGAL) '위대한 땅의 여주인.' 저승의 여왕.

에리두(ERIDU) 바빌로니아 최남단의 고대 도시. 엔키-에아 숭배지. 현재 이라크 나시리야의 서남부인 텔 아부 샤레인(Tell Abu Shahrein).

에블라(EBLA) 북시리아의 한 구역. 엘레포의 남서쪽으로 현재 텔 마르디크.

에아(EA) 지하 담수 대양인 압수(Apsû)의 신. 신들 중 가장 현명해서 모든 기술에 능하며 모든 문제에 대한 해결책을 찾는다. 그의 재주 덕에 어머니 신은 인류를 창조할 수 있고, 에아는 인류를 문명화하고 엔릴의 분노에서 구제했다.

에밥바라(EBABBARA) '빛나는 집.' 라르사에 있는 샤마쉬의 신전.

에안나(EANNA) '하늘의 집'. 우르크에 있는 이쉬타르 여신과 아누 신의 신전.

에쿠르(EKUR) '산 집'. 니푸르에 있는 엔릴의 신전을 가리킨다.

에타나(ETANA) 전설적인 키시의 왕. 독수리를 타고 천계로 갔지만 필멸의 인간으로 남았다. 사후에 길가메시처럼 저승의 궁정에서 관료가 되었다.

엔길루아(ENGILUA) 혹은 이덴길루아. 우루크의 수로. 유프라테스강의 주요 동쪽 지류인 이두룬갈(Idurungal)의 변형된 형태일 듯.

엔다슈림마와 닌다슈림마(ENDASHURIMMA and NINDASHURIMMA) 엔릴의 조상들, 저승에 거주.

엔두쿠가와 닌두쿠가(ENDUKUGA and NINDUKUGA) 엔릴의 조상들. 저승에 거주.

엔릴(ENLIL) '바람 왕.' 지상과 인간의 성스러운 통치자. 아누, 에아, 어머니 여신의 조력으로 우주를 통치한다. 그의 숭배 중심지는 니푸르였다. 그의 조상들은 '죽은' 신들로 여겨지며 저승에 살았다.

엔메바라게시(ENMEBARAGESI) 길가메시의 누나일 테지만, 역사상으로는 키시(Kish)의 초기 통치자이며 남성으로 추측한다.

엔메샤라(ENMESHARRA) 엔릴의 숙부, 저승에 거주.

엔물과 닌물(ENMUL and NINMUL) 엔릴의 조상, 저승에 거주.

엔키(ENKI) 수메르어로 '에아'를 의미한다.

엔키와 닌키(ENKI and NINKI) 엔릴의 조상들, 저승에 거주.

엔키두(ENKIDU) '즐거운 곳의 왕.' 바빌로니아 전승에서는 신들이 길가메시와 동등한 인물로, 수메르 전승에서는 총애하는 하인으로 창조한 야생 인간.

우루크(URUK) 남부 바빌로니아의 아주 오래된 도시. 현대의 사마와 동쪽, 와르카 지역.

우르(UR) 남부 바빌로니아에 있는 도시. 현대의 나시리야 서부, 텔 알 무카이야르(Tell al-Muqayyar).

우르루갈(URLUGAL) 길가메시의 아들.

우르-샤나비(UR-SHANABI) 우타나피쉬티의 뱃사공.

우투(UTU) 수메르어로 태양신의 이름을 뜻한다. 바빌로니아어 샤마쉬와 동의어.

우타나피쉬티(UTA-NAPISHTI) '나는 생명을 찾았다.' 바빌로니아의 노아라고 불리며, 대홍수에서 생존해 불멸하게 된 전설적인 슈루파크의 왕. 옛 이름은 우타나피쉬팀(UTA-NAISHTIM)이다.

울라이(ULAY) 고대 율레우스(Eulaeus), 쿠지스탄에 있는 카룬 강.

웨르(WER) '폭력적인 이.' 특히 서부에서 아다드의 이름을 의미한다.

이기기(IGIGI) 신들의 두 부류 중 하나에 대한 전통적인 명칭. 후기에 '하늘의 위대한 신들'에게 부여되었다. 아눈나키 참조.

이난나(INANNA) '하늘의 여왕.' 수메르어 텍스트에서 '이쉬타르'를 가리키는 이름.

이르니나(IRNINA) 이쉬타르 여신에게 주어진 이름이지만, 저승의 신이기도 함.

이르칼라(IRKALLA) '위대한 도시.' 저승의 이름이자 그 여왕 에레쉬키갈 여신의 이름.

이슐라누(ISHULLANU) '키가 작은.' 대추야자 경작자이자 이쉬타르의 예전 연인 중 하나다.

이쉬타르(ISHTAR) 우루크의 신. 성적 사랑과 전쟁의 여신. 아누의 딸. 때로 성숙한 여인이면서도, 때로는 성급한 어린 처녀. 하늘에서는 달신의 딸인 비너스다.

일곱 현자(SEVEN SAGES) 바빌로니아 신화 속 전설적 인물들. 역사가 시작될 때 에아 신이 인류를 문명화하려고 보냈다.

지우수드라(ZIUSUDRA) '머나먼 시절의 생명.' 우타나피쉬티의 수메르어 이름.

쿨랍(KULLAB) 우루크 시의 일부분을 가리킨다.

키시(KISH) 고대 도시 국가. 북부 바빌로니아의 초기 권력 중심지. 현대의 바빌론 동쪽, 텔 우하이미르.

푸주르-엔릴(PUZUR-ENLIL) '엔릴의 보호를 받는.' 우타나피쉬티의 방주를 만든 사람. '푸주르-아무루'(Puzur-Amurru)로도 읽을 수 있다.

페쉬투르(PESHTUR) '작은 무화과.' 길가메시의 여동생.

하므란(HAMRAN) 삼나무 숲으로 가는 도중에 있는 불확실한 지역의 산.

후쉬비샤(HUSHBISHA) '그것의 분노는 괜찮다.' 에레쉬키갈의 궁정 조신.

후와와(HUWAWA) 훔바바의 옛 이름.

훔바바(HUMBABA) 엔릴이 나무를 지키라고 임명한, 삼나무 숲의 괴물 같은 숲지기.

바빌로니아 길가메시 서사시

포괄적인 판본들

1. George Smith, *The Chaldean Account of Genesis* (London: Sampson Low, Marston, Searle and Rivington, 1876), pp. 167-295. 선구적인 번역

2. Paul Haupt, *Das babylonische Nimrodepos* (Leipzig: J. C. Hinrichs, 1884 and 1891). 설형문자 텍스트

3. Alfred Jeremias, *Izdubar-Nimrod: eine altbabylonische Heldensage* (Leipzig: B. G. Teubner, 1891). 하웁트의 설형문자에 대한 주해 번역

4. P. Jensen, *Assyrisch-babylonische Mythen und Epen* (Berlin: Keilinschriftliche Bibliothek 6/1; Reuther & Reichard, 1900; reprinted Amsterdam: Celibus, 1970), pp. 116-265. 제재(題材)와 번역

5. R. Campbell Thompson, *The Epic of Gilgamish* (Oxford: Clarendon Press, 1930; reprinted New York: AMS Press, 1995). 설형문자 텍스트와 제재

6. Simo Parpola, *The Standard Babylonian Epic of Gilgamesh* (State Archives of Assyria Cuneiform Texts 1; Helsinki: Neo-Assyrian Text Corpus Project,

1997). 학생들을 위한 설형문자 택스트의 표준적인 통합본, 번역, 용어해설

7. A. R. George, *The Babylonian Gilgamesh Epic: Introduction, Critical Edition and Cuneiform Texts* (Oxford: Oxford University Press, 2003), 2 vols. 설형문자 텍스트, 제재, 번역, 해설

2003년 이후 바빌로니아 서사시의 출처로 밝혀진 태블릿들과 파편들의 간행물 목록

1. Stefan M. Maul, *Das Gilgamesch-Epos* (Munich: Beck, 2005): 새로 발견된 표준판 태블릿 I, V, VI, VII, X의 조각들을 취합해서 표준판본을 독일어로 번역

2. D. Arnaud, *Corpus des textes de bibliothèque de Ras Shamra-Ougarit* (Barcelona: Editorial Ausa, 2007), nos. 42-45: 우가리트에서 출토된 파편들

3. A. R. George, 'The Gilgameš epic at Ugarit', *Aula Orientalis* 25, 2 (Barcelona: Editorial Ausa, 2007), pp. 237-54: (2)의 개정판

4. A. R. George, 'The civilizing of Ea-Enkidu: An unusual tablet of the Babylonian Gilgameš epic', *Revue d'Assyriologie* 101 (Paris: Presses Universitaires de France, 2007), pp. 59-80: 시랜드 태블릿

5. A. R. George, *Babylonian Literary Texts in the Schøyen Collection* (Bethesda, Md: CDL Press, 2009), nos. 4-6: 현재 노르웨이에 있는 고바빌로니아 태블릿과 파편들

6. F. N. H. Al-Rawi and A. R. George, 'Back to the Cedar Forest: The beginning and end of Tablet V of the Standard Babylonian Epic of Gilgameš', *Journal of Cuneiform Studies* 66 (Boston: American Schools of Oriental Research, 2014), pp. 69-90: 표준판의 태블릿 V의 마지막 파편

7. Enrique Jiménez, 'New fragments of Gilgameš and other literary texts from Kuyunjik', *IRAQ* 76 (London: British Institute for the Study of Iraq, 2014), pp. 99-121: 니네베에서 출토된 세 개의 파편, 표준판의 태블릿 V, VI, VIII

8. A. R. George, 'Enkidu and the Harlot: Another fragment of Old Babylonian Gilgameš', *Zeitschrift für Assyriologie* 108 (Berlin: de Gruyter, 2018), pp. 10-21: 현재 코넬 대학에 있는 고바빌로니아 파편

9. F. N. H. Al-Rawi and A. R. George, 'Gilgamesh dreams of Enkidu: An Old Babylonian tablet of Gilgamesh in the Suleimaniyah Museum', *Revue d'Assyriologie* 113 (Paris: Presses Universitaires de France, 2019), pp. 131-8: 고바빌로니아 술래이마니야 태블릿

10. A. R. George and J. Taniguchi (eds.), *Cuneiform Texts from the Folios of W. G. Lambert, Part One* (University Park, Pa.: Eisenbrauns, 2019), no. 51: 니네베에서 출토된 파편, 표준판 태블릿 V의 일부

길가메시 수메르어 시

원어 길가메시에 대한 수메르어 시를 모은 출판물은 아직 없고, 이 책의 초판본이 다섯 시 모두를 영어로 번역해 한 곳에 모은 첫 출판물이었다. 그러니 이제 영어번역본은 존재한다.

다섯 편의 이야기는 더글라스 프레인(Douglas Frayne)과 벤자민 R. 포스터(Benjamin R. Foster)가 번역했고, 단행본 *The Epic of Gilgamesh*, ed. Benjamin R. Foster (New York: Norton Critical Editions, 2001, 2019)에 The Sumerian Gilgamesh Poems(pp. 99-154)으로 실렸다. 온라인에서는 '수메르 문학 전자 원고 총선'(Electronic Text Corpus of Sumerian Literature)을 참고하라. 주소는 다음과 같다. http://etcsl.orinst.ox.ac.uk/cgi-bin/etcsl.cgi?text=c.1.8.1*#

개별적인 수메르어 시의 최근 연구는 다음과 같다.

1. 길가메시와 아카

길가메시와 아카(Gilgamesh and Akka)의 가장 최근 연구는 W. H. Ph. Römer, *Das sumerische Kurzepos 'Bilgameš und Akka*, Alter Orient und Altes Testament 209, I (Kevelaer: Verlag Butzon & Bercker, Neukirchen-Vluyn: Neukirchener Verlag, 1980). 다른 현대 번역본은 Jerrold S. Cooper, 'Gilgamesh and Akka: A review article', *Journal of Cuneiform Studies* 33 (Philadelphia: American Schools of Oriental Research, 1981), pp. 224-41; Thorkild Jacobsen, 'Gilgamesh and Aka', in idem, *The Harps that Once ...: Sumerian Poetry in Translation* (New Haven and London: Yale University Press, 1987), pp. 345-55; and W. H. Ph. Römer, 'Bilgamesch und Akka', in Römer and Dietz Otto Edzard, *Mythen und Epen* 1, Texte aus der Umwelt des Alten Testaments 3, III (Gütersloh: Verlagshaus Gerd Mohn, 1993), pp. 549-59; H. Vanstiphout, 'Towards a reading of "Gilgamesh and Agga" ', *Aula Orientalis* 5 (Barcelona: Editorial AUSA, 1987), pp. 129-41; Dina Katz, *Gilgamesh and Akka*, Library of Oriental Texts 1 (Groningen: Styx Publications, 1993).

2. 길가메시와 후와와 버전 A

최신 학술 판본은 Dietz Otto Edzard, 'Gilgameš und Huwawa A. I. Teil', *Zeitschrift für Assyriologie und vorderasiatische Archäologie* 80 (Berlin and New York: Walter de Gruyter, 1990), pp. 165-203; idem, 'Gilgameš und Huwawa A. II. Teil', *Zeitschrift für Assyriologie ...* 81 (1991), pp. 165-233. 에드자르드의 번역 은 W. H. Ph. Römer and Edzard, *Mythen und Epen* 1, Texte aus der Umwelt des Alten Testaments 3, III (Gütersloh: Verlagshaus Gerd Mohn, 1993), pp. 540-49 에서 '길가메시와 후와와'에도 실렸다. 다른 영역본은 Jeremy Black, Graham Cunningham, Eleanor Robson and Gábor Zólyomi, *The Literature of Ancient Sumer* (Oxford University Press, 2004), pp. 343-52에 담겼다.

3. 길가메시와 후와와 버전 B

유일한 학술판은 Dietz Otto Edzard, '*Gilgameš und Huwawa'. Zwei Versionen der sumerischen Zedernwaldepisode nebst einer Edition von Version 'B'*, Philosophisch-historische Klasse, Sitzungsberichte 1993, IV (Munich: Bayerische Akademie der Wissenschaften, 1993)이다.

4. 길가메시와 하늘의 황소

최신 학술 판본은 Antoine Cavigneaux and Farouk N. H. Al-Rawi, 'Gilgameš et Taureau de Ciel (Šul-mè-kam). Textes de Tell Haddad IV', *Revue d'Assyriologie* 87 (Paris: Presses Universitaires de France, 1993), pp. 97-129. 번역본의 우측 여백에 나오는 기호는 거기서 사용된 생략법을 따른다. 현 번역본은 1993년 이후 발견된 파편들을 참고했고 일부는 여전히 출간되지 않았다.

5. 길가메시와 저승

최근 알헤나 가도티가 '*Gilgamesh, Enkidu and the Netherworld' and the Sumerian Gilgamesh Cycle* (Berlin: de Gruyter, 2014)에서 이 시를 편집했다. 다른 영어 번역 본은 Jeremy Black, Graham Cunningham, Eleanor Robson and Gábor Zólyomi, *The Literature of Ancient Sumer* (Oxford University Press, 2004), pp. 31-40에 실렸다. 파스칼 아팅거(Pascal Attinger)의 독일어판 'Bilgameš, Enkidu und die Unterwelt', in B. Jankowski and D. Schwemer (eds.), *Weisheitstexte, Mythen und Epen*, Texte aus der Umwelt des Alten Testaments 8 (Gütersloh: Gütersloher Verlagshaus, 2015), pp. 24-37; 불어판: 'Bilgamesh, Enkidu et le monde infernale', online at www.iaw.unibe.ch/attinger도 참고하라.

6. 길가메시의 죽음

최신 학술판은 Antoine Cavigneaux and Farouk N. H. AlRawi, *Gilgameš et la Mort. Textes de Tell Haddad VI* (Groningen: Styx Publications, 2000). 다른 영어 버전으로는 Niek Veldhuis, 'The solution of the dream: A new interpretation of Bilgames' Death', *Journal of Cuneiform Studies* 53 (Boston: American Schools of Oriental Research, 2001), pp. 133-48 등이 있다.

추가 연구를 위하여 I

Benjamin R. Foster, *From Distant Days: Myths, Tales and Poetry of Ancient Mesopotamia* (Bethesda, Md.: CDL Press, 1995). 바빌로니아 문학 작품 모음집

Stephanie Dalley, *Myths from Mesopotamia* (Oxford: OUP, 1989).

Thorkild Jacobsen, *The Treasures of Darkness* (New Haven, Conn.: Yale University Press, 1976). 바빌론과 아시리아와 수메르 및 아카드의 종교 관련 문헌

Jeremy Black and Anthony Green, *Gods, Demons and Symbols of Ancient Mesopotamia* (London: British Museum Press, 1992). 고대 메소포타미아 지역 종교에 관한 백과사전식 접근

Gwendolyn Leick, *A Dictionary of Ancient Near Eastern Mythology* (London and New York: Routledge, 1998).

Jean Bottéro, *Mesopotamia: Writing, Reasoning and the Gods* (Chicago: University of Chicago Press, 1992). 바빌로니아 지역의 학문 및 종교에 얽힌 배경 탐구

Benjamin R. Foster and Karen Polinger Foster, *Civilizations of Ancient Iraq* (Princeton: Princeton University Press, 2009). 고대 메소포타미아 문명 톺아보기

Gwendolyn Leick, *Mesopotamia: The Invention of the City* (London: Penguin, 2001).

Amélie Kuhrt, *The Ancient Near East c. 3000–330 BC, 2 vols.* (London and New York: Routledge, 1995). 고대사에 관한 넓은 관점

J. N. Postgate, *Early Mesopotamia: Society and Economy at the Dawn of History* (London and New York: Routledge, 1992). 기원전 3천 년경, 고대 메소포타미아 지역의 경제/사회

Daniel C. Snell, *Life in the Ancient Near East* (New Haven, Conn.: Yale University Press, 1997).

John Maier, *Gilgamesh: A Reader* (Wauconda, Ill.: Bolchazy-Carducci, 1997). 길가메시 인물 탐구

옮긴이 공경희

1965년 서울에서 태어나 서울대학교 영문학과를 졸업하고 성균관대학교 번역대학원 겸임교수를 지냈으며 서울여자대학교 영어영문학과 대학원에서 강의했다. 소설, 비소설, 아동서까지 다양한 장르의 좋은 책들을 번역하며 현재 명실상부한 국내 최고의 전문 번역가로 활동하고 있다.

대표 역서로는 『시간의 모래밭』, 『매디슨 카운티의 다리』, 『모리와 함께한 화요일』, 『파이 이야기』, 『우리는 사랑일까』, 『마시멜로 이야기』, 『타샤의 정원』, 『비밀의 화원』 등이 있으며, 에세이 『아직도 거기, 머물다』를 썼다.

현대지성 클래식 40

길가메시 서사시

1판 1쇄 발행 2021년 10월 21일
1판 4쇄 발행 2024년 7월 24일

지은이 작자 미상
옮긴이 공경희
발행인 박명곤 **CEO** 박지성 **CFO** 김영은
기획편집1팀 채대광, 김준원, 이승미, 이상지
기획편집2팀 박일귀, 이은빈, 강민형, 이지은, 박고은
디자인팀 구경표, 임지선
마케팅팀 임우열, 김은지, 전상미, 이호, 최고은

펴낸곳 (주)현대지성
출판등록 제406-2014-000124호
전화 070-7791-2136 **팩스** 0303-3444-2136
주소 서울시 강서구 마곡중앙6로 40, 장흥빌딩 10층
홈페이지 www.hdjisung.com **이메일** support@hdjisung.com
제작처 영신사

ⓒ 현대지성 2021

"Curious and Creative people make Inspiring Contents"
현대지성은 여러분의 의견 하나하나를 소중히 받고 있습니다.
원고 투고, 오탈자 제보, 제휴 제안은 support@hdjisung.com으로 보내 주세요.

현대지성 홈페이지

"인류의 지혜에서 내일의 길을 찾다"
현대지성 클래식

현대지성 클래식 살펴보기